Haag / Elliger

«Stört nicht die Liebe»

Herbert Haag / Katharina Elliger

«Stört nicht die Liebe»

Die Diskriminierung der Sexualität – ein Verrat an der Bibel

Walter-Verlag Olten und Freiburg im Breisgau
1986

Satz: Typobauer Filmsatz, Ostfildern
Druck und Einband: Grafische Betriebe
des Walter-Verlags
Printed in Switzerland

ISBN 3-530-30101-9

Inhalt

Inhalt

1. Worum es geht

Zur Lage

Es ist offensichtlich: Unter unseren Augen vollzieht sich ein Wertewandel, der in seinen Konsequenzen unabsehbar ist. Wurden bis vor ungefähr dreißig Jahren die individuellen Tugenden wie Fleiß, Ordnung, Pünktlichkeit, Zuverlässigkeit, Gehorsam, Selbstbeherrschung (christlich: Askese oder Enthaltsamkeit) hoch geschätzt, so stehen heute die sozialen Fähigkeiten wie Umweltbewußtsein, Friedenssicherung, Solidarität mit Behinderten, Betonung und Durchsetzung der Menschenrechte hoch im Kurs, mit allem Engagement, das dazugehört. Es ist deshalb auch kein Wunder, daß ethische Forderungen der Kirche, die das Sexualleben des einzelnen betreffen, kaum noch Gehör finden. Die 86% der amerikanischen Frauen, die sich in der katholischen Kirche gebunden wissen und sich dennoch ohne Schuldgefühle über das Verbot der Empfängnisverhütung hinwegsetzen, sind nur ein Beispiel, die weithin auch von Christen gelebte «Ehe ohne Trauschein» ist ein weiteres. Die Kluft zwischen der Theorie des kirchlichen Lehramts, auf der zur Zeit vor allem der Papst selbst insistiert, und der gelebten Moral der Christen, die sich nicht darum kümmern, was die Kirche sagt, wird immer tiefer. Und immer mehr verliert die Kirche wie schon in früheren Auseinandersetzungen mit der Naturwissenschaft, etwa in der Evolutionsfrage, wo sie unter dem Druck der wissenschaftlichen Erkenntnisse das von ihr verteidigte Gelände Zoll um Zoll preisgeben mußte, an Glaubwürdigkeit.

Die Moraltheologen sind ratlos

Solange gilt, daß jede geschlechtliche Vereinigung auf Zeugung ausgerichtet sein muß, weil sonst ihrer sittlichen Würde etwas Wesentliches fehlte[1], solange die Sexualmoral auf den zwei Pfeilern steht: Sexualität hat ihren legitimen Ort nur in der Ehe, und diese Ehe ist unauflöslich, solange bleiben die Fronten zwischen Theorie und Wirklichkeit verhärtet. Muß nicht, so fürchtet das Lehramt, das ganze Gebäude einstürzen, wenn an einem der beiden Pfeiler gerüttelt wird? Mehrfach haben sich in der jüngsten Zeit die Moraltheologen mit diesem Einwand auseinandergesetzt. Und schon vor zwanzig Jahren hat F. Böckle darauf geantwortet: «Wir sind, offen gestanden, nicht dieser Meinung. Im Gegenteil, wir hegen die Befürchtung, daß ein Festhalten an bestimmten historisch bedingten Interpretationen der Sexualität unsere Aussagen nicht nur unglaubhaft macht, sondern uns zudem der besten Chancen berauben würde, unserer jungen Generation den Weg zu einem sinnerfüllten sittlichen Leben zu weisen» (1967, 25). Aber es hat sich seitdem nichts geändert[2]. Vielmehr klammern die Moraltheologen heute diese Frage aus, «weil hier theoretisch nicht weiterzukommen ist... Hier gibt es fast so etwas wie eine tabuisierte Verhärtung, die das Gespräch blockiert und aus der zur Zeit nicht herauszukommen ist»[3]. Und sie wenden sich anderen bedrängenden Problemen der Gegenwart zu.

Unser Konzept

Nun können auch wir gewiß diese Blockade nicht aufheben. Und wir sind auch keine Moraltheologen. Aber wir möchten doch den durchhängenden Gesprächsfaden aufgreifen, um vielleicht von einer anderen Seite her wieder Bewegung in die festgefahrene Kontroverse zu bringen. Biblische Perspektiven zur Sexualität möchten wir anbieten, wie sie (vielleicht) auch der heutige Mensch akzeptieren könnte. Wir möchten die Bibel im Lichte der Wirklichkeit und die Wirklichkeit im Lichte der Bibel sehen. Das bedeutet konkret: Wir wollen die Situation der Jetztzeit ebenso ernstnehmen wie die Situation der biblischen Zeit. Und so haben wir versucht, auf der einen Seite den gesamten Komplex heutiger Erkenntnisse über Sexualität und sexuelles Verhalten darzustellen. Die Erfahrungen einzelner kommen da genauso zu Wort wie statistische Erhebungen, bei aller Distanz zu demoskopischen Trends. Soziologische, medizinische, psychologische, pädagogische Gesichtspunkte stehen nebeneinander, historische Rückblicke zeigen das Ausmaß der Variabilität und Entwicklung. Daneben stehen die Aussagen der Bibel, die wir möglichst umfassend erheben. Ihre philologische, theologische und kulturhistorische Deutung steht zwar auf gesicherter wissenschaftlicher Basis. Wir haben uns gleichwohl bemüht, sie allgemeinverständlich darzustellen.

Der Umgang mit der Bibel

Dabei zeigt sich freilich in beinahe entmutigender Weise, wie schwierig es ist, aus der Bibel verbindliche Normen für konkretes sittliches Verhalten, insbesondere im Sexualbereich, zu gewinnen. Grundsätzlich gilt sicher, daß viele Forderungen der Bibel für uns nicht mehr nachvollziehbar, weil kulturell und bewußtseinsmäßig überholt sind. Und umgekehrt können Freiheiten, die in der Bibel toleriert werden, nicht ohne weiteres auch für unsere Zeit in Anspruch genommen werden. Sie können freilich auch nicht, wie vielfach geschehen, unter Berufung auf die Bibel bekämpft werden. So läßt sich zum Beispiel die Sündhaftigkeit weder außerehelicher geschlechtlicher Beziehungen noch der Selbstbefriedigung, ja nicht einmal der Prostitution schlüssig aus der Bibel nachweisen. Und umgekehrt: daß in der Bibel Polygamie und Blutrache erlaubt sind, heißt noch nicht, daß diese Verhaltensweisen auch unserer Zeit angemessen wären. Es muß auf etwas anderes ankommen als auf die in Sätze gefaßten Vorschriften der Bibel.

Hinter diesen steht ein ethisches Konzept, das nur aus seinem religiösen und kulturellen Kontext erhoben werden kann.

Wandelbarkeit der Normen

Es ist deshalb unmöglich, aus der Bibel überzeitliche Normen abzuleiten. Wir können weder unsere gegenwärtigen Verhältnisse an der Bibel messen, noch dürfen wir die Bibel nach unseren Bedürfnissen deuten. Eine kurzschlüssige Transposition wäre ungeschichtlich und würde die Wirklichkeit verfälschen. Normen müssen in der jeweiligen Realität begründet sein. Was unter gegebenen Umständen vernünftig und lebensgerecht ist, ist auch sittlich gut. Erst recht gilt es, jene Gefahr zu vermeiden, der christliche Exegeten vielfach unterliegen, indem sie an alttestamentliche Texte neutestamentliche Wertmaßstäbe anlegen, um so uns fremd gewordenes Denken zu rechtfertigen und hoffähig zu machen. Oft werden dann israelitische Verhaltensweisen nach einer «Zwar-Aber-Beurteilung» harmonisiert und verharmlost[4].

Preisgabe der Naturrechtslehre

In Ermangelung biblischer Argumente hat die Moraltheologie schon immer beim «Naturrecht» Zuflucht gesucht. Aber auch dieses Instrument steht heute nicht mehr zur Verfügung. Denn es gehört zu den anerkannten Einsichten der Humanwissenschaften, daß es die Natur nur in ihrer kulturellen Bedingtheit gibt. Der Mensch ist – daran wird in diesem Buch mehrfach erinnert – nie reines Naturwesen, sondern immer schon von Kultur geprägt[5].

Die Pluralität der Theologie

Indem wir die modernen Erkenntnisse und Verhaltensweisen den biblischen gegenüberstellen, möchten wir den Leser ermutigen, sich selbst ein Urteil zu bilden[6]. Das Alte Testament ist dann ein Versuch, die Welt und den Menschen von Gott her zu deuten. Wir haben heute in manchen Dingen aufgrund unserer Einsichten und wissenschaftlichen Forschungsmöglichkeiten andere. Das heißt jedoch nicht, daß uns die Bibel nichts zu sagen hätte. Aber das Entscheidende daran sind nicht die größtenteils kulturbedingten Inhalte, sondern die Art und Weise, wie der israelitische Mensch sich zum Leben einstellte und wie er seine Erfahrungen, ob persönliche oder nationale, von Gott her begriff[7].

Letztlich geht es also darum, die Wandelbarkeit der Glaubensaussagen und der ethischen Vorstellungen sichtbar zu machen und dazu zu ermutigen, bei aller Pluralität der Theologie für unsere Zeit die richtigen Formen zu suchen und zu finden, das heißt von einer quantitativen Moral («je weniger Sexualität, desto besser») zu einer qualitativen zu kommen, nämlich zu einem verantwortlichen sexuellen Verhalten. Das wären zukunftsweisende Perspektiven.

Das Prinzip Verantwortung

«Stört nicht die Liebe, bis sie selbst es will!» – so fleht im Hohenlied (2,7; 3,5) die liebende junge Frau ihre Umwelt an. Die Liebe hat ihre Eigengesetzlichkeit. Deshalb hat nicht sie sich den Gesetzen anzupassen, sondern die Gesetze den Erfordernissen und Spielregeln der Liebe. Für die Bibel ist das Leben das höchste aller Güter. Gut ist, was dem Leben dient, und böse oder sündhaft, was sich gegen das Leben richtet. Deshalb wird die Bibel nicht müde, an die Verantwortung gegenüber dem Leben zu appellieren. Da nun Liebe und Sexualität, ganzheitlich verstanden, das Leben des Menschen in besonderer Weise bestimmen, muß sich auch die Verantwortung in diesen Bereichen besonders bewähren.

2. Sexualität – was ist das eigentlich?

Was denkt man heute?

Die jungen Menschen heute haben – wir beobachten das täglich – ein anderes Verhältnis zur Sexualität als die Generationen vor ihnen. Frei und ungezwungen zeigen sie ihre Zuneigung, offen tragen sie ihre Beziehungskonflikte aus, teilen ihre Schwierigkeiten im Umgang miteinander mit und bekennen freimütig, daß sie ohne Sexualität nicht leben können. Der diffamierende Ausdruck Konkubinat wird aufgegeben zugunsten einer «Ehe ohne Trauschein», die Statistik will wissen, daß 90% der jungen Männer und 70% der Mädchen vor ihrer Ehe, wenn sie überhaupt noch heiraten, Intimbeziehungen hatten, und auch von den katholischen Eheleuten empfinden es nur noch wenige als Sünde, wenn sie gegen die Weisungen ihrer Kirche die Empfängnis verhüten. An der offiziellen Lehre der Kirche vorbei entstehen Bücher über Zärtlichkeit und Programme über die Behandlung der Sexualität im Religionsunterricht. Die jahrhundertelang bekämpfte Selbstbefriedigung erfährt nicht nur von Psychologen, sondern auch von verständnisvollen Beichtvätern eine tolerante Bewertung. Der Betreuung wiederverheirateter Geschiedener wird im katholischen Raum eine Aufmerksamkeit geschenkt wie noch nie.
Damit ist aber auch schon angedeutet, welch tiefe Kluft sich auftut zwischen der amtlichen Lehre und Praxis der Kirche und dem konkreten Leben, mit allen Konsequenzen des Zwiespalts und der Unehrlichkeit, die sich daraus ergeben. Das bewirkt bei den älteren Menschen Unsicherheit, bei den jüngeren Orientierungslosigkeit. Ohnehin schon viel beklagte Phänomene unserer Zeit wirken sich nun auch auf Partnerschaft und Sexualverhalten aus. Wir

befinden uns in einem Umbruch von autoritären zu liberalen Verhaltensweisen. Das Ergebnis ist ein Pluralismus, der ein breites Spektrum öffnet von einer noch stark kirchlich beziehungsweise religiös geprägten Tabuisierung der Sexualität bis hin zu ungebundener Freizügigkeit. Den Maßstab für sexuelles Verhalten bietet immer weniger die überlieferte Norm und immer mehr die eigene persönliche Entscheidungsfreiheit. Noch wissen wir nicht, wie sich die Umschichtung der Werte, die für viele Menschen sehr beunruhigend ist, auf unsere gesellschaftliche Struktur und auf unser Leben auswirkt. Aber schon wird die Konsequenz gezogen: «Sich erfolgreich mit der modernen Welt auseinanderzusetzen erfordert gleichermaßen eine redliche Anerkennung dieser Tatsache (= Wertewandel) wie ein gewisses Maß an Sicherheit über die eigenen Werte, das heißt, es verlangt nach der heiklen Balance zwischen Toleranz und moralischer Gewißheit.»[8]

Die sexuellen Götter, der liebende Jahwe

Um zu erfahren, wie der alttestamentliche Mensch Sexualität verstanden und gelebt hat, sind wir zunächst auf die biblischen Geschichten und Berichte sowie auf die Gesetze und Gebote angewiesen, die erlassen wurden, um das menschliche Zusammenleben und den Fortbestand des Volkes zu gewährleisten. Eine zweite wichtige Quelle aber stellt die Umwelt Israels dar, denn erst auf ihrem Hintergrund zeigt sich die singuläre Einschätzung der Sexualität des israelitischen Volkes.

Als die israelitischen Stämme im 13. Jahrhundert v. Chr. in Palästina seßhaft wurden, kamen sie in ein Land, dessen Bewohner und Nachbarn religiös verschieden strukturiert waren. Sexualität spielte bei ihnen eine große Rolle. Mit dem Jahresrhythmus der Natur verbanden sie die Verehrung von Göttern und Göttinnen, die Zeugung und Geburt personifizierten. Wie sonst, als von göttlichen Kräften angestoßen, sollten sich Menschen, die ohne jede wissenschaftliche Kenntnis von und in der Natur lebten, das

Wiedererwachen der Lebenskräfte und die Fruchtbarkeit von Pflanze, Tier und Mensch vorstellen? In Babylon feierte der König in jedem Frühjahr mit der obersten Priesterin im Tempel die heilige Hochzeit, um für sein Land in einem symbolischen Akt den Segen der Fruchtbarkeit zu erwirken. In Kanaan gab es eine Vielzahl von sexuellen Riten, Gebräuchen und Kulten. Wiederholt wird in der Bibel (vor allem bei Hosea) vor dem Gott Baal gewarnt, einem durch den Stier symbolisierten Fruchtbarkeitsgott, und seiner Frau Aschera sowie ihrer Verwandten Astarte (Ischtar). Und wie wir der Polemik der Propheten gegen die Kulthöhen entnehmen können, wurde in den Höhenheiligtümern kultische Prostitution betrieben (s. S. 129f.).

Wie die alten Völker selbst lebten, so ließen sie auch die Götter zusammenleben, heiraten und Kinder haben. Polytheismus bestimmte alle antiken Religionen. Um so mehr überrascht, daß der israelitische Gott Jahwe von jeder Sexualität freigehalten wurde. Er hatte keine Frau, keine Kinder, und obwohl Fruchtbarkeit auch in Israel für das Überleben wichtig war, wird sie kaum oder doch sehr abstrakt und indirekt mit Jahwe in Verbindung gebracht. Jahwe ist ein geistig-männlicher Gott, der vor den Kriegern in die Schlacht zieht, vorwiegend mit Männern verhandelt, ihnen Verheißungen macht, absoluten Gehorsam verlangt, Ungehorsam aber mit dem Tod bestraft, ein Gott, der keine Götter und schon gar keine Göttinnen neben sich duldet. So lautet denn auch Israels Glaubensbekenntnis: «Höre, Israel! Jahwe, unser Gott, ist ein Einziger» (Dtn 6,4). Die Scheu, ihn in irdische Bereiche herunterzuholen, die Furcht, ihn zu vermenschlichen, verboten es den Israeliten sogar, sich ein wie auch immer geartetes Bild von ihm zu machen. Erst auf dem Hintergrund der vor allem von Fruchtbarkeitsriten bestimmten Religionen der Umwelt vermag man den Monotheismus Israels richtig einzuschätzen.

Um so erstaunlicher, ja geradezu widersprüchlich ist es, daß vor allem bei den Propheten genau dieser Jahwe mütterliche und frauliche Züge annimmt, barmherzig und verständnisvoll, mitleidend und sanft erscheint. Und auch die sexuelle Komponente, die man sonst so peinlich vermeidet, wird nicht ausgeschlossen, wenn Jahwe als Ehemann oder Geliebter dargestellt wird, der sich Israel zur Braut erkoren hat und sich dem Gespött aussetzt, um sie zurückzugewinnen, der sie an die Zeit der ersten Liebe erinnert und an ihrem Verrat leidet (Jes 54,5f.; 62,4f.; Hos 2,4-10; Jer 2,32f.; 3,1-5; Ez 23,2.4 u.ö.). Es ist wohl nicht ganz klar, wie dieser Widerspruch aufzulösen ist. Wahrscheinlich schimmern hier zwei verschiedene uralte Gottesvorstellungen durch. Der eigenen Wirklichkeit entspricht bestimmt mehr der menschliche Gott. Die enge Verknüpfung von Jahwe und Liebe läßt aber auch verstehen, warum Götzendienst (wir würden heute sagen Unglaube) und Unzucht synonyme Begriffe sind. Die Verehrung anderer Gottheiten war wohl wegen ihrer sexuellen Freizügigkeit auch für die Israeliten immer wieder so attraktiv. Die Gleichsetzung Unzucht – Götzendienst findet sich noch bei Paulus (vgl. 1 Kor 6,9).

Sexualität für den biblischen Menschen selbstverständlich

Die Wirklichkeit war trotz eindeutig patriarchalischer Prägung bestimmt von einem einheitlichen Menschenbild, aus dem die Sexualität nicht ausgeschlossen war. Ihre Ablehnung, wie sie in der Qumransekte, im Islam und in den frühchristlichen bis mittelalterlichen Ordensgründungen praktiziert wurde, gab es bei den Israeliten nicht. Der Gedanke, daß Sexualität die Beziehung zu Gott hindern oder trüben könnte, wäre ihnen absurd vorgekommen. Ebensowenig wurde Sexualität abgespalten oder zum Selbstzweck erhoben. Was wir heute alles erleben: daß eine Frau ein Kind, aber keinen Mann haben möchte; daß man in der Sexualität Geborgenheit und Nähe sucht und dafür den Partnerwechsel akzeptiert; daß man sich zwar liebt und miteinander schläft, aber sich vor einer dauerhaften Bindung fürchtet; daß man Sexualität als Bedürfnisbefriedigung oder als Machtmittel mißbraucht – das wäre für einen israelitischen Menschen unvorstellbar gewesen.

Zwar gab es auch abgelehnte Formen der Sexualität wie Vergewaltigung, Sodomie, Homosexualität. Aber wenn nach der Darstellung der biblischen Urgeschichte die Menschen, kaum aus dem Paradies vertrieben, zum erstenmal die geschlechtliche Hingabe vollziehen (Gen 4,1), so soll damit gewiß ausgedrückt werden, daß die Sexualität zum Normalzustand des Menschen gehört und daß sie ihm in der rauhen Wirklichkeit dieses Lebens Trost und Geborgenheit schenkt. Im Glück des Paradieses scheinen die beiden Menschen gar nicht auf den Gedanken gekommen zu sein. Jetzt, wo es ihnen schlecht geht, finden sie zueinander.

Nach dem Alten Testament sind die Sehnsucht und das Verlangen nach dem Partner bereits in der Schöpfung angelegt. Und deshalb sind auch alle Dinge, die mit Sexualität zu tun haben, selbstverständlich. Sexualität ist Ausdruck warmer menschlicher Beziehung (vgl. Spr 5,15-19; Hld), und sie verheißt deshalb Genuß und Freude. Und so bestimmt sie auch das «weltliche» und ganzheitliche Menschenbild des Alten Testaments, wird aber auch nur von ihm her verständlich.

Das alttestamentliche Menschenbild

Es sollte uns nicht schwerfallen, zu diesem Menschenbild einen Zugang zu finden. Denn die modernen Anthropologen, Mediziner und Psychologen verstehen den Menschen wieder als psychosomatische Einheit. Alles Geistige, alle Gefühle und sittlichen Wertungen sind demnach nur im Gefüge des menschlichen Körpers denkbar. Sie beruhen auf einem chemo-elektrischen Informationsaustausch der Nervenzellen und sind biochemischen Prozessen unterworfen wie die vegetativen Stoffwechselprozesse. Und so wenig wir heute noch den lebenden Menschen als ein Kompositum aus Leib und Seele (oder Geist) verstehen können, so unvorstellbar ist uns der Gedanke, daß der Mensch im Tod in seine Bestandteile zerfällt. Er stirbt als Mensch.

Dieses moderne Verständnis vom Menschen als psychosomatische Einheit entspricht in erstaunlicher Weise dem Denken des Alten Testaments. «Und Jahwe, Gott, formte den Menschen aus Staub von der Ackererde, und er blies in seine Nase den Odem des Lebens, und so wurde der Mensch zu einer lebenden Seele» (Gen 2,7). Dies ist die wörtliche Übersetzung jenes bekannten Satzes aus der Schöpfungsgeschichte, mit dem der Mensch auf der Erde eingeführt wird. Was uns verwundert, ist nicht so sehr, daß Gott wie ein Künstler den Körper des Menschen aus Erde formt und ihn dann mit seinem Atem belebt – daß Gott sich wie ein Mensch verhält, zeigt uns die Bibel auf Schritt und Tritt, und die Erschaffung des Menschen aus Erde ist ein Motiv, das im Vorderen Orient verbreitet war –, sondern daß die Tonfigur durch den Hauch Jahwes zu einer «lebenden Seele» wurde. Das ist für unser Empfinden paradox: durch die Belebung wird der Leib nicht zu einem lebendigen Leib, sondern zu einer lebendigen Seele.

Leib und Seele sind eben für den Hebräer etwas anderes als für uns. Das zeigt sich schon daran, daß er gar kein Wort für Körper oder Seele allein kennt. Er unterscheidet zwar zwischen Leib und Seele des Menschen, aber nicht im Sinne einer Zweiteilung, sondern einer in sich gegliederten Einheit. Leib und Seele sind verschiedene Aspekte einer psychosomatischen Ganzheit. Und wie der ganze Mensch «Seele» ist, das heißt lebendiges Wesen, so ist auch der ganze Mensch «Fleisch», das heißt hinfälliges Wesen. Daher kann der ganze Mensch als Seele oder als Leib bezeichnet werden (Ps 44,26; Hld 3,1ff.; Mt 6,22f.), und deshalb können die Hebräer sagen: der Mensch, die Seele, das Fleisch denkt, hofft, wünscht, lebt und stirbt. Von hier aus gewinnt auch das Wort: «und sie werden zu *einem* Fleisch (Leib)» (Gen 2,24), das die Zusammengehörigkeit von Mann und Frau begründen will, eine neue Dimension.

Ebenso haben die *Körperteile* neben ihren körperlichen Aufgaben auch psychische Funktionen zu erfüllen. Besonders die dem Menschen verborgenen inneren Organe wie Herz, Leber, Nieren interessieren den alttestamentlichen Menschen brennend, allerdings weniger im physiologischen als im psychologischen Sinn. Diese «Dunkelkammern» werden von Jahwe erforscht (Spr 20,27). Die Nieren sind der Sitz des Gewissens. So wirft Jeremia den Gottlosen vor, sie redeten nur von Gott, aber ihre inneren Entscheidungen dürfe er nicht beeinflussen (Jer 12,2: «Du bist nur ihrem Munde nahe, aber fern ihren Nieren»), und öfter ist Jahwe der, der Herz und Nieren des Menschen prüft (Ps 7,10; 26,2; Jer 11,20 u.ö.). Die inneren Organe sind Träger seelischer Regungen und ethischer Entscheidungen. Aber auch den Gliedmaßen werden Gefühle und Empfindungen zugesprochen. Nach Ps 51,10 «jauchzen die Knochen», die zerschlagen waren, über Jahwes Vergebung. So dienen die Körperteile dazu, seelische Vorgänge zu bezeichnen.

Deshalb ist für den alttestamentlichen Menschen der *Leib* auch unentbehrlich, um Gott zu loben. Er lobt ihn mit den Lippen, erhebt die Augen und Hände zum Gebet, senkt das Haupt, preist Gott mit Mund und Zunge, erhebt das Herz zu ihm. Der ganze Leib ist am Gebet beteiligt, und bis zum heutigen Tag geben die Juden diesem Bedürfnis Ausdruck, indem sie beim Gebet wippende Bewegungen machen. «Setze, Herr, eine Wache meinem Mund und eine Hut der Tür meiner Lippen» (Ps 141,3), so bittet ein Mensch, der in Versuchung ist und offenbar fürchtet, er könnte in seiner Not und Angst vor den Menschen, die ihm übelwollen, Unwahres und Böses sprechen. Was immer der Mensch tut, denkt und fühlt, er erlebt sich ganzheitlich.

Es wäre deshalb für den alttestamentlichen Menschen undenkbar gewesen, seinen Leib zu vernachlässigen. *Körper- und Schönheitspflege* waren eine Selbstverständlichkeit. Zum einen war es im heißen Orient ein dringendes Bedürfnis, sich zu baden. Das geschah nach Möglichkeit am Fluß, aber auch im Garten oder auf dem Dach des Hauses, und zwar ohne jede Prüderie, sonst hätte David Batseba nicht so ungeniert beim Baden beobachten können. Aber man legte auch sonst Wert auf Hygiene. Das zeigt der geradezu verschwenderische Umgang mit Salben, Parfüms, stark duftenden Kräutern. Was wir heute aus der Psychologie wissen, das wußten die antiken Orientalen aus ihrer Lebenserfahrung: Wenn jemand festlich gestimmt und voll Freude ist, dann legt er auch Wert auf eine gute Erscheinung. Ist er aber traurig und niedergedrückt, vernachlässigt er seinen Körper mehr und mehr.

Baden, Parfümieren, Salben erhöhen das Lebensgefühl, sind Ausdruck von Zufriedenheit und Wohlergehen. Unerläßlich jedoch wird die Körperpflege vor einer intimen Begegnung. Davon gibt das Hohelied Zeugnis (Hld 1,3 u. ö.), aber auch die Geschichte von Ester, die sich ein Jahr lang mit Myrrheöl, Balsam und Duftkräutern auf die Begegnung mit dem König vorbereitete (Est 2,12).

Für ein positives Lebensgefühl sorgten auch die ausgeprägte Freude am Schönen und die Selbstverständlichkeit von Liebe, Erotik und Sexualität. Die *Schönheit* ist offenbar das auslösende Moment für die Liebe. Während das Neue Testament für die Frau nur ein blasses Interesse zeigt und schon gar nie von einer Frau sagt, sie sei schön gewesen (auch nicht von der Mutter Jesu), weiß das Alte Testament immer wieder von der Schönheit und Anmut israelitischer Frauen und Mädchen zu erzählen, so bei Sara, Rebekka, Rahel, Batseba, Judit, Ester. Aber auch von Männern wie Josef, David, Abschalom wird ausdrücklich betont, sie seien schön gewesen. Am anschaulichsten aber ist im Hohenlied von der Schönheit des Geliebten die Rede. Die Freundinnen fragen das Mädchen: «Was hat dein Geliebter anderen Männern voraus?» Da läßt das Mädchen im Geist seinen Blick vom Kopf bis zu den Füßen des Geliebten gleiten, beschreibt ihn in einer Kette von erotischen Vergleichen, um schließlich festzustellen: «Das ist mein Geliebter, das ist mein Freund» (Hld 5,9-16). Die Menschen Israels stehen vor uns als Wesen von Fleisch und Blut. Die Frauen wissen um ihre körperlichen Reize, schrekken vor Ironie und Intrige nicht zurück, suchen mit Leidenschaft die Gunst der Männer und wünschen sich sehnsuchtsvoll Kinder. Sexualität war für den alttestamentlichen Menschen nicht ein abgespaltener Teilbereich, sie war in seine Persönlichkeit integriert, ohne sie war er nicht Mensch.

Vokabular

Dieser Eindruck wird allerdings relativiert, wenn wir uns die Begriffe anschauen, die die Bibel im Sexualbereich verwendet. Von den Vorgängen um Zeugung und Geburt wird sehr offen gesprochen. In der Regel geht eine geschlechtliche Vereinigung vom Mann aus. Es gibt dafür allein fünf verschiedene Ausdrücke, die je einen anderen Akzent haben. Die häufigste Ausdrucksweise ist, daß der Mann die Frau «erkennt» (hebr. *jādaʿ*, Gen 4,1 u. ö.; vom homosexuellen Verkehr unter Männern Gen 19,5). Mit «erkennen» ist im Hebräischen nicht in erster Linie die intellektuelle Erkenntnis oder Einsicht gemeint, sondern das umfassende Verstehen. Der ganze Mensch ist beteiligt: Herz, Geist und Sinne. Man müßte also eher von einem Erfahren, einem Erfassen oder Vertrautsein sprechen, das auf einer ganz persönlichen Beziehung beruht, von einem Entdecken des Partners als Mann und Frau. «Erkennen» umfaßt Sexualität und Liebe, zwei Begriffe, die wir heute voneinander trennen.

Dann heißt es oft, daß der Mann zu der Frau «kommt» (hebr. *bāʾ*, Gen 16,2 u.ö.), daß er sich zu ihr «legt» (hebr. *šākab*, Gen 26,10 u.ö.; gelegentlich «legt» sich auch die Frau zum Mann: Gen 19,32ff.; 2 Sam 13,11; vom homosexuellen Verkehr unter Männern: Lev 18,22). In der Sexualgesetzgebung wird für den Geschlechtsverkehr der Ausdruck «die Blöße der Frau aufdecken» (Lev 18,6ff.; 20,11ff.; Ez 22,10) oder auch «die Blöße sehen» (Lev 20,17) gebraucht.

Für den Akt der Zeugung im eigentlichen Sinn hat die hebräische Sprache kein eigenes Wort; sie verwendet dafür vor allem die Kausativform des Verbs «gebären» *jālad*, buchstäblich also «zum Gebären bringen» (Gen 5,4 u.ö.); für die weibliche Tätigkeit des Gebärens steht die Grundform dieses Verbs *(jālad)*. Die unmittelbare Folge der Zeugung aber ist, daß die Frau «schwanger wird». Erkennen, schwanger werden, gebären – das ist die Abfolge, die im Alten Testament geradezu stereotypen Charakter hat: «Er wohnte ihr bei, sie ward schwanger und gebar einen Sohn» (Gen 4,1; 1 Sam 1,19f. u.ö.). Die Geburt erfolgt unter Schmerzen, ein in der Bibel häufig wiederkehrendes Thema (schon Gen 3,16; Joh 16,21), das in seiner Unverständlichkeit und Belastung als Strafe Gottes für die Ursünde erklärt wird. Daß die

Mutter das Kind dann stillt, ist eine Selbstverständlichkeit (1 Sam 1,21ff. u.ö.), gelegentlich wurde auch der Dienst einer Amme in Anspruch genommen (Gen 24,59; Ex 2,7ff. u.a.). Der Stillprozeß dauerte bis zu drei Jahren (2 Makk 7,27): eine natürliche Geburtenregelung; er wurde mit einem Fest beschlossen (Gen 21,8).

Das männliche Geschlechtsorgan hat keinen eindeutigen Namen. Es wird mit Fleisch (*bāśār*: Lev 15,2ff.; Ez 16,26; 23,20), Lenden (*ḥeleṣ*: Gen 35,11 u.a.), Hüfte (*jārēk*: Gen 24,2.9; 47,29; siehe auch Gen 46,26; Ex 1,5; Ri 8,30), Knie (*birkajim*: Gen 48,12), Hand (*jād*: Jes 57,8.10), Füße (*raglajim*: Ex 4,25; Jes 7,20) umschrieben; ausnahmsweise wird von Schamteilen (*mᵉbūšīm*: Dtn 25,11) oder einfach von Blöße (*ʿerwāh*: Gen 9,22f.; Ex 28,42) gesprochen. Dieses Wort ist das geläufigste für die Geschlechtsteile der Frau (Ez 16,8.36; 23,18; Hos 2,11), deshalb die Redewendung «die Blöße aufdecken» (s.o.). Daneben gibt es mehrere nur vereinzelt gebrauchte Wörter. Wie das männliche Glied werden auch die weiblichen Geschlechtsteile Fleisch (*bāśār*: Lev 15,19) genannt, aber auch Schande (*ḥerpāh*: Jes 47,3, parallel zu *ʿerwāh*) und Schimpf und Schande (*ḳālōn*: Nah 3,5), Scham (*nablūt*: Hos 2,12).

Eine ganze Anzahl von Ausdrücken steht zur Verfügung für das Innere des Mutterschoßes: Bauch (*beṭen*: Gen 25,23f. u.ö.), Eingeweide (*mēʿīm*: Gen 25,23 u.ö.), Inneres (*ḳereb*: Gen 25,22), Mutterleib (*reḥem*: Gen 49,25 u.ö.; Jer 1,5 u.ö.; der Plural *raḥamīm* bedeutet abgeleitet «Erbarmen, erbarmende Mutterliebe»), Durchbruch [-sort] *(mašbēr)* wird der Muttermund genannt (2 Kön 19,3; Jes 37,3; Hos 13,13). – Immer wieder werden die Brüste erwähnt, nicht nur in ihrer Funktion für die Ernährung des Säuglings (Jes 28,9; Ps 22,10; Joel 2,16; Ijob 3,12; Hld 8,1, vgl. Lk 11,27), mehr noch wegen der faszinierenden und erregenden Wirkung, die sie auf den Mann ausüben (Ez 23,3.21 und vor allem Hld 4,5; 7,4.8f.). Die körperliche Entwicklung des Mädchens von der Geburt über die Pubertät bis zur reifen Frau wird Ez 23,1-8 anschaulich geschildert.

So nüchtern diese Wörtersammlung auch erscheinen mag, so gibt sie doch einen guten Einblick, was die Israeliten über Sexualität gedacht haben.

1) Daß die Geschlechtsteile nie mit einem eindeutigen Begriff benannt werden: Liegt das daran, daß man gar keinen eindeutigen Begriff kennt, oder scheut man sich, Geschlechtsteile und sexuelles Verhalten beim Namen zu nennen? Die biblischen Bezeichnungen für das Geschlechtliche sind euphemistisch, verharmlosend, ablenkend und bewußt unklar. Es wird von einer Frau in der Menstruation gesagt: «Es erging ihr, wie es den Frauen ergeht» (Gen 18,11; 31,35). Wir kennen das wohl zum Teil noch aus

unserer eigenen Erziehung. Da wagten oft die Eltern keine sachliche und nüchterne Aufklärung. Eine Atmosphäre des Geheimnisvollen, Verbotenen umgab alles, was mit Liebe und Sexualität zu tun hatte. Man begnügte sich mit Andeutungen, Zwielichtigkeiten und Witzen und ließ den jungen Menschen absichtlich im unklaren. Und diese Unklarheit bewirkte Angst. Heute lernen die Kinder schon mit dem Sprechen die richtigen Begriffe. Aber wir dürfen nicht vergessen, daß sexuelle Vorgänge bei allen Völkern und Menschen mit Tabus belegt waren (s.u. S. 30–32).

2) Trotz großer Unbefangenheit im allgemeinen scheute sich der biblische Mensch, sich nackt zu zeigen. Nacktheit galt als abstoßend und wurde für beide Geschlechter als entehrend angesehen. Vor allem die Frau hatte ein großes Bedürfnis, sich zu verhüllen. Es konnte ihr keine größere Schmach widerfahren, als ausgezogen zu werden. Wohl deshalb sind die Begriffe Blöße, Scham, Geschlechtsteil synonym und, abgesehen vom neutralen Wort Fleisch *(bāśār)*, negativ. Darf man daraus auch schließen, daß der Geschlechtsverkehr für sie etwas war, dessen sie sich schämen mußte? Zudem kommen diese Begriffe in einem Zusammenhang vor, wo die Frau als Beispiel für Untreue und Abfall von Gott genannt wird: in den Drohreden der Propheten. Deuterojesaja sagt Babels Fall[9] voraus mit den Worten: «Weg mit dem Schleier! Heb deine Schleppe hoch, entblöße die Beine und wate durchs Wasser. Deine Scham wird entblößt, man sieht deine Schande» (Jes 47,2f.). Nahum kündigt mit ähnlichen Worten den Untergang Ninives an (3,5), Hosea droht damit dem Volk Israel (2,12). Ganz nebenbei: Welch ungeheuerliche Projektion liegt hier vor! Der männliche Schriftsteller stellt allen Unglauben, alles Fehlverhalten – und es muß sich in der damaligen Gesellschaftsstruktur doch in erster Linie um männliches Fehlverhalten handeln – im Bild der Frau dar und weidet sich dann noch, fast möchte man es sadistisch nennen, an ihrer Bestrafung, die sie ausgerechnet in ihrem Intimbereich trifft. Die Assoziation zu den Hexenbeschuldigungen drängt sich auf.

3) Anders ist es mit den Ausdrücken für die weiblichen inneren

Geschlechtsorgane. «Bauch», «Inneres», «Mutterleib», «Durchbruch» sind sehr präzise und neutrale Bezeichnungen. Und das Wort Mutterleib für «Erbarmen» weist ähnlich wie «Erkennen» in einen emotional-geistigen Bereich. Der Mutterleib wird zum Symbol für die erbarmende Mutterliebe. Rein vom Sprachlichen her wird also deutlich, daß das Erbarmen – auch das Erbarmen Gottes – eine genuin frauliche Eigenschaft ist.

Unsicherheit im Neuen Testament

Für die Leibfeindlichkeit, Prüderie und sexuelle Verklemmung vieler Christen wird zum Teil mit Recht das Neue Testament verantwortlich gemacht. In der Tat sind viele seiner Aussagen, vor allem bei Paulus und in den Pastoralbriefen, schockierend sexual- und frauenfeindlich (auf Einzelheiten kommen wir laufend in den folgenden Kapiteln zu sprechen). Aber genauso gibt es jenen Grundtenor, wonach die positive Einschätzung des Alten Testaments fortgeführt wird. Auch für das Neue Testament sind Mann und Frau gleichermaßen von Gott geschaffen, und zwar nicht zuerst als neutrale Menschen, sondern von Anfang an in ihrer geschlechtlichen Identität als Mann und Frau. Zweimal (vgl. Mk 10,6; Mt 19,4) beziehen sich die Evangelien darauf. Und es gibt keinen Hinweis dafür, daß die Frau mehr zur Sünde neigt, daß der Mann besser ist, oder gar, daß Sexualität als Folge einer Ursünde aufgefaßt wird. Und auch für die sexuelle Bedürftigkeit des Menschen wird das Alte Testament zitiert (Mt 19,5). Die Sexualität, das Hindrängen zum Partner, wird also weder verherrlicht noch verteufelt, sondern als das genommen, was sie ist: ein den Menschen in seinem Wesen bestimmender, konstituierender Faktor.

Im übrigen erfahren wir im Neuen Testament wenig zu diesem Thema. Offenbar war das für die Menschen damals kein Problem. Selbst über Ehe, Ehebruch und Scheidung sind die Aussagen spärlich. Und was zum Thema Sexualität und Partnerbeziehung zu finden ist, ist nicht eindeutig, oft widersprechen sich dieselben Autoren. So mißt zum Beispiel Paulus mit verschiedenem Maß, wenn er einerseits verlangt, daß bei den Christen *alles* in Liebe geschehen soll (1 Kor 16,14; Röm 13,8ff.), andererseits aber dem zölibatären Leben ethisch den höchsten Wert beimißt (1 Kor 7,8) und damit Sexualität abwertet, weil offenbar Sexualität und Liebe nichts miteinander zu tun haben können. Das Fatale war nur, daß man sich auf die sexual- und frauenfeindlichen Textstellen im Laufe der Jahrhunderte mehr stützte als auf die anderen.

3. Die Ambivalenz der Sexualität

Beginnende Sexualwissenschaft

Schon bis jetzt wurde deutlich, daß Sexualität eine vielschichtige und problematische Sache ist. Jedes Volk entwickelte seine eigenen Vorstellungen und Normen, jede Epoche veränderte diese nach ihrem Verständnis, jede Religion erließ eigene Gebote oder Verbote zum Wohl der Gemeinschaft und zum Schutz des einzelnen. Und jeder einzelne Mensch wiederum füllte die vorgegebenen gesellschaftlichen Denkstrukturen nach eigener Einsicht und eigener Entscheidung aus. So fällt es noch heute schwer, eine verbindliche Erklärung des Begriffs «Sexualität» zu finden. Selbst Werke, die sich speziell mit Sexualität beschäftigen[10], bringen nicht einmal dieses Stichwort. In biblischen, theologischen und religiösen Lexika sucht man es ohnehin vergebens. Kompetente Autoren bekennen: «Wohl kaum eine Frage setzt Psychologen, Psychiater und Soziologen, die sich mit der Sexualität wissenschaftlich beschäftigen, so sehr in Verlegenheit wie die Frage, was Sexualität eigentlich sei»[11], oder: «Ehrlicher wäre zu sagen: Sexualität ist das, was Menschen sich darunter vorstellen» (Kentler 1982, 254). Einige Autoren erfassen je nach ihrer wissenschaftlichen Herkunft Teilaspekte: Sexualität ist «Energiepotential und -ausgleich»; eine «psychosomatische Kategorie»; ein «primärer Antrieb des Menschen, der auf Vereinigung gerichtet ist»; eine «Erhöhung des Daseins»; ein «personales Streben, das sich auf höchstmögliche Gemeinsamkeit mit dem Partner richtet»; eine «Qualität der Person». Die großen Konversationslexika nehmen sich erst in ihrer jüngsten Ausgabe des Themas an. So sagt Meyers Neues Lexikon: «Sexualität beim Menschen (ist) die Gesamtheit der Lebensäußerungen, die auf dem Geschlechtstrieb, einem auf geschlechtliche Beziehung und Befriedigung gezielten Trieb, beruhen» (Bd. 7, 1980, 293). Und der Große Brockhaus: «Sexualität ist die Gesamtheit aller Verhaltensweisen, Triebe und Bedürfnisse bei Mensch und Tier, die sich auf den Geschlechtsakt oder im weiteren Sinne auf die Befriedigung des Sexualtriebs beziehen» (Bd. 10, 1980, 410). Aber auch diese Definitionen bleiben unbefriedigend. Denn sexuelles Verhalten ist nicht so begrenzt und zielgerichtet, wie es demnach scheint. Sexualität ist einerseits ganz biologisch-körperlich, andererseits ganz seelisch-geistig. Die Spannweite sexuellen Verhaltens und Erlebens ist also überaus groß.

Erst seit Ende des 19. Jahrhunderts kann man von einer wissenschaftlichen Beschäftigung mit dem Phänomen Sexualität sprechen. In der Zeit davor wurden sexuelle Fragen nur unter dem Aspekt der Fortpflanzung behandelt. Hier gab die kirchliche Morallehre den Ton an. Unter ihrem Einfluß interessierten sich im 17. und 18. Jahrhundert die Pädagogen überraschend vor allem dafür, wie man die Selbstbefriedigung bekämpfen könnte (vgl. S. 114f.). Erst um 1800 setzte sich der Begriff «Sexualität» (von lat. secare: zerschneiden, teilen, trennen) durch. Aber er wurde ausschließlich für die biologische Tatsache der Zweigeschlechtlichkeit verwendet. Der Anstoß für eine umfassende Sicht ging von der Psychiatrie aus (Richard v. Krafft-Ebing, Psychopathia sexualis 1882). Aber nun standen die normabweichenden Spielarten des Sexualverhaltens im Vordergrund des Interesses. Sigmund Freud schließlich führte bei seinen Analysen der Persönlichkeitsstruktur psychische Krankheiten auf eine frühkindliche Verdrängung des Sexualtriebs zurück. Die von Freud angestoßene Sexualforschung, von Iwan Bloch, Max Marcuse und vor allem Magnus Hirschfeld an einem eigenen Institut in Berlin als Sexualwissenschaft fortgeführt, fiel der nationalsozialistischen Herrschaft zum Opfer. Seit dem 2. Weltkrieg spielen die Vereinigten Staaten in der Sexualwissenschaft die führende Rolle. Die aufsehenerregenden Forschungsergebnisse von Kinsey, Masters und Johnson haben hier völlig neue Wege gewiesen. Von dieser empirisch ausgerichteten amerikanischen Forschung ist die heutige deutsche Sexualwissenschaft abhängig oder doch beeinflußt (so etwa Haeberle).

Heute gilt es als Selbstverständlichkeit, daß Sexualität nicht nur einen Teilbereich des Menschen abdeckt, sondern daß sie die ganze Person betrifft, ja maßgeblich prägt und strukturiert. Aus der Geschlechtszugehörigkeit ergeben sich die besonderen Merkmale, die die menschliche Person im biologischen, geistigen und psychischen Bereich als Mann und Frau bestimmen. Der Mensch hat nicht Geschlecht, er ist Geschlecht: er ist Mann oder Frau. Die Sexualität ist deshalb bei jedem Menschen verschieden ausgeprägt und in unterschiedlichem Maß an seinem Gesamtverhalten beteiligt. In der Liebe vermag er die Sexualität aus der biologisch-triebhaften Sphäre herauszuheben und in verantwortliches, ganzheitliches und personales Verhalten zu integrieren. In der Erotik kann er sie in zwischenmenschlichen Beziehungen oder in Kunst und Natur neutralisieren.

Sexualität hat also verschiedene Funktionen zu erfüllen. Der Sozial- und Sexualwissenschaftler H. Kentler hebt vor allem fünf Aspekte hervor: Fortpflanzung, Lust, Kommunikation, Ersatzbefriedigung und Integration[12]. Wir werden im jeweiligen Zusammenhang darauf zurückkommen.

Gefährliche Sexualität

Die Problematik und Ambivalenz der Sexualität ist in der Struktur des Menschen begründet. Anders wäre es nicht zu verstehen, daß die Menschen immer Probleme hatten, ihre Sexualität in ihre Persönlichkeit zu integrieren und in einer Partnerschaft zu leben. Das war so in allen Hochkulturen, spiegelt sich vor allem in der christlichen Ethik und ist trotz aller modernen wissenschaftlichen Erforschung und liberalen, ja zum Teil geradezu utopischen Einschätzung der Sexualität bis heute so geblieben. Das häufige Mißlingen der Integration hat seinen Grund darin, daß der Mensch die geschlechtliche Lust zwiespältig erlebt. Einerseits ist sie ein immer wieder faszinierendes Erlebnis und verlangt nach Erfüllung und Dauer. Andererseits aber verweist sie den Menschen auf seine Abhängigkeit von irrationalen Kräften. Denn sie ist mit starken Emotionen verbunden, die eine komplizierte Skala widersprüchlicher Affekte umfaßt: Neugier, Verwunderung, Scheu, Angst, Abwehr, Verlangen, Leidenschaft, Ehrfurcht, von denen jeweils das eine oder das andere stärker hervortritt. Sie läßt den Menschen die Vergänglichkeit des Glücks, ja des Lebens überhaupt erfahren. Gefährdend muß er es empfinden, wenn seine sonst vorhandene Überlegenheit, Würde und Entscheidungsfreiheit von unbeherrschbaren Gefühlen überwältigt werden und das orgiastische Lustempfinden ihn an den Rand der Existenzerfahrung führt. Nicht umsonst werden in Mythologie und Dichtung Liebe und Tod in engem Zusammenhang gesehen.

Weil der Mensch die Kraft der Sexualität so ambivalent und deshalb nicht ungefährlich erlebt, mußte er von jeher vorsichtig mit ihr umgehen[13]. Von Urzeiten an ist im Menschen das Bewußtsein verankert, daß der ganze Bereich des Geschlechtlichen mit dem Heiligen unvereinbar sei[14]. Alle antiken und primitiven Kulturen kannten und kennen mehr oder weniger ausgeprägte Sexualtabus. Für Israel gilt hier dasselbe wie für die Völker seiner Umgebung. Durch Gebote und Verbote sucht man sich vor der Verletzung der Tabus zu schützen. Dennoch gelingt das nicht immer. Gewisse Übertretungen sind unausweichlich, so der Umgang mit Toten, mit Kranken, mit Tieren – die entweder als ekelerregend empfunden werden oder bei anderen Völkern «heilig» sind wie Hase oder Schwein, die Kühe bei Hindus, die Pferde bei den Germanen (deshalb noch unsere Ablehnung von Pferdefleisch) –, auch mit Göttlichem und mit allem, was mit dem Geschlechtsleben zu tun hat. Tabus sind ansteckend und bewirken Unreinheit. Wegen der schlimmen Folgen, die ihre Übertretung nach sich ziehen kann, ist es notwendig, diesen Zustand durch bestimmte Mittel und Riten schnell wieder zu beheben.

Reinheitsgesetze der Bibel

In der Bibel fanden die Schutzmaßnahmen, die daran hindern sollten, die Tabus überhaupt zu verletzen, wie auch die Möglichkeiten, den Zustand der Reinheit wiederzuerlangen, ihren Niederschlag in den sogenannten Reinheitsgesetzen, die hauptsächlich im Buch Levitikus Kap 11–15 gesammelt wurden. Unreinheit ist allerdings im Unterschied zu unserem Verständnis nicht physisch und nicht moralisch gemeint, sondern ausschließlich kultisch. Das sieht man schon daran, daß sie nirgendwo als Sünde oder Schuld gewertet wird – zu häufig sind die notwendigen, unabsichtlichen, ja unbewußten Verletzungen. Ebenso hat die biblische Unreinheit nur bedingt etwas mit Hygiene zu tun, sonst müßten auch ganz andere Dinge unrein machen. Unreinheit ist also eine religiöse Kategorie, Reinheit eine Bedingung, die erfüllt sein muß, wenn man sich dem heiligen Gott nähern will. Letztlich gehen die Reinheitsvorschriften auf uralte magische Bräuche und Vorstellungen zurück, deren Sinn wir nur noch erahnen und aus vergleichenden Völkerkundestudien erschließen können. Wahrscheinlich bildeten die Tabuvorschriften sogar die Grundlage des gesamten sozialen Lebens.

Daß in der Bibel auch das Geschlechtsleben den Reinheitsvorschriften unterworfen ist, hat vor allem zwei Gründe. Der erste Grund liegt «in der Scheu vor dem Geheimnis der bei diesen Vorgängen zutage tretenden Sekrete»[15]. Es ist jedoch, wie die Textzusammenhänge zeigen, keineswegs die Sexualität selbst, die unrein macht. Vielmehr geht es zunächst um Absonderungen vom Körper, wie sie auch bei Aussatz und anderen Hautkrankheiten vorkommen, zum Beispiel bei Furunkel, Fistel, eitrigen Entzündungen, Geschlechtskrankheiten (Lev 12-15). Nur weil Samenerguß und Menstruation Körpersekrete sind, machen auch sie unrein. Und die strenge Sanktion für Geschlechtsverkehr während der Menstruation (Lev 20,18) hat wohl darin ihren Grund, daß hier eine doppelte Unreinheit provoziert wird. Der Geschlechtsverkehr an sich jedoch gehört zu den lebenserhaltenden

Funktionen des einzelnen und des Volkes, wie der Auftrag in der Genesis lautet: «Seid fruchtbar und mehret euch» (1,28), und er steht völlig außerhalb einer Wertung.

Der zweite Grund für die «Unreinheit» des Geschlechtslebens liegt darin, daß die Fortpflanzung und alle damit verbundenen Vorgänge mit dämonischen Kräften in Zusammenhang gebracht wurden. Diese bedrohen vor allem die Übergänge. Flußfurten waren gefährlich, wie beim Kampf Jakobs am Jabbok deutlich wird (Gen 32,23-33). Ein Weidewechsel wurde nur nach entsprechenden Vorsichtsmaßnahmen vollzogen[16]. Wenn die Sonne auf- und unterging, aber auch wenn sie den Zenit überschritt, verhielten sich die Menschen möglichst still und unauffällig, um nicht die Dämonen zu wecken. Mond- und Jahreswechsel wurden mit besonderen Opfern bedacht. Türschwellen wurden mit apotropäischen Zeichen versehen. Denn es entstand Angst vor etwas Unvorhergesehenem in Räumen, Zeiten oder Situationen des Nicht-mehr-Hier und Noch-nicht-Dort. Dem Herrschaftsbereich des einen Schutzgottes enthoben, war man sich des neuen noch nicht sicher. In dieser Ungesichertheit haben die Dämonen leichtes Spiel. Deshalb ist besondere Vorsicht geboten, und besondere Sicherheitsvorkehrungen müssen getroffen werden. Auch Geburt und Tod sind solche Übergänge, die mehr als andere unheimlich und undurchschaubar sind. Hinzu kommt die Vorstellung, daß der Mann mit dem Samen Lebenskraft einbüßt. Bei so geschwächtem Zustand aber haben die Dämonen einen leichteren Zugang zum Menschen. Das gilt noch mehr für die Frau. Bei der Geburt und bei der Menstruation verliert die Frau Blut[17]. Blut aber bedeutet in einem noch viel größerem Ausmaß Leben. Schon immer sah man in der engeren Nähe der Frau zum Lebensgrund eine urhafte Bindung der Weiblichkeit an mythisch-magische Mächte der Nacht, durch die die Frau dem Mann geheimnisvoll überlegen ist, eine Vitalität, mit der sie ihm Angst macht. Ein Grund mehr für den Mann, in sie alles Bedrohliche und Böse zu projizieren und sich als etwas Besseres von ihr abzusetzen.

Wie heikel die Sexualität für den antiken Menschen auch war, niemals ist dabei eine moralische Wertung festzustellen. Dies gilt vor allem für das Alte Testament. Aber schon in der Zeit nach dem Exil, etwa seit dem 5. Jahrhundert v. Chr., setzen Tendenzen ein, die immer stärker leib-, frauen- und sexualfeindliche Elemente aufweisen. Das jüdische Volk hatte seine Unabhängigkeit verloren. Es war nun gezwungen, sich mit anderen Kulturen, besonders der persischen und der griechischen, auseinanderzusetzen. Es mußte seine Identität in einer geistig-geistlichen Zusammengehörigkeit finden. Die religiösen Vorschriften wurden strenger, auf ihre Einhaltung wurde größter Wert gelegt. Im rabbinischen Schrifttum wurde festgelegt, wie die Tradition zu verstehen sei, es wurde viel systematisiert, reflektiert, theologisiert. Der Grundstein für einen rigorosen Formalismus, wie ihn zur Zeit Jesu die Pharisäer vertraten, war gelegt. Auch die gesellschaftlichen Strukturen und die Geschlechterbeziehungen waren davon betroffen. Die Frau verlor an Selbständigkeit und wurde mehr und mehr auf das Haus und die Kindererziehung verwiesen. Sie büßte soziales Ansehen ein und konnte sich einer Abwertung nicht mehr entziehen. Die Erfahrung, daß ein Mann an einer Frau scheitern kann, findet nun (im 3. Jh. v. Chr.) ihren verzweifelten, ja geradezu nihilistischen Ausdruck beim skeptischen «Prediger» (Koh 7,27). Daß eine Frau auch von ihrem Mann enttäuscht sein kann, kommt Kohelet gar nicht in den Sinn. Die Warnung vor der Bosheit der Frau, die der Weisheitslehrer Jesus ben Sirach niederschreibt, geht so weit, daß er sie sogar für Sünde und Tod in der Welt verantwortlich macht (Sir 25,13-26), ein Motiv, das 1 Tim 2,12 wieder aufgreift.

Die Spruchsammlung, aus der der Text über die böse Frau stammt, wurde um 180 v. Chr. niedergeschrieben, in einer Zeit, als sich alle möglichen Religionen, Konfessionen und philosophischen Lehren ohne jede innere Beziehung vermischten. Pessimistische Auffassungen über den Menschen verbanden sich mit Endzeiterwartungen. Hellenistisch-stoische Lehren konkurrierten mit den Zölibatsbestrebungen der Essener und der Qumransekte. Ihre grundsätzliche Ablehnung der Ehe zog notwendig eine Abwertung der Frau nach sich, die wiederum mit einer größeren sexuellen Triebhaftigkeit und ihrer Unfähigkeit zur Treue begründet wurde. Wichtig war sie als Gebärerin und als Garantin der Nachkommenschaft, aber ihre persönliche Eigenständigkeit und Wertschätzung, die sie im Alten Testament selbstverständlich besaß, hatte sie eingebüßt. Hinzu kommt, daß sich in einem Schwall von apokrypher und pseudepigraphischer Literatur eine geradezu abstruse Engel- und Dämonenlehre ausbildete, die auf die Geschlechterbeziehungen und die Sexualität entscheidenden Einfluß nahm[18].

4. Christliche Sexualfeindlichkeit

Von Jesus zu Paulus

Dem Christentum ist es von Anfang an nicht gelungen, ein unbefangenes Verhältnis zur Sexualität zu gewinnen. Und das, obwohl ihm im Alten Testament das Zeugnis einer menschenfreundlichen Sexualethik vorgegeben und obwohl Jesus selbst außer zur Ehe nichts zu diesem Thema gesagt hat (s. u. S. 181f., 197f.). Die Erfüllung des Gesetzes und damit auch der Reinheitsvorschriften sieht bei ihm völlig anders aus als bei den gesetzestreuen Juden seiner Zeit. Sie ist umgewandelt zu einer geistigen Haltung. Der Reinheitsbegriff ist transzendiert. Unrein ist jetzt nur noch, was aus dem («unreinen») Herzen kommt, das heißt, was sich in der Gesinnung zeigt (Mk 7,21–23). Und da ist es nur konsequent, wenn Jesus die Frau gleichberechtigt in seinen Freundeskreis einbezieht (s. u. S. 57f.).
Aber diese neue Sicht der Frau ist schon bei Paulus wieder verschüttet. Und auch die Sexualität wird bei ihm massiv abgewertet[19]. Es ist hier nicht der Ort, den Gründen hierfür nachzuspüren. Sie mögen in seiner eigenen Biographie zu finden sein, aber auch im Einfluß antiker Philosophien, für die Leidenschaft etwas Unwürdiges war, und auch in seiner Überzeugung, daß das Ende der Welt nahe und Kinderzeugung deshalb bedeutungslos geworden sei. So gibt Paulus den Rat: «Den Unverheirateten und Witwen sage ich: Es ist gut, wenn sie so bleiben wie ich (nämlich unverheiratet). Wenn sie sich aber nicht enthalten können, sollen sie heiraten. Es ist besser zu heiraten, als zu brennen» (1 Kor 7,8f.). Gibt es ohnehin für Paulus nur zwei Möglichkeiten, mit Sexualität umzugehen, nämlich Enthaltsamkeit oder Ehe, so hat sogar diese

aus einem zölibatären Vorurteil heraus nur Sinn als remedium concupiscentiae, als Heilmittel gegen die Begierlichkeit, als Konzession an die menschliche Schwäche, zur Verhütung von «Unzucht». Auch wenn man sehr wohl berücksichtigen muß, daß das, was Paulus unter «Unzucht» versteht, in engem Zusammenhang mit dem Lebensstil der Heiden und ihrem Götzendienst zu sehen ist (s. dazu S. 91–96), wird hier die negative Beurteilung der Sexualität im Christentum grundgelegt. Sexualität hat etwas mit dem Teufel zu tun (1 Kor 7,5b), und sie spielt als solche für Paulus überhaupt keine Rolle.

Den Maßstab für die Beurteilung sexuellen Verhaltens liefert ihm ausschließlich die Ehe. Was außerhalb der Ehe geschieht, ist unerlaubt, ganz gleich, wie es motiviert oder verantwortet wird, ob es anlagebedingt oder krankhaft ist (vgl. Gründel 1977). Paulus ist es, der in die Ehemoral den Begriff «Pflicht» einführt, mit dem durch Jahrhunderte hindurch die Frauen bis zur Vergewaltigung unterdrückt und gequält wurden.

Wie weit sind wir entfernt von dem unkomplizierten erotischen und vitalen Leben der alttestamentlichen Menschen, die ganzheitlich lebten und keine asketischen und lebensfeindlichen Einschränkungen kannten! Was nach jüdischem Verständnis kultische Unreinheit war, wurde nun im Christentum zur moralischen Unwürdigkeit, zur sittlichen Schuld, zur Sünde. Von nun an wird von Kirchenvätern und Theologen genau festgelegt, was Unzucht ist, was erlaubt, was verboten ist. Die Sexualität ist versachlicht. Von Anfang an steht fest, daß die beste Art, mit der Sexualität umzugehen, darin besteht, sie zu ignorieren, das heißt unverheiratet und enthaltsam zu leben. Begriffe, die sich fortan durch die Sexualmoral der Jahrhunderte ziehen, sind Lust, Begierde, Trieb. Und bald schon sind sie nur noch negativ besetzt und verschwinden deshalb mehr und mehr aus unserem Wortschatz.

Normalerweise suchen Menschen, die sich lieben, die intime Begegnung, um ihre sexuellen Bedürfnisse zu befriedigen. Sie suchen das Erlebnis der Lust. Dies ist ganz und gar legitim und natürlich. So wie der Mensch Hunger und Durst stillt und dabei Lust empfindet, so gibt er auch dem Wunsch und Drang nach sexueller Befriedigung nach und ist immer wieder von der sexuellen Erfüllung fasziniert. Die Lusterfahrung ist dabei keineswegs auf den Körper beschränkt, sondern umfaßt, entsprechend der Ganzheitlichkeit des Menschen, auch Seele und Geist. Deshalb ist der Mensch als einziges Lebewesen fähig, sein sexuelles Verhalten – ähnlich wie sein Eßverhalten, seinen Spieltrieb oder seine Wißbegier – zu kultivieren.

Merkwürdigerweise haben die Menschen zur sexuellen Lust kaum je ein vorbehaltloses Verhältnis finden können. Entweder wurde sie abgelehnt, ja geradezu verteufelt, oder sie wurde als höchster Wert gepriesen. Die negative wie die positive Einstellung zur Lust läßt sich bis ins Altertum zurückverfolgen. In seiner Schrift «Phaidon» referiert Platon die Vorstellung, wonach der Körper ein Gefängnis der Seele sei und Lust und Begierde den geistigen Teil des Menschen schwäche. Diese Tendenz wurde, wie wir noch sehen werden, im Christentum fortgesetzt.

Andererseits möchte der Mensch die Lust genießen. Deshalb behaupteten die Hedonisten aller Zeiten und Schattierungen, der Mensch sei auf Glück angelegt, er solle so viele lustvolle Erfahrungen machen wie möglich. Von den angelernten Bedürfnissen aber, die ihn dabei stören, soll er sich befreien. Eine repressionsfreie Sexualpädagogik wird gefordert. Repressionsfrei heißt natürlich auch: unbeeinflußt von kirchlicher Moralpraxis. «Make love (not war)», «learning by doing», solche und ähnliche Parolen verheißen einen von Angst, Unsicherheit und Schuldgefühlen befreiten sexuellen Genuß.

Diese beiden Tendenzen, Lustgewinn und Lustunterdrückung, beherrschen nicht nur den einzelnen, sondern auch die Völker und

Kulturen. In der Geschichte der Menschheit kann man durchgängig beobachten, daß zum Beispiel die Bedürfnisse nach Besitz und Nachkommenschaft Regelungen erforderlich machen, die die Geschlechterbeziehungen normieren, daß aber aus einer Unzufriedenheit mit den instituierten Normen auch immer wieder Durchbrüche in eine größere Freizügigkeit im Umgang mit der Sexualität versucht werden. Die Kirche, die wie jede Institution eine Veränderung ihrer Normen als Gefährdung ihrer Existenz betrachtet, ist darauf bedacht, alles zu lassen, wie es ist. Sie spricht von Enthaltsamkeit, von der Tugend der Keuschheit, von Herzensreinheit und von Vermeidung der Sünde. An Positivem ist wenig zu finden. Die Menschen aber, ihre Gläubigen, erleben die Normen und Gebote immer wieder als unrealistisch und setzen sich im Gegenzug von ihnen und damit von der Kirche ab. Sie plädieren für ein Recht auf Glück, auf Befreiung und Erfüllung, auf Verwirklichung ihrer Existenz. Es wäre zu einfach, der einen oder der anderen Seite recht zu geben. Denn Gefährdungen durch die Sexualität sind in beiden Fällen gegeben: die rigorose Forderung nach einem asketischen, streng normierten Sexualverhalten läßt den Menschen verkümmern und schädigt ihn in seiner psychischen Erlebnisfähigkeit. Die libertinistische Forderung nach unbegrenzter Lust- und Glückserfahrung verleugnet die Notwendigkeit der Verantwortung, aber auch die Möglichkeit des Scheiterns.

Die Kirchenväter trauern dem Paradies nach

Daß die Kirche sich nie zu einem ausgewogenen, ganzheitlichen Verständnis von Sexualität durchringen konnte, mag ein Abriß der Geschichte zeigen. Den ersten Kirchenvater, den wir nach Paulus in diesem Zusammenhang nennen müssen, ist der Apologet *Athenagoras* (ca. 180). Er vertritt die offenbar verbreitete Ansicht, Geschlechtsverkehr (und einen solchen kann sich der Kirchenvater von vornherein nur in der Ehe vorstellen) sei nur zur Zeugung erlaubt. Das sittliche Ideal des Christen aber ist Virginität und sexuelle Enthaltsamkeit (vgl. Preisker 179–184). *Origenes* (185–254) trauert dem Paradies nach. Dort war der Mensch den Engeln gleich, ohne Leib, und es gab keine Ehe. Nach dem Sündenfall habe erst der Tod die Fortpflanzung nötig gemacht. Beim Geschlechtsverkehr ist aber der Heilige Geist nicht da, die Geburt ist etwas Unreines, Sinnlichkeit ist Sünde, die Materie eine Erscheinung des Bösen, woraus Origenes für sich persönlich die radikale Konsequenz zieht, sich selbst zu entmannen (Preisker 227–231; Müller 10–13). Und er hofft auf die Endzeit, in der es wieder sein werde wie im Paradies.

Gregor von Nyssa (334–394) verschärft den Ansatz des Origenes, wenn er erklärt, Geschlechtlichkeit gehöre gar nicht zum Menschen, sie passe nicht zur Ebenbildlichkeit Gottes, vielmehr sei sie etwas Tierisches und sei dem Menschen nur in Voraussicht des Sündenfalls verliehen worden. Im Paradies habe der Mensch kein Bedürfnis nach sexueller Befriedigung gehabt. Deshalb habe es da auch keine Ehe gegeben, der Mensch hätte sich, wie die Engel, ohne Ehe vermehrt (Müller 13–16; Gründel 1977, 77). Vom römisch-rechtlichen Naturverständnis und vom stoischen Ideal der Mäßigung und Enthaltsamkeit (s.u.) ausgehend, hatte schon *Klemens von Alexandrien* (140/50–216/17) vom Tier her argumentiert. Er verlangt, wenn in der Natur die Begattung nur zu bestimmten Zeiten erfolge, so dürfe es beim Menschen nicht anders sein. Zwar gilt ihm die Zeugung von Kindern als vaterländische Pflicht. Indes dürfe der Geschlechtsverkehr in der Ehe nur der Zeugung dienen, und auch dann sei er ohne Leidenschaft zu vollziehen (Preisker 200–211).

Der eigentliche Begründer des Sexualpessimismus jedoch ist *Augustinus* (353–430). Nach längerem Zögern gibt er zwar zu, daß die ersten Menschen auch im Paradies geschlechtlichen Umgang hatten, aber dieser, so meint er, geschah ohne jede Erregung (also auch ohne «Lust»?) und unter vollkommener Willenskontrolle. Erst nach dem Sündenfall war der Mensch nicht mehr Herr seiner Sinne und wurde von der Begierde (concupiscentia) überwältigt. Auch Augustinus denkt vom Paradies her, auch er stellt ein ersehntes Ideal gegen die Wirklichkeit. Und auch für ihn ist Sexualität deshalb gefährlich, weil sie den Menschen überwältigt und er dabei die Kontrolle über sich verliert. Man erinnert in diesem Zusammenhang gern an das stoische Ideal der Seelenruhe und Leidenschaftslosigkeit (apatheia). Sicherlich waren die Kirchenväter von ihm beeinflußt. Zugleich aber haben sie es in ihrem Sinn umgedeutet. Für die Stoiker war die Vernunft das Höchste; durch sie nahm der Mensch teil an der Weltvernunft, einer Kraft, in der die Gottheit selbst sich äußert. Je vernünftiger also ein Mensch handelt, desto mehr stimmt er mit der Gottheit überein. Deshalb muß die Vernunft Herr bleiben über die Sinne, denn nur das richtige, vernunft- und naturgemäße Begehren und Meiden, Tun und Lassen verbürgt das Glück des Menschen.

Aus dieser Beherrschung, das heißt dem richtigen Gebrauch der Sinne, und zwar aller Sinne, ist bei den Kirchenvätern eine Ablehnung nur des sexuellen Bedürfnisses geworden. Und war das Ziel der Stoiker positiv: die möglichst große Nähe zur Gottheit, so ist die Ablehnung der Sexualität im christlichen Denken reine Verneinung. Nach Überzeugung des Augustinus ist Lust, und zwar immer nur die geschlechtliche Lust, Sünde. Andererseits ist sie ein Faktum, das nicht zu leugnen ist, vielmehr wohl oder übel in Kauf genommen werden muß. Also mußte man sich arrangieren. Die Lust ist notwendig zur Erhaltung des Lebens, aber sie ist schlecht (*malum*, ja *peccatum*). Sie bleibt lediglich frei von Schuld, wenn der eheliche Verkehr zur Kindererzeugung ausgeübt wird, die für Augustinus der einzige Zweck der Ehe ist[20].

Die Auffassung, Lust sei Sünde, verschärfte sich nach Augustinus noch. Man fand sogar einen Schriftbeweis dafür in Psalm 51,7: «Siehe, in Schuld bin ich geboren, in Sünde empfing mich meine Mutter.» In einem fälschlicherweise *Gregor dem Großen* (ca. 540–604) zugeschriebenen Brief wird rundweg erklärt: «Lust kann nicht ohne Schuld erfahren werden.»[21] Allerdings hat Gregor diese Ansicht tatsächlich vertreten. Es ging also schon längst nicht mehr um die Einschätzung von Sexualität überhaupt, vielmehr hatte sich ein Teilaspekt, die Lust, zum Hauptproblem entwickelt. Für die christliche Sexualmoral sollte dies bis in unsere Zeit schwerstwiegende Konsequenzen haben[22].

Die großen Theologen schwanken

Erst nach tausend Jahren Christentum unterbricht der Theologe und Philosoph *Abälard* (1079–1142) dieses eindimensionale Schema, indem er erklärt, Lust sei keine Sünde und auch kein Übel, sie sei naturgegeben[23]. Von nun an schwankte man zwischen totaler Ablehnung und Akzeptierung – wiederum nicht der Sexualität, sondern der Lust. *Albertus Magnus* (1193/1207–1280) zum Beispiel erkennt der Lust (delectabile) bei guter Absicht, und das heißt natürlich: in der Ehe zum Zwecke der Zeugung, eine personale Bedeutung zu. Selbst wenn man ernüchtert feststellt, daß sich das delectabile nur auf geistige Freuden wie Treue und sakramentale Verbundenheit bezieht, so ist es doch ein Fortschritt, überhaupt von Freuden zu hören. *Thomas von Aquin* (1225–1274) hingegen warnt wieder vor der «Glut der Begierde» und hält sie mit der Würde des Menschen nicht für vereinbar. Für den Geschlechtsverkehr läßt er nur das Zeugungsmotiv und die Pflichtleistung gegenüber dem Ehepartner («um des Gatten willen») gelten. Alles andere ist der Diskussion nicht wert. Ebenso denkt *Bonaventura* (1221–1274). Für *Cajetan* (1469–1534) sind Zärtlichkeiten und Küsse der Beginn der geschlechtlichen Vereinigung (inchoatio concubitus), ja der Beginn der Pollution. Zärtlichkeit hat keinen Wert in sich, sie ist von vorneherein auf Sexualität hingeordnet.

Alles ist schwere Sünde

Eine weitere Verschärfung erfährt die Sexualmoral durch die *Materia gravis-Lehre*[24]. Sie bedeutet, daß alles, was auf sexuellem Gebiet an Verfehlung geschieht – und was Verfehlungen sind, bestimmt die traditionelle Lehre der Kirche –, mit einem besonderen Maßstab gemessen wird. Während bei allen anderen Verfehlungen zwischen schweren und läßlichen Sünden unterschieden wird, je nachdem, ob es sich um eine schwerwiegende oder geringfügige Sache handelt, sind alle sexuellen Verfehlungen ihrer Natur nach Sünde[25]. Damit verselbständigt sich die Sexualmoral innerhalb der Moraltheologie, sie bekommt ein Eigengewicht, das ihr nicht zusteht. Sie löst bei Gläubigen und Theologen Fixierungen, Verdrängungen und Phobien aus, die absurde Formen annehmen, und führt nicht zuletzt zu einem erschreckenden Rigorismus. Jeder Sexualakt wird von der Person und ihren psychischen und menschlichen Bedingtheiten getrennt. Details lösen sich vom Ganzen. Sexualität wird grundsätzlich als böse oder doch wenigstens bedrohend eingeschätzt. Von den Päpsten Alexander VII. (1665–1667) und Innozenz XI. (1676–1689) wird der allein aus Lust vollzogene eheliche Verkehr, ja der aus bloßer Lust gegebene Kuß als schwere Sünde deklariert[26].

Woran die Gravitas-Lehre letztlich krankt, ist nicht nur die Überdimensionierung eines Teilaspekts, sondern die zugrundeliegende Überzeugung, Sexualität sei eine feste, objektiv meßbare und deshalb in ein System zu zwingende Größe. Diese Auffassung fördert das Bedürfnis, alle Möglichkeiten vollständig zu erfassen und kasuistisch zu fixieren.

Erst seit der Mitte dieses Jahrhunderts beginnt die Moraltheologie die These aufzugeben, Verstöße gegen das 6. Gebot ließen keine Geringfügigkeit (parvitas materiae) zu. So schreibt J. Stelzenberger[27]: «Parvitas materiae ist nach der Lehre der Tradition möglich... Alle neuzeitlichen Moraltheologen vertreten klar, daß es läßliche Sünden bei geschlechtlichen Verfehlungen gibt» (250).

Offenbar rechnete Stelzenberger seinen Fachkollegen B. Häring nicht zu den «neuzeitlichen Moraltheologen», denn dieser lehnte damals noch in voller Schärfe die parvitas materiae ab: «Nach heute allgemeiner Lehre der Autoren ist nicht nur die volle Befriedigung, sondern *jede frei gewollte direkte Erregung* der Geschlechts-

lust außerhalb der geordneten ehelichen Liebe *der ganzen Art* nach schwer sündhaft. Wo es sich um ein direktes Suchen der geschlechtlichen Lust handelt, entschuldigt also keine Geringfügigkeit des Grades (keine *parvitas materiae*) von schwerer Sündhaftigkeit» (1955, 1136f.).

Dem Vorwurf, es werde damit dem 6. Gebot eine ungebührliche Vorrangstellung sogar dem Hauptgebot der Liebe gegenüber zugesprochen, begegnet Häring mit dem Argument, die geschlechtliche Erregung habe etwas Unteilbares an sich. «Gerade auf diesem Gebiet muß jeder wissen, daß er verschlungen wird, wenn er leichtsinnig und ehrfurchtslos und in bewußter Absicht einzudringen sucht. Geringere Grade der bewußt gesuchten und bejahten geschlechtlichen Lust sind... *ihrer wesenhaften Dynamik nach der Weg zu voller Befriedigung*... Das direkte und bewußte Suchen geringerer Grade der geschlechtlichen Erregung macht zum Sklaven der Wollust» (ebd. 1138).

Eine gründliche Kehrtwendung hat Häring 1980 vollzogen. Hier stellt er fest: «Im Sprechen über Sünden gegen die Keuschheit sollte man die gleiche Ausgeglichenheit zeigen wie bei anderen Sünden und hier in ganz besonderer Weise die Ergebnisse der Humanwissenschaften berücksichtigen....wenn es allgemein gilt, daß Sünden mehr oder weniger schwer, mehr oder weniger gefährlich sind, dann gilt das auch von Verstößen in Fragen der Sexualmoral. Für die Frage nach dem Versagen, ob man wohl den Gnadenstand verloren hat oder nicht, gelten im Grund die gleichen Kriterien wie in allen Gebieten» (II, 522).

K. Hörmann urteilt: «Es bleibt aber die Frage, ob jede sexuelle Fehlbetätigung, die ohne Minderung der Zurechnungsfähigkeit betrieben wird, schwere Sünde ist, wie die Lehrtradition der letzten Jahrhunderte sagt. In ihr steckt das realistische Urteil, daß der Mensch vom sexuellen Erleben tief betroffen wird, daß daher jede wirkliche Fehlbetätigung auf diesem Gebiet geeignet ist, die Gestaltung des Lebens gemäß dem Auftrag der personalen Liebe (oder der Christusverbundenheit) ernstlich zu gefährden. Auf frühere päpstliche Entscheidungen scheint sich die These, bei den sexuellen Verfehlungen gebe es keine parvitas materiae, nicht stützen zu können; ihre Begründbarkeit wird heute angezweifelt.»[28]

Die Katechismen fixieren die Sexualangst

Aber wie ging es in der Geschichte seit dem 16. Jahrhundert weiter? Der Buchdruck gestattete der Kirche eine ganz neue Einflußnahme auf die Gläubigen: Die große Zeit der Katechismen begann. Ursprünglich waren diese ein Hilfsmittel für die Hand des Lehrers. Deshalb sind die ersten Katechismen breit angelegt und auf Vollständigkeit bedacht. Es ist nicht uninteressant, an ihnen die Entwicklung in der Sexualerziehung zu verfolgen[29]. Denn sie geben nicht nur die herrschende Lehrmeinung wieder, sondern spiegeln zugleich das Wechselspiel von profaner und religiöser Geisteshaltung.

Von Anfang an konzentriert sich hier die Behandlung sexueller Fragen auf das 6. Gebot. Während jedoch die ältesten Katechismen sich in der Formulierung an die biblische Überlieferung halten und eine sachgemäße, offene Sprache sprechen, verändert und verengt sich die Redeweise immer mehr, bis in der Mitte des 19. Jahrhunderts das Geschlechtliche völlig tabuisiert wird[30].

Schon der *Catechismus Romanus* (1566) behandelt das 6. Gebot sehr breit. Er legt Wert darauf, vor der Gefahr der Unkeuschheit zu warnen, und nennt Müßiggang, Trunkenheit, Wollust der Augen, «zierlichen Aufputz, weichliche und üppige Gesänge und Tänze, unkeusche und verliebte Bücher, Bilder und Gemälde». Hat sich in frommen oder pietistischen Kreisen nicht bis heute die Scheu davor erhalten? *Bellarmin* klassifiziert dann zusätzlich die sündhafte Begierde in Einflüsterung (natürlich des Teufels), Wohlgefallen und Einwilligung. Diese Einteilung ist bis heute gültig. Die *Aufklärung*, die ja die Mündigkeit des Menschen nicht mit seinem Mensch- oder Personsein begründet, sondern mit seiner Vernunft und seinem Verstand, macht überraschend die *Selbstbefriedigung* (s. u. S. 111–122) zum Thema sexueller Erziehung, was sich in der

Folge überdimensioniert und minutiös in den Katechismen niederschlägt.
Einen neuen pädagogischen Ansatz finden wir beim schlesischen Abt und Schulreformator J.I. Felbiger (1776). Er ignoriert die Selbstbefriedigung und paßt die Behandlung des 6. Gebots stufenweise dem Reifestand des Jugendlichen an. In der Folge aber wurde die Erziehung zur Schamhaftigkeit stark betont, die schon von Bellarmin erstmals ins Spiel gebracht worden war. Damit wurde das äußere Verhalten wichtiger als das sexuelle. Die eigentlich geschlechtlichen Probleme wurden verdeckt und durch massives Entgegenwirken und durch Abschreckung unterdrückt. Dies führte bald zu jener dualistischen Leibfeindlichkeit, die bis heute weithin christliches Denken bestimmt. Der spätere Reformer B.H. Overberg (1754–1826) führt für die Geschlechtsteile die Bezeichnung «unehrbare Teile» ein[31]. Damit sind sie und alles, was mit Sexualität zusammenhängt, endgültig für unrein und ungut erklärt. Kein Wunder, daß in der *Romantik* die Parole ausgegeben wird, die Jugend möglichst unaufgeklärt, in Unwissenheit, im «Ungefähren» zu lassen oder sie durch schaurige Beispiele abzuschrecken. Weniger beabsichtigt war wohl, daß damit das Gegenteil erreicht wurde. Denn Neugierde und Verdrängung führten dazu, daß das Sexuelle erst recht interessant wurde.
Der spätere Overberg und J.B. Hirscher (1788–1865) versuchten dann, die geschlechtliche Erziehung in die Gesamterziehung zu integrieren[32]. Das läßt eine völlig neue Einschätzung der Sexualität vermuten, ein Ansatz, sie nicht mehr isoliert zu betrachten, sondern in Verbindung mit dem ganzen Menschen zu sehen. Jedoch setzte sich diese Tendenz nicht durch. Der böhmische Pfarrer F. Ehmig (1853) plädierte zwar – gegen die Moraltheologen der Romantik – für eine geschlechtliche Aufklärung; denn ohne sie sei Keuschheit gar nicht möglich. Die Art und Weise aber, die er vorschlug, war eher abstoßend. Aufklärung geschieht bei ihm vom Tier her. Personale Werte wie Liebe und Treue werden gar nicht gesehen.
Ihren absoluten Tiefpunkt erreicht die Einschätzung der Sexuali-

tät jedoch erst in der Mitte des 19. Jahrhunderts. Für diese Entwicklung zeichnet der Name des Jesuiten J. Deharbe. Er schreibt für das 6. Gebot die schon früher auftauchende Formulierung «Du sollst nicht Unkeuschheit treiben» fest, wodurch der Bezug auf die Ehe verloren geht. Außerdem ist der Begriff «Unkeuschheit» völlig vage. Wer bestimmt seinen Inhalt? All das Gelernte über Schamhaftigkeit, Unehrbarkeit, Laster, alle Appelle, sich vor sexuellen Handlungen zu hüten, all die Warnungen vor den Gefahren verursachen in den Köpfen der Gläubigen die Vorstellung von etwas Unheimlichem, Gefährlichem. Die Interpretation, was unkeusch ist, bleibt völlig im Subjektiven, und sie bleibt den Moraltheologen und Beichtvätern überlassen, die nun die letzte Autorität sind. Das Geschlechtliche wird mehr und mehr mit der Unkeuschheit identifiziert. Seine Abwertung wird so groß, daß man sich schämt, die Dinge beim Namen zu nennen. So schließt sich der Teufelskreis: Je mehr man die Sexualität verhüllte und tabuisierte, um so schwieriger wurde die Aufklärung.

5. Frauen in Israel

Sexualität spielt sich in der Regel zwischen zwei Menschen ab. Wenden wir uns also nun der Beziehung zwischen Mann und Frau zu, der Verteilung ihrer gesellschaftlichen Rollen, ihrer Abhängigkeiten und Selbständigkeiten. Wenn dabei mehr von der Frau als vom Mann die Rede ist, dann deshalb, weil sie einmal vom sexuellen Bereich mehr betroffen ist als der Mann, zum anderen, weil sich Rolle und Funktion des Mannes bis heute weitgehend von selbst verstehen.

Die freie Frau

Im alten Israel spielte sich das Leben der Frau im häuslichen Bereich ab. Zwar erfahren wir wenig über das Alltagsleben, wir wissen nichts über den Tagesrhythmus einer Familie, ihre Essens-, Schlafens-, Freizeitgewohnheiten, ob die Frau ein Haushaltsgeld bekam, über das sie verfügen konnte, wie weit sich die Familien selbst versorgten, wie weit die Frau selbst oder ihre Sklavin auf dem Markt einkauften oder Handel trieben. Auf jeden Fall darf man annehmen, daß es, seitdem die Israeliten seßhaft wurden und Ackerbau und Viehzucht betrieben, auch die Gewaltenteilung gab: der Mann arbeitete außerhalb des Hauses, die Frau war für die Hauswirtschaft und für die Erziehung der Kinder, speziell der Töchter, zuständig. Wie das konkret aussah, zeigt die hübsche kleine Szene, wie drei Fremde auf das Zelt Abrahams zukommen und er sie einlädt, bei ihm unter der Terebinthe Rast zu machen. Er läuft ins Zelt – denn dort hält sich seine Frau Sara auf – und fordert sie auf, schnell einen Kuchen zu backen. Vom Inneren des

Zeltes aus lauscht dann Sara dem Gespräch der Männer und verrät sich durch ihr ungläubiges Lachen (Gen 18,1-16).
Innerhalb des häuslichen Bereichs allerdings scheint die Frau uneingeschränkte Herrscherin gewesen zu sein. Wir hören nie davon, daß der Mann sich da eingemischt hätte. Sie konnte frei schalten und walten. Das zeigt der große Lobpreis der Frau im Buch der Sprüche (31,10-31). Da ist nicht nur von ihren häuslichen Beschäftigungen wie Spinnen, Nähen, Stricken, Kochen und Vorräte-Anschaffen die Rede. Vielmehr kann sie auch Kaufverträge abschließen über so große Projekte wie Felder und Weinberge, und zwar mit selbsterwirtschaftetem Geld. Man spürt den Stolz und das Selbstbewußtsein und wie die Frau mit beiden Beinen im Leben steht: «Kraft und Hoheit ist ihr Gewand, und sie lacht des kommenden Tages» (V. 25).
Selbstbewußtsein und Selbständigkeit zeichnen viele Frauen im Alten Testament aus. Da ist etwa die Geschichte, wie *Rebekka* ihrem Lieblingssohn Jakob mit List zum Erstgeburtsrecht verhilft (Gen 27,1-29) und ihn vor Esaus Rache schützt (27,41-28,5). Auf diese List stützt sich letztlich die ganze weitere Heilsgeschichte, denn Jakob und nicht der erstgeborene Esau wird zum Stammhalter Israels. – Da ist *Abigajil*, die ihren bösartigen Mann vor der Rache Davids rettet (1 Sam 25,14-42). Dieser ist so fasziniert von ihrem Charme und ihrer Klugheit, daß er ihretwegen nicht nur dem geizigen und ungerechten Nabal vergibt, sondern sie nach dessen Tod eilends als seine Frau in sein Haus holen läßt. Abigajils Lebensklugheit hebt sich vor der Folie des nichtswürdigen Mannes besonders ab. Auch an anderen Stellen der Bibel gewinnt man den Eindruck, daß der Mann nur genannt wird wegen der Frau. So ist der Mann in der Gemeinderatssitzung Spr 31,23 sicher wegen der Persönlichkeit der Frau geachtet, anders hätte seine Erwähnung hier keinen Sinn. Und der Kleiderverwalter Schallum wird nur deshalb erwähnt (2 Kön 22,14), weil er der Mann der Prophetin *Hulda* ist.
Einer recht emanzipierten Frau begegnen wir auch in 2 Kön 4, 8-37 (vgl. Gerstenberger/Schrage 44–46). Zwar wissen wir nicht

einmal ihren Namen, denn die ganze Geschichte ist eigentlich wegen des Propheten Elischa erzählt. Die spektakuläre Erwekkung eines Jungen vom Tode soll ihn wohl als seinem Meister Elija ebenbürtig erweisen. Aber genau genommen ist die vornehme «Frau aus Schunem» die Akteurin. Sie lädt Elischa zuerst zum Essen ein; als er immer öfters des Weges kommt, richtet sie ihm ein Dachzimmer in ihrem Haus ein. Der häufige Gast möchte sich revanchieren, und er verspricht der bis dahin kinderlosen Frau einen Sohn. Jahrelang gehen die Beziehungen zwischen der Schunemiterin und dem «Gottesmann» so weiter, bis der inzwischen herangewachsene Junge stirbt. In dieser Krise läßt sie, statt sich um die Beerdigung zu kümmern, ihren Esel satteln, um zu ihrem Gottesmann zu reiten. Der Ehemann, der bis jetzt keine Rolle spielte – ist er so großzügig, daß er die jahrelange Beziehung seiner Frau toleriert, oder hat er gar nichts zu sagen? –, wundert sich nicht darüber, daß seine Frau zu Elischa reitet in dieser unpassenden Situation, sondern er staunt darüber, daß sie zu ihm will, obwohl doch weder Neumond noch Sabbat sei. Offenbar war es ihre Gewohnheit, ihm an Feiertagen einen Besuch zu machen. Und sie gibt ihm auch keine rechte Antwort. «Schalom», sagt sie, «behüt dich Gott», und reitet los. Sie hält es offenbar für überflüssig, ihn aufzuklären, er begreift doch nichts von dem, was ihr wichtig ist.

Aber nicht nur in ihrem häuslichen Bereich konnte die Frau, wenn sie es verstand, schalten und walten. Die Bibel kennt genug Beispiele, wo Frauen in der Öffentlichkeit eine hervorragende Rolle spielten und für das nationale Interesse von großer Bedeutung waren. Denken wir an die Königin *Ester*. Ihrer Schönheit, Klugheit und Fürsprache gelingt es, die drohende Verfolgung ihres Volkes abzuwenden (Est 5-7). Da ist die reiche und schöne Witwe *Judit*, die den Mut hat, durch eine List den feindlichen Feldherrn zu töten und damit ihr Volk zu retten. Zwar handelt es sich hier um eine beispielhafte Legende, die das jüdische National- und Glaubensbewußtsein stärken soll. Daß es aber eine Frau ist, die diesen Mut und diesen Glauben aufbringt, zeigt doch, welchen

Spielraum eine Frau hatte, die ihr von der Gesellschaft gesetzten Grenzen zu durchbrechen. Auch die prophetische Beschreibung der genußsüchtigen, geputzten, parfümierten und auf den Hauptstraßen flirtenden Damen Samarias und Jerusalems (Am 4,1ff.; Jes 3,16) läßt die Frauen nicht als entrechtete Menschen zweiter Ordnung erscheinen (Beer 23).
Eine der ganz großen Frauengestalten der Bibel aber ist *Debora* (Ri 4f.). Sie war für Israel das, was wir heute eine Nationalheilige nennen würden. Denn sie brachte die israelitischen Stämme, die sich nach langen mühsamen Wanderungen als Kleinviehnomaden im palästinischen Bergland angesiedelt hatten, dazu, sich einer Koalition von kanaanäischen Stadtstaaten, die sie hart bedrängten und unterdrückten, in einer Entscheidungsschlacht zu stellen und sich gegen sie zu behaupten. Diesem Sieg verdankte Israel wahrscheinlich seine völkische Identität und seine Existenz. Von einer Frau ging die Initiative aus, in einer Zeit, wo das Patriarchat in Israel seine höchste Ausformung zeigte. Ihrer Persönlichkeit war es zu verdanken, daß Israel gerettet wurde. Dieses Charismatische an der Persönlichkeit Deboras war es wohl, was ihr die Titel «Prophetin» und «Richterin» eintrug. Und niemand nahm Anstoß daran, zumindest nicht in der Frühzeit, als dieses Ereignis stattfand.

Die unfreie Frau

Die Funktionen des Mannes verstehen sich in der Bibel von selbst. Sie sind breit gefächert, ziemlich eindeutig festgelegt und bleiben sich auch im Lauf der Zeiten gleich. Der Mann gibt den Ton an, das ganze Leben ist von ihm geprägt. Er vertritt seine Familie in der Öffentlichkeit, er nimmt die kriegerischen und wirtschaftlichen Belange wahr, ihm gehört Haus- und Grundbesitz, er hat im Ältestenrat oder in der Ratsversammlung im Tor Sitz und Stimme. Die ganze Bibel ist ein eindrückliches Zeugnis männlicher Vorherrschaft. Über die Frau hingegen wird viel weniger gesagt. Sie muß, wie wir sahen, schon in irgendeiner Weise herausragen, damit von ihr berichtet wird. Aber das unterstreicht ja gerade, daß sie normalerweise unbedeutend ist. Kein Wunder, daß das, was von ihr erwähnt wird, sehr unterschiedlich, ja widersprüchlich sein kann. Es richtete sich ja nicht nur nach ihrer gesellschaftlichen und familiären Stellung, sondern auch nach der Zeit, in der die Begebenheit spielte und in der sie aufgeschrieben wurde, und nicht zuletzt nach der Meinung, die der männliche Schriftsteller von der Frau hatte.

Ein patriarchalisches Gesellschaftssystem setzt die Verfügungsgewalt des Mannes über die Frau voraus. Im Alten Testament ist sie in allen Bereichen mühelos festzustellen. So gehört die Frau zur beweglichen Habe des Hausherrn. In den Zehn Geboten wird sie in einem Atem mit den Haustieren genannt: «Du sollst nicht begehren deines Nächsten Haus. Du sollst nicht begehren deines Nächsten Weib, Knecht, Magd, Rind, Esel noch alles, was dein Nächster hat» (Ex 20,17). Dasselbe Besitzdenken kommt zum Ausdruck in den Bezeichnungen «Herr» und «Gebieter» für Ehemann (hebr. *baʿal*: Ex 21,3 oder *'ādōn*: Gen 18,12; Ri 19,26 u.ö.), «Herr werden» für heiraten und «Beherrschte des Herrn» (*bᵉʿulat baʿal*: Dtn 22,22) für die Ehefrau. Das bedeutet ja nichts anderes, als daß der Mann die Frau unter sein Hab und Gut aufnimmt. Selbst wir sagen noch heute vom Mann, er nimmt sich eine Frau, aber nicht umgekehrt. Das «Herr werden» oder Heiraten geschieht in Israel durch einen privaten Kaufvertrag zwischen den Vätern der jungen Leute. Der Vater des jungen Mannes verhandelt für seinen Sohn mit dem Vater der Braut und zahlt diesem den geforderten Brautpreis. Das wird, zieht man die orientalische Mentalität in Betracht, wohl meistens nicht ohne Werten und Feilschen abgegangen sein. Wie dramatisch das zugehen konnte, sehen wir an Jakobs Werbung um Rahel (Gen 29,15-30). Nach seinem Zerwürfnis mit Esau ist er in Mesopotamien in den Dienst seines Onkels Laban getreten. Schon bei der ersten Begegnung hat ihm dessen Tochter Rahel gefallen, bald liebt er sie und macht mit Laban ein Geschäft. Er bietet ihm an, sieben Jahre um Rahel zu dienen. Sieben Jahre sind eine lange Zeit, Rahel muß es wert gewesen sein. Aber am Morgen nach der Hochzeitsnacht stellt er fest, daß ihm sein Schwiegervater am Abend vorher nicht Rahel, sondern ihre wenig attraktive ältere Schwester untergeschoben hatte. Auf die Vorwürfe Jakobs gibt Laban als Begründung für den Betrug an, es sei nicht üblich, die jüngere Tochter vor der älteren zu verheiraten. Also dient Jakob noch einmal sieben Jahre um Rahel. Reine Geschäftssache also, deren Opfer nicht immer nur das Mädchen sein muß. Auch der junge Mann kann dabei hereinfallen. Der Umstand, daß Jakob Rahel liebt, erschwert seine Lage nur. Laban kann ihn leichter für sich ausnutzen.

Einen nicht weniger hinterlistigen Umgang mit dem Brautpreis pflegt Saul, nachdem er gemerkt hat, daß David seine jüngere Tochter Michal liebt (1 Sam 18,17-30). Zunächst läßt er seine Bediensteten David einreden, er habe gute Chancen, sein Schwiegersohn zu werden. Damit bringt er David in größte Verlegenheit, denn als Sohn eines Hirten ist er niemals in der Lage, den Brautpreis zu zahlen, der natürlich für eine Königstochter sehr hoch ist. Aber Saul weiß Rat. Er schlägt David vor, sich Michal zu verdienen. Es steht gerade ein Kampf gegen die immer wieder drohenden Philister an. Wenn David ihm als Brautpreis «hundert Vorhäute der Philister» (und das ist wörtlich gemeint) bringt, kann er Michal haben. Es muß ein tollkühner Kampf gewesen sein. Saul hoffte, der ihm verhaßte David werde fallen. Aber er gewinnt die Schlacht und bekommt Michal. Sauls Berechnung geht nicht auf, aber es war die Rechnung mit der Liebe zweier Menschen. Und nur die juristische Abhängigkeit der Tochter vom Vater hatte diese Intrige ermöglicht.

Für unser Empfinden aber geradezu unbegreiflich und empörend sind jene zwei Fälle von Verfügungsgewalt, in denen ein Vater seine ausdrücklich als jungfräulich bezeichneten Töchter einer wilden Horde geiler Männer preisgibt, um männliche Gäste vor ihrer Brutalität zu schützen (Gen 19,1-11; Ri 19,22-30). Doch davon soll in einem anderen Zusammenhang die Rede sein.

Das Gesetz unterwirft die Frau dem Mann

Was wir aus den Erzählungen wissen, ist auch gesetzlich abgesichert. Von den vielen Bestimmungen, die von der Frau handeln, seien drei Beispiele erwähnt. Sie betreffen die schlechtere Position der Frau gegenüber dem Sklaven, ihre totale Unmündigkeit und schließlich ihre strafrechtliche Wehrlosigkeit.
Im sogenannten Bundesbuch (Ex 20,22-23,19), der ältesten Gesetzessammlung Israels – sie stammt im wesentlichen aus der Vorkönigszeit (11. Jh. v.Chr.) –, finden wir den befremdlichen Fall erörtert, was mit einem Mädchen geschieht, das der eigene Vater in die Sklaverei verkauft:

> Verkauft jemand seine Tochter als Sklavin, so soll sie nicht entlassen werden wie die Sklaven. Gefällt sie ihrem Herren nicht, nachdem er ihr beigewohnt hat, so soll er sie loskaufen lassen; doch ist er nicht befugt, sie an fremde Leute zu verkaufen, indem er treulos an ihr handelt. Bestimmt er sie aber für seinen Sohn, so soll er sie nach dem Töchterrecht ausstatten. Nimmt er sich noch eine andere Frau, so soll er jener an Nahrung, an Kleidung und an ehelichem Umgang nichts entziehen. Erfüllt er ihr diese drei Pflichten nicht, so wird sie ohne weiteres frei, ohne Lösegeld (Ex 21,7-11).

Die Ungeheuerlichkeit dieser Vorschrift besteht für uns zweifellos darin, daß ein Vater seine Tochter als Sklavin verkaufen kann. Ein Mädchen scheint als Mensch überhaupt nicht zu zählen. Wenn der Vater sie schon nicht gegen einen entsprechenden Brautpreis verheiraten kann, so verkauft er sie eben als Sklavin – der Verkaufswert allein ist wichtig. Daß aber ein hebräischer Mann, der als Sklave gekauft wird, nach sechs Jahren freigelassen werden *muß*, (Ex 21,2), während ein hebräisches Mädchen auch nach Jahren nicht in die Freiheit entlassen werden *darf*, erhellt die gesellschaftliche und juristische Situation der Frau noch mehr.
Das ist freilich nur der negative Aspekt des Gesetzes. Gleichzeitig ist es erfüllt von Sorge für die Zukunft der Tochter. Nicht immer mußte ein Vater seine Tochter aus Geldgier verkaufen. Vielleicht war er dazu gezwungen wegen einer zu hohen Steuer- oder Schuldenlast oder zu hoher eigener Ansprüche[33]. Dann sollte die junge

Frau doch wenigstens abgesichert sein. Der Käufer durfte sie nicht einfach auf die Straße setzen, denn eine Freilassung hätte die Frau recht- und schutzlos gemacht, weil sie dann keinen «Mund» mehr gehabt hätte, der sie vertrat. Entweder der Käufer selbst oder dessen Sohn mußten die Sorgepflicht für sie übernehmen. So war die Situation der Frau zwar miserabel, aber es mußte doch immer einen Mann geben, der für sie verantwortlich war[34].

Ein zweites Beispiel ist das sogenannte Eifersuchtsopfer (Num 5,11-31), jenes demütigende Ritual, dem sich eine Frau zu unterwerfen hatte, die von ihrem Mann, sei es zu Recht, sei es zu Unrecht, des Ehebruchs verdächtigt wurde (s.u. S. 195f). Die Frau war dabei der willkürlichen Eifersucht ihres Mannes ausgeliefert, der in einem so dramatischen Prozeß auch noch eine Frau, deren er überdrüssig war, loswerden konnte. Ihn trifft keinesfalls Schuld, das wird ausdrücklich gesagt (V. 31), selbst wenn die Frau dabei zugrunde geht. Und die Frau ist hier völlig unmündig; sie hat nicht einmal die Möglichkeit, Einspruch zu erheben. Im Gegenteil, sie darf die Flüche des Priesters mit einem zweifachen Amen bestätigen.

Unser drittes Beispiel zeigt die Frau in so totaler Abhängigkeit vom Mann, daß er sogar noch ihre Gedanken und Gefühle kontrolliert (Num 30). Wenn eine Frau (oder Tochter) Gott ein Gelübde ablegt, dann hat es nur Gültigkeit, wenn der Mann (oder Vater) damit einverstanden ist, das heißt, wenn er mindestens dazu schweigt. Wenn er es jedoch verbietet, dann gilt es nicht. Interessanterweise bilden die Witwen – und hier werden außerdem noch die von ihren Männern Verstoßenen genannt – eine Ausnahme: ihre Gelübde behalten ihre Gültigkeit. Offenbar weil es Frauen sind, die allein leben und selbständig sind, während die anderen unter der Hut, wir können auch sagen: unter der Vormundschaft der Männer stehen. Ihr Fehler wird darin gesehen, daß sie «unbedacht» oder «voreilig» (V. 7 u. 9) waren, das heißt, daß sie, ohne die Männer zu fragen, selbständig einen Entschluß gefaßt haben. Es wird in der Vorschrift eigens betont: «Ihr Mann kann jedes Gelübde und jeden Eid, der zu einer Enthaltung verpflichtet, anerkennen oder außer Kraft setzen» (V. 14). Das bedeutet nichts anderes, als daß die Frau selbst im privatesten Bereich, zu dem ja auch der Glaube gehört, nicht über sich verfügen kann.

Die Männer stehen Gott näher

Mit unserem letzten Beispiel erübrigt sich eigentlich schon die Frage nach den religiösen Rechten und Befugnissen der Frau (s. bes. Winter 15–69). Wie der Mann Frau und Kinder in allen öffentlichen Belangen vertritt, so auch gegenüber Gott. Gewiß ist die Frau in das religiöse Leben des gesamten Volkes integriert, das sich in allen seinen Lebensäußerungen, seinen Erfahrungen, seiner Geschichte ganz von Gott her versteht. So nehmen die Frauen selbstverständlich teil an den großen Festen Pesach, Wochen- und Laubhüttenfest. «Du sollst an deinem Fest fröhlich sein, du und dein Sohn und deine Tochter, dein Knecht und deine Magd, der Levit, der Fremde, die Waise und die Witwe», lautet die Vorschrift (Dtn 16,14), in der immerhin die Ehefrau nicht genannt ist!
Ursprünglich durften die Frauen auch im Heiligtum beten und Opfergaben einbringen[35]. Ergreifend ist die Geschichte von Hanna (1 Sam 1). Jahrelang wird sie von ihrer Nebenfrau gehänselt, weil sie keine Kinder bekommt. Als ihr Mann wieder einmal mit seinen beiden Frauen, seinen Söhnen und Töchtern nach Schilo zum Heiligtum gezogen ist und sie in der Halle gegessen und getrunken haben, steht Hanna plötzlich auf, tritt vor Gott hin, weint und betet verzweifelt um einen Sohn. Der Priester Eli, der auf seinem Stuhl an einer Tempelsäule sitzt, sieht Hanna zu, und weil sie nur stumm die Lippen bewegt, hält er sie für betrunken. Nachdem sich sein Irrtum aufgeklärt hat, spricht er ihr die Erfüllung ihrer Bitte zu. Nach Abschluß der Stillzeit kehrt Hanna zurück und übergibt den Sohn der Obhut des Priesters.
Streng geregelt war die Beziehung des Priesters zu den Frauen: er darf keine Dirne, keine Schwangere, keine Geschiedene und keine Witwe heiraten, sondern nur eine Jungfrau (Lev 21,7.13-15), und

wenn sich seine Tochter durch Unzucht vergeht, muß sie verbrannt werden, damit kein Schatten auf die Heiligkeit des Priesters fällt (Lev 21,9).

Diese Tendenz wird im jüdischen Denken noch verstärkt. Die Frau wird immer mehr ins Abseits gedrängt. Die jüdischen Schriftgelehrten und Torapriester errichten eine streng bewachte Männerreligion, zu der die Frau keinen Zugang mehr hat. Sie darf in der Synagoge höchstens von der Empore aus, zu völliger Passivität verurteilt, dem Kult der Männer zuschauen. Ein synagogaler Gottesdienst ist nur möglich, wenn mindestens zehn Männer (ein «Minjan») anwesend sind; die Zahl der Frauen spielt keine Rolle. Zur Zeit Jesu nehmen die Frauen im herodianischen Tempel in einem eigenen «Vorhof der Frauen» am Gottesdienst teil. Wo der Beginn dieser Entwicklung liegt, läßt sich nicht mit Sicherheit feststellen. Noch die Neh 8 beschriebene öffentliche Gesetzesverlesung (um 400 v.Chr.) läßt keine Trennung von Männern und Frauen erkennen. Am Ende des 1. Jahrhunderts jedoch ist die frauenfeindliche Tendenz fixiert. Das zeigen die rabbinischen Schriften in aller Deutlichkeit: «Wenn jemand seine Tochter in der Kenntnis des Gesetzes unterweist, ist das, als lehre er sie die Unzucht» (90 n.Chr.), oder: «Besser verbrennt man die Tora, als daß man die Frauen darin unterweist.»[36]

6. Frauen in der Kirche

Jesus liebt die Frauen

Jesus, obwohl in die patriarchalische Struktur seiner Zeit eingebunden, nahm Mann und Frau in gleicher Weise ernst. Seine Weite und Unabhängigkeit zeigen sich in der Ablehnung von Geboten und Gesetzen, die dem Menschen von außen auferlegt sind (Reinheits-, Sabbatgebote u.ä.) und die seinen Wert an seiner Leistung messen. Jesus schafft eine neue Qualität von Gottzugehörigkeit im barmherzigen Samariter, der in seiner Sorge für den Mitmenschen weder auf Rassen- noch Standes- und Religionszugehörigkeit achtet. Jesu Denken umfaßt nicht nur Freunde, sondern gerade diejenigen, um die sich sonst niemand kümmert: Kranke, Zöllner, Sünder, Arme. Seine Menschlichkeit, seine Hilfe, sein Heilen besteht zunächst darin, daß er den anderen Menschen sieht, ihm zuhört, ihn ernst nimmt, ihn versteht. Er kann das, weil er keine Vorbehalte, keine Vorurteile, Ängste und Minderwertigkeiten kennt, die ihm den Blick trüben könnten[37].

Dies wird besonders im Umgang mit den Frauen deutlich. Er wertet sie nicht ab, er kritisiert sie nicht, vielmehr reißt er die gesellschaftlichen und religiösen Schranken zwischen sich und den Frauen ein. Soweit unsere Quellen es erkennen lassen, war sein Verhalten zu den Frauen natürlich, frei und ungezwungen. So wie er andere heilte, so heilte er auch Frauen, zum Beispiel eine, die achtzehn Jahre lang krumm gewesen war (Lk 13,10-16), oder eine, die dachte, wenn sie nur sein Kleid anfassen könne, werde sie gesund werden (Mk 5,25-34). Frauen folgten ihm, unterstützten ihn finanziell, nahmen ihn bei sich auf. Die Evangelien nennen mehrere Freundinnen Jesu mit Namen: Maria und Marta von

Betanien, Maria von Magdala, Johanna, Susanna und noch «viele andere» (Lk 8,1-3; 10,38-42). Jesus versteht, was in den Frauen vorgeht, die kostbare Salben und Öle für ihn verschwenden (Lk 7,36-50; Mt 26,6-13) und ihn lieben, spontan, unter Tränen, emotional bewegt. Daß er Maria, die ihm zuhört, vor ihrer Schwester, die um sein leibliches Wohl besorgt ist, begünstigt, erscheint wie eine Ermutigung der Frau zu selbständigem Denken. Er läßt sich auch auf einen Disput mit einer Ungläubigen ein (Mt 15,21-28), und sie entscheidet ihn zu ihren Gunsten. Er führt ein Glaubensgespräch mit einer Samariterin (Samariter waren für Juden kein Umgang), auch das war gegen die Weisungen der Jerusalemer Rabbinen, zeigt aber, wie Jesus die Frau auch in ihren geistigen Bedürfnissen respektiert (Joh 4). Ja, wichtige, wenn nicht die wichtigsten Glaubensinhalte teilt er gerade den Frauen mit. Der Samariterin gegenüber gibt er sich als Messias aus, Lazarus' Schwester verkündet er: «Ich bin die Auferstehung und das Leben» (Joh 11,25), Frauen sind die ersten Zeugen der Auferstehung. Jesus spricht nicht nur ihre Intelligenz, sondern auch ihr theologisches Verständnis an.
Trotzdem werfen die Jünger den Frauen, die von der Auferstehung berichten, vor, das sei leeres Geschwätz, das sie nicht glauben könnten (Lk 24,11); Markus unterstellt ihnen, Furcht, Entsetzen und Feigheit hätten sie ganz schweigen lassen (Mk 16,8), und Paulus nennt sie schon gar nicht unter den Zeugen der Auferstehung (1 Kor 15,3ff.). Frauen waren nicht fähig, etwas zu bezeugen, dafür mußten erst die Apostel kommen. Jesus aber hatte es offenbar anders gewollt.

Paulus drängt sie zurück

Auch in den Urgemeinden gab es keine Probleme wegen der Stellung der Frau in der Kirche, wie die Apostelgeschichte mehrfach zeigt. Frauen waren am Pfingstfest dabei, sie redeten prophetisch, das heißt, sie waren in der Verkündigung aktiv (Lk 2,36;

Apg 21,9; 1 Kor 11,5), sie waren in der Diakonie tätig (in der Empfehlung Röm 16,1-16 sind viele Frauen genannt, die die gleichen Aufgaben haben wie die Männer). Lediglich das öffentliche Lehren in der Gemeinde und der Vorsitz bei der Eucharistie scheint ihnen immer versagt geblieben zu sein (vgl. Daniélou). Mit dem Einbezug der Frau in Gemeindearbeit und Gottesdienst durch Paulus ist freilich seine Forderung, die Frau habe beim Beten den Kopf mit einem Schleier zu bedecken (1 Kor 11,2-16), weil die Natur dies so lehre (V. 14), schwer vereinbar. Schon hier scheint sich eine Aversion des Apostels gegen die Gleichberechtigung der Frau zu manifestieren, selbst wenn er sie auf eine Nebenfrage verlagert. Diese Tendenz verfestigt sich im Verlauf des 2. Jahrhunderts (späterer Einschub von 1 Kor 14,33b-36; 1 Tim 2,12; 1 Petr 3,1), und um die Mitte des 3. Jahrhunderts ist die Frau völlig aus dem kirchlichen Amt verdrängt[38], und so blieb es durch die Jahrhunderte. Zur Ordination ist sie bis heute nicht zugelassen, und die Leitung einer Gemeinde bleibt ihr versagt.

Frauen werden umgedeutet

Eine zunehmende Abwertung der Frau im Verlauf der Jahrhunderte läßt sich auch an der literarischen Überlieferung biblischer Texte ablesen. Mehrfach können wir beobachten, daß spätere Schriftsteller vorgefundene Überlieferungen in ihrem Sinne verändert haben, in unserem Falle auf Kosten der Frau. So gibt es zum Beispiel verschiedene Einschätzungen von *Mirjam*. Außerhalb der pentateuchischen Überlieferung (Mi 6,4) gilt sie als Führerin. Und auch im Auszugsbericht Ex 15,20f. ist sie eine Prophetin, eine Führerin des Volkes wie Debora (vgl. auch Dtn 24,9). Wie diese singt sie nach dem Durchzug durchs Meer den Frauen ein Siegeslied vor. Später jedoch wird Mose an die Stelle Mirjams gesetzt. Nun ist er es, der das Siegeslied singt (Ex 15,1), während Mirjam zur Schwester von Mose und Aaron verblaßt (Num 26,59). Und nur sie wird mit dem Aussatz bestraft, obwohl doch

auch Aaron Mose wegen dessen Heirat einer kuschitischen Frau Vorhaltungen gemacht hat (Num 12).
Einen ähnlichen Fall haben wir im Neuen Testament in der Gestalt der Apostelin Junia[39]. Paulus grüßt in seinem Empfehlungsschreiben Röm 16 viele seiner treuen Mitarbeiter. In Vers 7 nennt er Andronikus und Junia, angesehene Apostel, die schon vor ihm Christen waren. Bis zum Mittelalter bestand unter maßgeblichen Theologen wie Origenes, Johannes Chrysostomos, Hieronymus und Petrus Abälard kein Zweifel, daß es sich bei Junia um eine Frau handelt. Dann aber, mit Sicherheit bei Luther, wurde aus der Frau ein Mann namens Junias. Denn eine Frau konnte nun kein Apostel mehr gewesen sein. Und so wird heute in der Diskussion um die Zulassung der Frau zum priesterlichen Amt Röm 16,7 nicht mehr erwähnt, ebensowenig wie Röm 16,1, wo Phoebe, die eigentlich das Amt einer Diakonin bekleidete, nur noch als Dienerin der Gemeinde erscheint.

Die Frau: ein mißglückter Mann

Es fiel den christlichen Theologen nicht schwer, diese Geringschätzung der Frau aus der Bibel zu begründen. Es geht vor allem um folgende Aussagen:
Eva ist aus der «Rippe» Adams gemacht, er nennt sie nach sich selbst Männin; Eva läßt sich von der Schlange verführen und verführt Adam; sie trifft der Fluch, vom Mann beherrscht zu werden. Das klingt überzeugend, ja entwaffnend. In der Tat, versteht man diese Aussagen *wörtlich*, dann stellt Eva das negative Urbild der Frau dar. Daß sie aus der Rippe des Mannes genommen ist, bedeutet dann nichts anderes, als daß sie ein Teil von Adam war, ein unwichtiger noch dazu, denn Adam kann gut ohne diese Rippe weiterleben. Er war zuerst da, Eva ist die zweite, ohne ihn gäbe es sie gar nicht. Sekundär ist sie auch in ihrer Rolle und Funktion: eine Hilfe für Adam. Sie soll sein Defizit abdecken, ihm dienen, für ihn da sein, ihn ergänzen. Die Frau ist offenbar dazu

da, die Bedürfnisse des Mannes zu befriedigen. Wer *ihre* Bedürfnisse befriedigt, davon ist keine Rede. Vorher hatte Adam schon den Tieren ihren Namen gegeben. Er, der Mann, ist es, der die geistige Leistung des Systematisierens und der Zuordnung vollbringt und dem einzelnen Lebewesen damit Individualität und Profil verleiht. Nun nennt er auch seine Frau nach sich selbst Männin. Und so wie ihr Name von seinem abgeleitet ist, so auch ihre ganze Existenz (zu einem neuen Verständnis der Genesisstelle s. S. 67–69).
Katastrophal wirkte sich aus, daß *Thomas von Aquin*, philosophisch gesehen Aristoteliker, diese Auffassung theologisch begründete, indem er die Frau ein unvollkommenes Wesen nennt, mangelhaft und zufällig (aliquid deficiens et occasionatum), eine Mißbildung der Natur, eine Zwischenstufe zum Mann, ja einen mißglückten Mann (mas occasionatus)[40]. Damit war die Abwertung der Frau festgeschrieben.

Alles Böse kommt von der Frau

Die Auslegung der Paradieserzählung läuft in der Überlieferung so weiter: Eva übertritt als erste das Gebot Gottes. Sie läßt sich von der Schlange verführen. Neugier, Eitelkeit, Charakterschwäche, moralische Labilität müssen bei ihr vorgelegen haben. An Adam hätte sich die Schlange sicher nicht herangewagt. Aber Evas schmeichlerischer Verführungskraft kann dieser nicht widerstehen. Sie reißt ihn ins Unglück mit hinein. Sehr bald wurde diese Beurteilung der Frau zur festen Überzeugung aller Theologen. Der Anfang liegt schon im frühen Judentum. Im 3. Jahrhundert v. Chr. schreibt der «Prediger» (Kohelet):

> Bitterer als der Tod ist das Weib. Sie ist ein Fangnetz, ihr Herz ist ein Garn, und ihre Hände sind Fesseln. Wer Gott gefällt, der entrinnt ihr, wer aber sündigt, wird von ihr gefangen... Was meine Seele immerfort suchte und was ich nicht fand, ist dies: unter tausend habe ich wohl einen Mann gefunden, aber ein Weib unter diesen allen fand ich nicht (Koh 7,27-29)[41].

Kein Wunder, daß auch die christlichen Schriftsteller folgten:

Eine Frau lerne still in der Unterordnung; zu lehren aber gestatte ich einer Frau nicht, auch nicht, sich über den Mann zu erheben, sondern ich gebiete ihr, sich still zu verhalten. Denn Adam wurde zuerst geschaffen, danach Eva. Und Adam wurde nicht verführt, das Weib vielmehr wurde verführt und ist in Übertretung geraten. Sie wird aber gerettet werden durch das Kindergebären (1 Tim 2,11-15).

Tertullian (ca. 160–220), der erste große abendländische Theologe, ruft aus:

Weißt du nicht, daß du Eva bist?... Du bist die Pforte des Teufels, du bist die Verletzerin jenes Baumes (im Paradies), du bist des göttlichen Gesetzes erste Übertreterin, du bist es, die jenen (Adam) verführt hat, den anzugreifen der Teufel nicht stark genug war... Ob deiner Schuld... mußte gar Gottes Sohn sterben (De cultu feminarum 1,1).

Und für Augustinus ist die Frau die Begierde (cupiditas) in Person, während dem Mann die Weisheit (sapientia) eigen ist. Er fordert auf:

Besiegen wir also dieser Begierde Lockungen und Lasten, unterjochen wir uns diese Frau, wenn wir Mannes genug sind! Wenn wir führen, wird auch sie besser sein und nicht mehr «Sinneslust», sondern «Mäßigung» heißen... Folgen wir Christus, unserem Haupt, damit auch uns folge, wer uns zum Haupt hat! (De vera religione 78).

Die Frau ist nur insofern tauglich, als sie durch «Mannhaftigkeit» die «weiblichen Gelüste» (femineas voluptates) unterjocht[42].
Den schlagenden Beweis aber für die Unterordnung der Frau und ihre Minderwertigkeit stellt die Androhung Jahwes nach dem Sündenfall dar: «Ich will dir viel Beschwerden machen in deiner Schwangerschaft; mit Schmerzen sollst du Kinder gebären! Nach deinem Mann sollst du verlangen, er aber soll dein Herr sein» (Gen 3,16). So ist es offenbar von Gott gewollt, daß die Frau nur nach ihren biologischen Funktionen beurteilt wird[43]. Geradezu tragisch mutet es an, daß die Frau sexuell vom Mann abhängig ist, dieser aber ihre Abhängigkeit ausnutzt. Triebhaft, naturhaft wird die Frau hier gesehen, von Ebenbürtigkeit, Kreativität, Eigenständigkeit keine Spur. Diese Strafandrohung für die Frau hat sich wohl mehr gesellschaftlich als theologisch ausgewirkt, dies aber in

geradezu totalem Sinn. Noch heute müssen Frauen besser, fleißiger, hartnäckiger sein; sie sind mehr auf Glück und günstige Zufälle angewiesen; sie müssen gegen Vorurteile kämpfen, sie seien subjektiv, emotional; sie gelten mit vierzig Jahren als zu alt, während Männer dann in den «besten Jahren» stehen; sie sind mit der Familie belastet und deshalb nicht disponibel, während für den Mann das Gegenteil stimmt: er ist durch eine Familie stabiler, versorgt, gesichert.

7. Frauen reden mit eigener Stimme

Typisch Mann, typisch Frau?

Emanzipation, Gleichberechtigung, Feminismus, Unterdrückung, Befreiung, Herrschaft, Rollenbild, Veränderung, Bewußtwerdung – das sind Stichwörter, mit denen heute die Beziehung zwischen Mann und Frau beschrieben wird. Noch nie ist sie einerseits so offen und unbeschwert gewesen, noch nie aber auch so problematisch. Immer mehr versuchen die verschiedenen Disziplinen festzustellen, ob und worin sich das Lebensgefühl der Frau von dem des Mannes unterscheidet. Sind die biologischen Unterschiede, daß nämlich die Frau dem Mann körperlich unterlegen und durch Schwangerschaft, Geburt und Kindererziehung in ihrer Bewegungsfreiheit stark eingeschränkt ist, so gravierend, daß sie als Grund für die Männerherrschaft ausreichen? Sind mit den biologischen Unterschieden Wesens- und Charakterunterschiede verbunden? Die Anthropologin M. Mead hält die Zuweisung von «männlichen» und «weiblichen» Charaktereigenschaften für kulturbedingt.

Jahrhundertelang hatten die Frauen die vorgefundene Situation akzeptiert, weil sie die ihnen zugedachte Rolle als naturgewollt und gottgegeben ansahen. Als sie aber erkannten, daß nicht die Biologie sie einengt und auf minderwertige Rollen festlegt, sondern die Männergesellschaft, forderten feministische Gruppen die Überwindung der Geschlechtsunterschiede, das heißt völlige Gleichheit. Aber diese Gleichheit war eine totale Anpassung an die Männer. Man wollte so sein wie sie, mit gleichen Rechten, Pflichten, Freiheiten, sah dabei aber nicht, daß man sich an den Normen maß, die von Männern für Männer gemacht waren.

Heute stehen die Frauen wieder zu ihrem Frausein. Sie akzeptieren nicht nur die biologischen, sondern auch die psychischen Unterschiede, die der wissenschaftlichen Diskussion nach in folgenden Merkmalen bestehen: die verbale Fähigkeit ist bei Frauen größer als bei Männern, aggressives Verhalten, räumliche Wahrnehmung und quantitative Fähigkeiten sind bei den Männern ausgeprägter (Lasslop). Auch das moralische Urteil entwickelt sich unterschiedlich, indem z. B. Männer stärker das Prinzip der Gerechtigkeit, Frauen eher eine Ethik der Anteilnahme und Fürsorge vertreten[44]. Dies sind jedoch genetisch bedingte Verhaltensweisen, nicht aber, wie früher angenommen, biologisch bedingte Wertungen. In Zukunft wird sich die Wissenschaft auf die Frage konzentrieren, «how a genetically-influenced trait is expressed in the range of environmental conditions in which it may develop» (wie ein genetisch beeinflußter Charakterzug im Bereich von Umweltbedingungen zum Ausdruck kommt, in denen er sich entwikkelt; Lasslop 749). Denn «männlich» und «weiblich» sind umfassendere Qualitäten, «als daß sie sich in beruhigender Eindeutigkeit Frauen oder Männern zuordnen ließen» (Barz 31). Sie gehören zu jenen Begriffen, die gegensätzliche Prinzipien oder Polaritäten ausdrücken wie Tag und Nacht, Wasser und Land, Himmel und Erde oder, im alten China, die kosmischen Größen Yin und Yang, die sehr viel mehr beinhalten, als was wir in unserer westlichen Kultur als «männlich» oder «weiblich» bezeichnen. Daraus ergibt sich, daß der Symbolwert der beiden Pole «männlich» und «weiblich» von den Menschen Mann und Frau zu unterscheiden sind. Es kommt nun darauf an, die weibliche Seite im Menschen, das heißt alles, was mit Emotion, Intuition, Ganzheitlichkeit, Kommunikation zu tun hat, zu stärken. Auf diese Weise könnte auch die theoretische, rationale, männliche Theologie aus ihrer Enge befreit werden. Das Bedürfnis, sich zu befreien, ergreift ja, wie jüngste Beobachtungen zeigen, in zunehmendem Maß auch den Mann, der unter dem menschlichen Defizit leidet, das ihm durch die moderne Industriegesellschaft aufgezwungen wird (vgl. Pilgrim und dazu Zulehner). Gelänge beiden, Mann und Frau, die

Befreiung aus der bisherigen Rollenzuweisung und aus der Festlegung auf geschlechtsspezifische Werte, dann stünde am Ende die «androgyne Persönlichkeit»[45].

Geschlechtsunterschiede unwichtig

Bei aller patriarchalischen Abhängigkeit der Frau kennt auch die Bibel ein ganzheitliches Menschenbild. Geschlechtsunterschiede und soziale oder charakterliche Zuweisungen spielen da keine Rolle mehr. Nach Gen 1,27 schuf Gott den Menschen in einem Akt als Mann und Frau. Wie aus einer übergeordneten Perspektive heraus wird der Mensch als Einheit verstanden. Geschlechtsunterschiede sind unwichtig, denn dem Verfasser ist es vor allem um die Betonung der Gottesabbildlichkeit des Menschen zu tun und um seine Bestimmung auf dieser Erde. Herrschaft über die Erde und Gottes Zusage einer Zukunft für das Menschengeschlecht gelten dem Menschen, das heißt Mann und Frau, gleichermaßen. Erst später wurde die Aussage «Gott schuf den Menschen nach seinem Bild, ja er schuf ihn als Gottes Bild» (Gen 1,27a) ergänzt durch die Spezifizierung «als Mann und Frau erschuf er sie» (V. 27b; s. dazu Gerstenberger 73f.).

Verstärkt stellt sich heute an Gen 1,27 wie auch an Gen 3,20 die Frage nach der Wahrheit der Mythen. War der Mensch ursprünglich androgyn, und hat sich erst entwicklungsgeschichtlich die Zweigeschlechtlichkeit ergeben? Ist der Titel «Mutter aller Lebendigen» für Eva ein Hinweis auf ein vorgeschichtliches Matriarchat, das uns in den Mythen fast aller Völker begegnet und sich am längsten in der feminin ausgerichteten Werteordnung der minoischen Kultur auf Kreta gehalten hat? Auch aufgrund moderner anthropologischer und biologischer Erkenntnisse könnte man für die Vorrangstellung der Frau argumentieren: der männliche Körper scheint stammesgeschichtlich sekundär zu sein, der Mann hat eine geringere Lebensdauer, der Knabe ist bis zum Abschluß der Pubertät labiler als das Mädchen[46].

Auf die Genesisstelle 1,27b bezieht sich offensichtlich Paulus in seinem Brief an die Galater: «Denn ihr alle, die ihr auf Christus getauft seid, habt Christus angezogen. Da ist nicht Jude noch Grieche, da ist nicht Sklave noch Freier, da ist nicht Mann noch Frau. Ihr seid vielmehr einer in Christus» (3,27f.)[47]. Dies ist eine universale Schau des Zusammenlebens, die unmittelbar besticht. Alle Gegensätze sind aufgehoben. Religionsunterschiede, soziale Unterschiede, Geschlechtsunterschiede haben ihre Geltung verloren. Allerdings ist das kein Freibrief zur totalen Emanzipation des Mannes oder der Frau, denn Paulus beschreibt nicht konkrete Wirklichkeit, auch nicht für die Zukunft. Man könnte diesen Satz höchstens als Utopie gelten lassen, als eschatologisches Bild, wie wir es auch von den alttestamentlichen Propheten her kennen. Paulus wollte eine wesentliche Aussage zum Verhältnis Gott und Mensch machen: In Christus, und das heißt vor Gott, sind alle Menschen gleich, auch Mann und Frau. Es kommt allein darauf an, wie sie beide zu Gott stehen. Haben sie ein positives Verhältnis zu ihm, haben sie also «Christus angezogen», dann bestimmt sich ihr Wesen dadurch, daß sie voneinander abhängig, aufeinander bezogen sind und sich gleichsam durch dieses Angewiesensein aufeinander definieren, wie Paulus im 1. Korintherbrief sagt: «Doch im Herrn gibt es weder die Frau ohne den Mann noch den Mann ohne die Frau. Denn wie die Frau vom Mann stammt, so kommt der Mann durch die Frau zur Welt; alles stammt von Gott» (1 Kor 11,11f.).

Neues Bewußtsein

Ein neuer Impuls geht seit den sechziger Jahren von der feministischen Theologie aus. Die Theologinnen, besonders an den Belangen der Frau interessiert, erforschten vor allem das Verhältnis zwischen den Geschlechtern, die theologischen Aussagen über die Frau und ihre soziale Rolle. Dabei ergeben sich völlig neue, teilweise sogar dem herkömmlichen Verständnis entgegengesetzte

Ergebnisse[48]. So wird verschiedentlich betont, daß Adam als Mensch schlechthin, bis zur Erschaffung seiner Frau, androgyn gewesen sei, also ein Wesen, das beide Geschlechter in sich vereinigt. Und erst durch die Differenzierung in Mann und Frau werden beide zu geschlechtlichen Wesen, denen Sexualität, Beziehung und Liebe geschenkt werden. Nun ist der Mann männlich und die Frau weiblich. Wenn ältere Kommentatoren in der Tatsache, daß die Frau von allen Lebewesen zuletzt geschaffen wurde, eher ihre Geringfügigkeit bestätigt sehen, so könnte man ebenso von einem Prinzip der Steigerung sprechen. Ihre Existenz hängt genauso von Jahwes eigener Entscheidung ab wie die des Mannes. Dieser hat keinen Teil daran. Daß sie als Hilfe deklariert wird, bedeutet vom übrigen Wortgebrauch her gesehen und in der Verbindung mit «Ergänzung» keine Unterordnung. Vielmehr gilt: «Gott ist der Helfer, der dem Menschen überlegen ist, die Tiere sind die Helfer, die dem Menschen unterlegen sind, und die Frau ist die Gehilfin, die ihm ebenbürtig ist.»[49] In der Tat hat das in Gen 2,21f. für «Rippe» gebrauchte Wort sonst immer die Bedeutung «Seite»: die Frau ist die (andere) Seite des Mannes. Auch die Namengebung nach sich selbst (Mann – Männin) bedeutet keine Zweitrangigkeit, sie bezeichnet lediglich die biologische Unterscheidung. Der Mann kann seine Überlegenheit auch nicht mit seiner Stärke, Kraft und Aggressivität begründen, denn die Ur- und Sündenfallgeschichte berichtet gerade das Gegenteil: der Mann wird seine Familie verlassen und zur Frau ziehen (was in Wirklichkeit nicht stimmt). Die Frau ist für die schlaue Schlange die intelligentere, geistig lebendigere; sie ist die abwägende, aktive, sie will durch das Essen des Apfels klug werden. Die «Initiative und die Entscheidung sind allein ihre. Sie berät sich nicht mit ihrem Mann. Sie bittet weder um seinen Rat noch um seine Erlaubnis.»[50] Der Mann aber bleibt passiv, blaß, er macht sich keine Gedanken, ja man hat den Eindruck, er überblicke die Tragweite seines Tuns gar nicht. «Wenn die Frau intelligent, sensibel und klug ist, so ist der Mann passiv, roh und untüchtig.»[51]

Im Gespräch mit Jahwe wälzt Adam die Verantwortung von sich

ab und gibt sie an Gott zurück: «Die Frau, die du mir gegeben hast, gab mir vom Baum...» (Gen 3,12). Und Gott widerspricht nicht. Er verflucht die Schlange, aber nicht die Menschen. Für sie ist der Spruch Gottes eine Strafandrohung, die beschreibt, wie gnadenlos das Leben der Menschen ohne Gott aussieht. Die Sünde verdirbt alle Beziehungen, die zwischen Mensch und Arbeit und nicht zuletzt die zwischen Mann und Frau. Daß der Mann über die Frau herrschen soll (3,16), rechtfertigt deshalb keineswegs den Herrschaftsanspruch des Mannes über die Frau, sondern zeigt die Unfähigkeit des Menschen (Mannes) zur Partnerschaft[52].

Eine solche Deutung, der sich immer mehr Theologen anschließen, führt zur Aufweichung der alten Fronten. Sie wird von einer ganz anderen Seite unterstützt, von der Tiefenpsychologie. Nach tiefenpsychologischer Sicht ist die Paradies- und Sündenfallgeschichte Ausdruck von menschlicher Bewußtwerdung, in Jungscher Diktion: der Individuation. Und dies nicht hauptsächlich des einzelnen, sondern der Menschheit. Die Entwicklung nimmt für den Menschen ihren Anfang bei dem sich seiner selbst nicht bewußten Adam, seinem passiven, schlafähnlichen Zustand. Durch die Gegenüberstellung mit Eva wird Adam zur individuellen Person, er wird «wach». Aber auch das Paradies ist noch gekennzeichnet als ein vorbewußter Zustand, in dem keine Unterscheidung zwischen Gut und Böse möglich ist. Es gehört jedoch zum Wesen eines Paradiesmythos, daß dieser «selige» Zustand ein Ende nehmen und der Mensch durch schmerzliche und leidvolle Erfahrungen zum Ichbewußtsein gelangen muß. Und das bedeutet, «es zerfällt die Einheitswirklichkeit in unzählige Gegensatzpaare, es steht das Ich dem Nicht-Ich gegenüber»[53]. Daß dabei die Frau eine entscheidende, im Blick des patriarchalischen, biblischen Schriftstellers eine hemmende, ja feindliche Rolle spielt, hat seine Gründe in der Psyche des Mannes.

So wird das negative Bild der Bibel von der Frau durch die Bibel selbst abgebaut.

8. Ist Sexualität ein Privileg der Verheirateten?

Zur Lage

In der christlichen Sexualmoral kommen Jugendliche, unverheiratete und alte Menschen nicht vor, es sei denn, sie würden mit Verboten bedacht. Denn Sexualität dient der Fortpflanzung und hat nur in der Ehe ihren Platz. Ist es da verwunderlich, daß sich die jungen Menschen in der Frage des Zusammenlebens um die Meinung der Kirche nicht mehr kümmern? Die Zahl der Männer und Frauen, die unverheiratet zusammenleben, nimmt ständig zu, von 1972 bis 1982 um 277%. Zwischen 1 und 2,5 Millionen Menschen sollen es inzwischen in der Bundesrepublik sein[54]. Und zwar sind es solche, die eine Alternative zur Ehe suchen, die eine Einübung in die Ehe leben oder, ohne gemeinsamen Hausstand, eine sexuelle Gemeinschaft bilden. Alle drei Formen sind inzwischen gesellschaftlich toleriert.

Die Sexualität wird hoch geschätzt. Wie schon 1978 eine Repräsentativumfrage des Allensbacher Instituts für Demoskopie zeigte, halten 84% der Männer und 65% der Frauen zwischen 20 und 30 Jahren sexuelle Beziehungen für notwendig zum eigenen Lebensglück[55]. Dazu aber müssen sie nicht heiraten. 75% der Männer und 71% der Frauen finden auch ohne Ehe ihre sexuelle Befriedigung. Nach einer Studie «Jugend ohne Zukunft?», die von der Stiftung Volkswagenwerk gefördert wurde, sprachen sich bei einer Repräsentativumfrage lediglich 14,6% der weiblichen und 9,7% der männlichen Jugendlichen für ein Zusammenleben erst nach der Heirat aus[56]. Selbst von den katholischen Mädchen mit einer starken religiösen Bindung gaben 45,9% an, vor der Ehe mit ihrem Partner zusammenleben zu wollen.

Wenn sogar von dieser moralisch stabilsten Gruppe nur noch knapp die Hälfte sich an die Moralvorschriften der Kirche hält, zeigt das, wie gering deren Einfluß geworden ist. Nach einer Emnid-Umfrage für die Elternzeitschrift «Jugend und Erziehung» (Aachen 1983) erscheint den jungen Erwachsenen heute der Verzicht auf die institutionelle Absicherung durch die Ehe in erheblichem Umfang vertretbar, sei es im Urteil über Mitbürger, sei es im eigenen Lebensvollzug[57]. Schon spricht man von einem «ethischen Schisma»[58] zwischen offizieller Lehre und privater Moral.

Kein Wunder also, daß sich die kirchenamtlichen Äußerungen häufen. Nach der Erklärung der Glaubenskongregation von 1975 widerspricht vorehelicher Verkehr «der christlichen Lehre, nach der jede geschlechtliche Hingabe des Menschen nur innerhalb der Ehe erfolgen darf», unter anderem deshalb, weil die «leibliche Vereinigung in Unzucht... den Tempel des Heiligen Geistes (entehrt), zu dem der Christ geworden ist». Mit der letzten Novemberaudienz 1984 schloß Papst Johannes Paul II. seine 1980 begonnene Ansprachenserie über Ehe, Sexualität und Leiblichkeit ab, in der es letztlich wieder einmal um die Bekräftigung von «Humanae vitae» ging und deren Veröffentlichung in einem 1000seitigen Band angekündigt ist[59]. 1984 beschäftigte sich der Bischof von Mainz, Lehmann, in seinem Fastenhirtenbrief mit diesem Thema[60], 1985 Kardinal Höffner[61]. Dieser spricht von einer Verwirrung der Gewissen auch im Bereich des Geschlechtlichen und wendet sich scharf gegen die «Probeehe», indem er die Worte des Papstes vom 15. 11. 1980 in Köln zitiert: «Man kann nicht nur auf Probe leben, man kann nicht nur auf Probe sterben, man kann nicht nur auf Probe lieben.» Im Hirtenbrief zum Familiensonntag 1986 bezeichnet der Erzbischof von Köln Ehen «auf Probe» oder «auf Zeit» als «Lebenslügen».

Die Angst vor der Bindung

Die Trennung von Sexualität und Ehe hat viele Gründe, die wir hier nur andeuten können: Allgemeine Liberalisierung und zunehmende Befreiung von moralischen Bindungen; die Revision des Strafrechts; die Aufhebung von Tabus; der Mut der Homosexuellen, an die Öffentlichkeit zu gehen; die veränderte Bewertung der Jungfräulichkeit. Großen Einfluß auf die Verselbständigung der Sexualität nimmt zum anderen die gewandelte Rolle der Frau. Denn die Gleichberechtigung der Frau in Politik, Beruf und Gesellschaft macht sie nicht nur wirtschaftlich unabhängig vom Mann, sie ermöglicht auch partnerschaftliche Beziehungen im Sexualverhalten. Der Beruf erhält für die Frau eindeutig Vorrang vor Ehe, Familie und Partnerschaft. Bereits 1978 hielten 37% der Frauen unter 30 Jahren die Ehe als Institution für überlebt. Erfüllung und Glück suchen die Frauen mehr in Erfolg und Eigenständigkeit als in Partnerschaft. Schmidtchen zieht daraus sogar den Schluß: «Für die meisten jungen Frauen ist die Partnersuche selbst das Ziel des Glückstrebens, die Partnerbindung verliert damit ihren sakramentalen Charakter der Einmaligkeit»[62], die «große Liebe» gebe es nicht nur einmal. Diese veränderte Einstellung wird jedoch von der Kirche nicht wahrgenommen, die traditionellen Werte werden immer wieder eingehämmert. Höffner beschränkt sich auf die Feststellung, Zusammenleben ohne sakramentale Trauung «widerspricht der Heilsordnung Jesu Christi, ist ein Verstoß gegen die sittliche Gottesordnung und ein schweres Ärgernis», aber auf die Bewußtseinsveränderung seiner Gläubigen geht er überhaupt nicht ein. Er scheint nicht einmal zu merken, daß die nachlassende Bindungsbereitschaft eine nachlassende Bindungsfähigkeit und deshalb nicht einfach böser Wille der einzelnen ist. Es kommt nicht ins Blickfeld, daß menschliche Beziehungen auch scheitern können. Und so laufen alle dogmatischen Schlagworte und alle Drohungen ins Leere, die kirchenamtlichen Verlautbarungen treffen die Gläubigen überhaupt nicht, sie liegen auf einer ganz anderen Ebene.

Hinzu kommen schließlich auch psychische Gründe, die gegen eine Ehe sprechen: die Angst, an den Partner gefesselt zu sein, die Angst vor Abhängigkeit und Preisgabe der eigenen Selbständigkeit und Freiheit. Die Ehe erscheint oft in schlechtem Licht. «Sie stellt sich dar als eine Mischung aus Ehetrott und Langeweile, Isolation von der Umwelt und ein Ort der Uneinigkeit.»[63] Man möchte auf Dauer nicht so unglücklich sein, wie man es in seinem Umfeld erlebt. Die wachsenden Scheidungsziffern (s.u. S. 203) sprechen deutlich gegen das Risiko Ehe. In der Tat gaben 1978 nur 45% der Männer und 36% der Frauen an, in ihrer Ehe glücklich zu sein[64]. Schließlich fürchtet man bei einer Trennung die hohen Scheidungs- und Unterhaltskosten.

So ziehen es mittlerweile viele vor, lieber für die ersten Jahre oder überhaupt nicht zu heiraten. 36% der Menschen, die unverheiratet zusammenleben, wollen ihre Beziehung überprüfen, 27% wollen überhaupt nicht heiraten. Und je länger das Zusammenleben besteht, um so geringer wird die Heiratsabsicht[65]. Eine bestimmende Rolle spielt dabei die Entscheidung für oder gegen Kinder (vgl. S. 168–170).

So freizügig das ehelose partnerschaftliche Leben von außen her auch aussieht, von Werteverfall, Bindungslosigkeit oder Verantwortungslosigkeit kann grundsätzlich nicht die Rede sein. Die Treue als zwischenmenschliche Lebensnorm wird hoch geschätzt. Sehr viele nichteheliche Lebensgemeinschaften bestehen schon seit längerer Zeit, gerade das Zusammengehörigkeitsgefühl wird als konstitutiv angesehen. Die «Gemeinschaft in der Beziehung» und die «offene Auseinandersetzung bei Konflikten» gelten als Werte, die neben der Treue absoluten Vorrang haben[66].

Die Menschen machen es sich also in ihren Partnerbeziehungen nicht leicht. Sonst wäre nicht unter denjenigen, die bei Eheberatungsstellen Rat und Hilfe suchen, der Prozentsatz der Unverheirateten so hoch, nämlich 20%[67]. Wenn allerdings die Liebe, die diese Bindung ausmacht, erlischt, wird auch die Treue hinfällig. Eine rein soziale Treue aufgrund einer ursprünglichen Liebe wird als unehrlich, ja geradezu unvorstellbar abgelehnt.

Nun wird man es gewiß als Fortschritt ansehen müssen, daß die Menschen heute im Unterschied zum prüden, unehrlichen, verklemmten Verhalten früherer Generationen ihre Sexualität ohne Angst und Schuldgefühle leben können. Als Folge davon registrieren Ärzte und Psychiater eine Abnahme von Frigidität und Impotenz. Aber die Probleme sind dadurch für viele nicht kleiner geworden. Statt unter Frigidität und Impotenz leiden sie nun unter Trennungsängsten und zu hohen, unerfüllbaren Erwartungen. Ein übersteigertes Bedürfnis nach menschlicher Nähe, Geborgenheit und Befriedigung eines emotionalen Defizits überfordert den Partner nur zu schnell. Und längst weiß man, daß die Konflikte in einer «Ehe ohne Trauschein» genau dieselben sind wie in einer legalisierten Ehe: Eifersucht, Untreue, Trennung. Und ebenso ist die «Scheidungs»rate gleich hoch. Insofern ist es fraglich, ob eine nichteheliche Verbindung geeignet ist, dem Dilemma der Ehe zu entkommen[68].

Erlernte Sexualität

Der Mensch ist von Geburt an ein sexuelles Wesen. Schon Säuglinge sind sexueller Reaktionen fähig, die sehr bald die Qualität des Orgasmus annehmen können. In der Regel ist die kindliche Sexualität noch ungerichtet, aber schon bald wird Körperkontakt mit anderen als angenehm empfunden. Erst die Pubertät bringt ein erhöhtes sexuelles Interesse mit sich.

Diese Entwicklung wäre jedoch nicht möglich ohne das Zutun der Eltern, ohne eine Kommunikation auf vielen Ebenen. Wir Menschen sind nicht nur auf sprachliche Mitteilung angewiesen, um uns verständlich zu machen. Wir benutzen auch Zeichensprache, Körpersprache, Gesichtsausdruck, Mimik und Gestik. Und wie die Sprache ist auch die Sexualität ein Medium, sich mitzuteilen. Aber auch in einem tieferen Sinn ist die Sexualität mit der Sprache vergleichbar. So wie der Mensch bei Geburt Sprechwerkzeuge hat, aber noch nicht sprechen kann, so ist er auch mit einer sexuellen Anlage ausgestattet, deren Gebrauch er allmählich lernen muß. Wie man von den Wolfskindern weiß, kann die Sprachbegabung unausgebildet bleiben oder verkümmern. Ähnlich ist es auch mit der sexuellen Begabung. Sie muß stimuliert werden, sie braucht Anreize, um sich entfalten zu können. In der Regel bezieht sie der Mensch als Kleinkind von seinen Eltern. In diesem Prozeß der «Sexualisation» lernt das Kind, bestimmte Reize aufzufassen und sexuell zu reagieren. Kinder, die nie körperbezogene, das heißt durch Kuscheln, Liebkosen und Hautkontakt vermittelte Wärme erfahren haben, bleiben unsexuell und entwickeln auch später keine oder nur eine ersatzweise, diffuse oder gestörte Sexualität. Dies haben die Beobachtungen von R. Spitz an hospitalisierten Kindern ebenso gezeigt wie die des amerikanischen Forschers Harlow an Rhesusaffen. Ohne liebevollen Umgang mit den Muttertieren blieben die Jungen asexuell und waren später auch zur Fortpflanzung nicht fähig[69]. Es ist also sehr fraglich, ob überhaupt das Bedürfnis nach sexueller Aktivität schon angeboren ist. Jedenfalls ist gelungenes Sexualverhalten nicht naturgegeben. Es entwickelt sich erst unter dem Einfluß von elterlicher Vermittlung, von Erfahrung und Einübung.

Es ist deshalb falsch, die Kriterien für richtiges Sexualverhalten aus dem Triebleben der Tiere oder aus der Natur zu beziehen. Die Notwendigkeit, Sexualverhalten lernen zu müssen, spricht gegen eine angeborene oder naturbedingte Triebhaftigkeit. Nicht weil der Mensch durch biologische Vorgänge, die durch innere Spannungen verursacht werden, zu einer Triebabfuhr gedrängt wird, ist er sexuell (wie Sigmund Freud glaubte), sondern weil er Sexualität als angenehm erfahren hat, sucht er immer wieder in Phantasie oder Wirklichkeit Reize oder Anregungen, die ihn sexuell stimulieren. Deshalb ist die sexuelle Erregbarkeit um so stärker ausgeprägt, je häufiger der Mensch von klein auf positive sexuelle Erfahrungen gemacht hat. Und sie verkümmert durch lange Enthaltsamkeit.

In unserer Gesellschaft haben jedoch junge Menschen kein Recht auf sexuelle Befriedigung. War im Mittelalter das Leben in der

Gemeinschaft im Unterschied zu der kirchlichen Lehre insgesamt gesehen frei und großzügig, so wurden im 17. Jahrhundert sexuelle Handlungen bei Jugendlichen als unnatürlich und gefährlich gebrandmarkt. Selbstbefriedigung war das größte Unglück, wurde rigoros verfolgt und mit vielen Tabus und Strafen behaftet (s. S. 44f.,114f.). Völlig unvorbereitet wurden die Pubertierenden mit ihren Körperreaktionen (Menstruation, Samenerguß) konfrontiert und diese in den Bereich des Ungehörigen oder gar Krankhaften verwiesen.

Zwar werden heute die Kinder bereits im Sexualkundeunterricht der 6. Klasse aufgeklärt, gleichzeitig aber werden sie von Kirche und Gesellschaft belehrt, daß Sexualität für sie nicht in Frage kommt. Das hat nicht zuletzt emotionale und gesellschaftliche Folgen. Unzufriedenheit, Aggression, Aussteigen aus dem System gehören zu den aktiven Reaktionen, Anpassung, Gehemmtheit, Entwicklung von Schuld- und Schamgefühlen, Ängstlichkeit und Sadismus zu den psychischen Gestörtheiten. Leidenschaftlich fordern deshalb die Sexualwissenschaftler, daß auch für Jugendliche sexuelle Grundrechte gelten müssen. «Jugendliche, die alt genug sind, sich fortzupflanzen, sind auch alt genug zu entscheiden, ob, wann und wie sie sexuell aktiv werden wollen. Pflicht der Gesellschaft ist es, ihre Jugendlichen so zu erziehen, daß sie diese Entscheidung verantwortlich treffen können» (Haeberle 488). Das aber bedeutet gerade nicht, sie sich selbst zu überlassen und der Verwahrlosung anheim zu geben. Vielmehr müssen sie es erlernen, zufriedenstellende Beziehungen aufzubauen und zu erhalten.

Kultivierte Sexualität

Damit Sexualität zu einer kultivierten Körpersprache wird, sind jedoch bestimmte Formen des Umgangs miteinander Voraussetzung: Zärtlichkeit und Erotik.

Die Bedeutung des Liebesvor- und -nachspiels für eine geglückte sexuelle Begegnung ist längst erkannt. Erst in jüngster Zeit jedoch wird die wichtige Rolle der Zärtlichkeit für den Menschen betont[70]. In unserer Berührungsangst haben wir die Zärtlichkeit aus unserem Leben verbannt, leibfeindliche Prüderie hat sie verdächtig gemacht, sie könnte mit Sinnlichkeit oder Triebhaftigkeit zu tun haben oder solche auslösen. Aber Zärtlichkeit ist primär die Fähigkeit, jemandem seine Zuneigung auch körperlich mitzuteilen. Sie nimmt den anderen an, und sie nimmt ihn ernst und schenkt deshalb Geborgenheit, Wärme und Einverständnis.

Genauso wichtig für die Kultivierung der Sexualität ist die Erotik. Meistens wird unter Eros eine nichtsexuelle Liebe verstanden. Indes gibt es Erotik nur bei sexuell begabten Menschen. S. Freud hat immer wieder davor gewarnt, die Erotik von der Sexualität zu trennen. Wer von Sexualität spreche, spreche auch von Erotik und umgekehrt, beide gehörten zusammen, auch wenn sich Erotik auf einer anderen Ebene abspiele. So wie keine Eßkultur entstehen könne, wo Hungersnot herrsche, so keine Erotik, wo Sexualnot den Menschen beherrsche. Erotik setzt also eine normal gelebte Sexualität voraus.

Die Vielschichtigkeit und Vielgestaltigkeit der Erotik versteht man am besten, wenn man sich dem Ursprung des Wortes zuwendet. Eros, der Gott der Liebe, steht als Urgott am Anfang der Welt. Er ist eine weltschaffende Kraft, die dem Werden dient und auf Leben ausgerichtet ist. Hesiod nannte ihn den «Schönsten der Unsterblichen», den «gliederlösenden Bezwinger von Göttern und Menschen». Frühlingshaft wird er genannt, im Glanz himmlischer Blitze, goldgeflügelt, goldhaarig, bringt er, einem Sturm gleich, das Bittere und das Süße der Liebe mit schicksalhafter Gewalt. Er überwindet das Tote und versöhnt Gegensätze. Nach Platon gründet er in Sehnsucht und Verlangen, strebt nach Neuem und begeistert sich, nie zufrieden mit dem Erreichten, für Höheres. Eros ist, wir möchten sagen, die Spannung zwischen der Realität und dem erträumten, ersehnten oder gedachten Möglichen, die den Menschen kreativ sein läßt. So ist der Eros die Triebfeder für alle Lustgewinn bringenden Handlungen, körperliche und psychische, künstlerische und wissenschaftliche. Ohne Eros gäbe es für den Menschen nicht die Möglichkeit der Sublimierung, das heißt die Änderung der Objektrichtung von sexuellen auf nichtsexuelle Ziele. Freud hat – wir kommen gleich darauf zurück – den Begriff «Sublimierung» eingeführt, um damit auszudrücken, daß die scheinbar ohne Beziehung zur Sexualität vollzogenen Leistungen auf intellektuellem und künstlerischem Gebiet in Wirklichkeit dem Sexualtrieb zu verdanken sind. Erotik ist also kultivierte und sublimierte Sexualität.

Und die Alten?

Erst in jüngster Zeit gesteht man auch älteren und alten Menschen zu, sexuelle Kontakte zu pflegen. Aber immer noch ist es ungewohnt und gilt als unschicklich, wenn alte Menschen Hand in Hand spazieren gehen, wenn sie zärtlich miteinander sind. Kinder wundern sich, wenn ihr verwitweter Vater wieder heiraten will, in Altenheimen leben Männer und Frauen meist streng getrennt. Noch immer gilt die Regel, daß alte Menschen kein Interesse an Sexualität haben, ja daß sie dazu gar nicht mehr fähig sind. In Wirklichkeit sind die Gründe, die ältere Menschen veranlassen, sich nicht mehr sexuell zu betätigen, meist psychischer Natur. Wenn das allgemeine Interesse an Beruf, Hobby, gesellschaftlichem und geistigem Leben nachläßt, wenn Langeweile und Oberflächlichkeit Platz greifen, dann gerät auch die Sexualität außerhalb des Blickfeldes. Biologisch gesehen jedoch kann der Mensch bis ins hohe Alter, ja bis zum Tod sexuell aktiv sein, soweit nicht die Kräfte nachlassen oder Krankheiten sich hindernd auswirken. Der einzige Unterschied zu früher besteht darin, daß sich die Reaktionen verlangsamen. Im allgemeinen gilt wie für das frühere Alter, daß ein Mensch, der regelmäßig sexuellen Umgang pflegte, auch im Alter damit kaum Probleme haben dürfte.

Verhinderte und sublimierte Sexualität

Nach unseren gesellschaftlichen und moralischen Normen ist ein erheblicher Prozentsatz der Menschen von einem normalen Sexualleben ausgeschlossen. Dazu gehören außer den alten Menschen und den Jugendlichen die alleinstehenden Erwachsenen, Homosexuellen, Körperbehinderten, Menschen in psychiatrischen Einrichtungen und Strafgefangenen. Es ist hier nicht der Ort, entsprechende Bedingungen für angemessene partnerschaftliche Kontakte für alle diese Gruppen zu fordern, wie es die Sexualwissenschaftler allgemein tun. Aber es soll doch kurz auf die Problematik hingewiesen werden, die damit verbunden ist.

Bei vielen Alleinstehenden bleibt die Sehnsucht nach Liebe unerfüllt. Sie sind gezwungen, ihre sexuellen Bedürfnisse zu verdrängen, das heißt, als unerwünscht ins Unbewußte zu verschieben. Diese sind damit aber nicht beseitigt. Vielmehr versuchen sie, in anderer Form ins Bewußtsein zurückzukehren. Religiös Erzogene oder moralisch Denkende halten sich dann für schlecht, andere werden wütend und aggressiv. So kann z.B. ein Zusammenhang zwischen Machtstreben und unterdrückter Sexualität bestehen, wie ihn bereits Reich nachgewiesen hat[71]. Um ein Beispiel zu nennen: Der Jugendliche, der seine Sexualität unterdrücken muß, neigt dazu, permanent ein schlechtes Gewissen zu haben. Dabei ist es gleichgültig, ob die Forderung nach Enthaltsamkeit im Gewand kirchlicher Gebote oder eines gesellschaftlichen Sittenkodex auftritt. Menschen mit schlechtem Gewissen und Minderwertigkeitsgefühlen aber sind gehorsam und manipulierbar, denn sie beanspruchen keine Rechte auf Selbstbestimmung und Kritik. Da aber die Triebbedürfnisse nicht verschwinden, müssen sie erneut bekämpft werden. Dieser Kampf ist nun mit immer stärkeren Aggressionen besetzt, die sich gegen andere und den Menschen selbst richten können. Das schlechte Gewissen wird zum Schweigen gebracht, indem man sich einerseits mit der verbietenden Instanz identifiziert, andererseits für sein Versagen oder für seine Sünde einen Schuldigen sucht, oft in Minderheiten, in jedem Fall

aber in einem Schwächeren. Am Ende wird der Unterdrückte zum «Radfahrer», der nach oben buckelt und nach unten tritt.
Schlimmer als der manipulierbare und obrigkeitshörige Staatsbürger aber sind der Masochist und der Sadist. Auch wenn sich diese Perversionen meist in der Partnerschaft auswirken, haben sie oft gesellschaftliche und politische Konsequenzen. Judenpogrome, Hexen- und Ketzerverbrennungen gehören hierher. Da braucht nur die Situation günstig zu sein, damit sadistisches Machtstreben wirksam werden kann.
Die andere – positive – Art, aufgestaute sexuelle Energien umzuformen, ist die Sublimierung. Dieser von Freud stammende Begriff besagt, daß der Sexualtrieb auf nichtsexuelle Triebe abgelenkt wird. Die großen kulturellen Leistungen sind auf diese Weise entstanden, vor allem auf religiösem, künstlerischem und intellektuellem Gebiet. Ja Freud geht so weit zu erklären, ohne die Sublimierung gäbe es gar keine Kultur. Hierher gehören neben Dichtern, Musikern, Forschern auch alle Menschen, die sich für eine soziale Sache einsetzen, viele Heilige, Mystiker(-innen) und Menschen, die aus religiösen Gründen zölibatär leben. Aber hier wird man wohl unterscheiden müssen: Nicht jene, die zum Zölibat verpflichtet und gezwungen werden – sie sind mit jenen in eine Reihe zu stellen, die aus anderen Gründen auf sexuell bedingte Bedürfnisbefriedigung verzichten müssen, die ihren Wunsch, geliebt zu werden und zu lieben, unterdrücken und verdrängen müssen und nicht selten neurotisch werden –, sondern alle jene, die sich freiwillig und mit Engagement in den Dienst einer höheren Sache stellen. Große Leistungen vollbringen *und* ein freier reifer Mensch sein kann man nur aufgrund eigener Entscheidung.
Oft helfen den Menschen, die sich sexuelle Bedürfnisse nicht erfüllen können, verschiedene Arten von Ersatzbefriedigung. Ersatzbefriedigung könnte man als Umkehrung der Sublimierung ansehen. Kam es dort darauf an, sexuelle Energien auf andere, meist geistige Bereiche zu verlagern, so geht es hier darum, seine sexuellen Bedürfnisse durch Reize von außen zu befriedigen. S. Freud

entdeckte die Ersatzbefriedigung an dem zu seiner Zeit weit verbreiteten Phänomen Hysterie: ein hysterischer Krampfanfall bringe die Beachtung, Zuwendung und Befriedigung, die sonst der Geschlechtsverkehr bietet. – Zu den Ersatzbefriedigungen gehört die Pornographie ebenso wie eine bestimmte Art von Werbung, die mit sexuellen Motiven unterschwellig zum Kauf oder Genuß einer Ware auffordert. Nicht ohne Grund verwenden viele Reklamebilder weibliche Darstellungen, sie sprechen gleichermaßen die sexuelle wie die finanzielle Potenz des Mannes an. Alle diese Reize befriedigen auf subtile Weise sexuelle Bedürfnisse, und insofern sie einen psychischen Stau abbauen, haben sie durchaus auch eine positive Funktion.

9. Außereheliche Beziehungen – was sagt die Bibel dazu?

Jungfräulichkeit ist kein Thema

Wenn wir uns nun der Bibel zuwenden, so gilt es zunächst eine terminologische Vorfrage zu klären. Die kirchliche Askese und Morallehre legte schon früh großen Wert darauf, daß besonders berufene Menschen sich der Sexualität enthalten, daß sie «jungfräulich» leben sollen (ein Ausdruck, der merkwürdigerweise auch für den Mann gebraucht wird, vgl. Offb 14,4, wo die Männer, «die sich mit Frauen nicht befleckt haben», Jungfrauen genannt werden!). Die Wörter «Jungfrau» und «jungfräulich» im Sinn sexueller Unberührtheit kennt jedoch die hebräische Bibel nicht. Offenbar ist ihr dieser Status nicht so wichtig. Das zeigt ein kurzer Blick in die Terminologie. Für die Jung-Frau, ob verheiratet oder nicht und – im zweiten Fall – ob «jungfräulich» oder nicht, kennt die hebräische Bibel drei Ausdrücke.

1. Das am häufigsten gebrauchte und bedeutungsbreiteste Wort ist *naʿărāh*, im Deutschen gewöhnlich mit «Mädchen» übersetzt. Es bezeichnet die junge Frau, sei sie ledig wie Rebekka (Gen 24,14ff.) und Abischag von Schunem (1 Kön 1,2-4), sei sie jung verheiratet (Dtn 22,15-21) oder jung verwitwet wie Rut (Rut 2,6; 4,12). Auch bei ledigen jungen Frauen besagt das Wort nichts über deren Jungfräulichkeit. Soll diese hervorgehoben werden, bedarf das Wort *naʿărāh* näherer Präzisierungen. Dazu dient zunächst das Wort

2. *bᵉtûlāh*, in unseren Bibelübersetzungen in der Regel mit «Jungfrau» wiedergegeben. Das Wort wird in der Tat gelegentlich dem allgemeinen Wort *naʿărāh* «Mädchen» beigefügt, um diese als jung-

fräulich zu kennzeichnen. So wird von Rebekka gesagt, sie sei ein schönes Mädchen *(naᶜărāh)* gewesen, eine Jungfrau (*bᵉtûlāh*; Gen 24,16). Der Doppelbegriff *naᶜărāh bᵉtûlāh* charakterisiert die junge Frau ausdrücklich als jungfräulich (Dtn 22,23.28; 1 Kön 1,2; Est 2,2f.). Freilich liegt dabei der Akzent weniger auf der Jungfräulichkeit im physiologischen Sinn als auf der fehlenden Bindung an einen Mann. Nur in wenigen Fällen bedeutet *bᵉtûlāh* unmißverständlich «Jungfrau»[72]. Wo dieser Sinn zwar gemeint ist, sich aber aus dem Zusammenhang nicht eindeutig ergibt, wird deshalb ausdrücklich vermerkt, es handle sich um eine *bᵉtûlāh*, die noch mit keinem Mann Umgang gehabt habe (so von Rebekka Gen 24,16 und von den vierhundert in Jabesch Gilead erbeuteten Mädchen Ri 21,12).

3. Nur insgesamt siebenmal findet sich in der hebräischen Bibel das Wort *ᶜalmāh.* Dennoch wurde ihm in der wissenschaftlichen Diskussion am meisten Beachtung geschenkt, weil es in der Immanuel-Weissagung Jes 7,14 vorkommt. Auch dieses Wort *kann, muß* aber nicht die Virginität einschließen[73].

Das biblische Hebräisch verfügt somit über kein Wort, das dem deutschen «Jungfrau» – physiologisch verstanden – entspricht, wie überhaupt das Phänomen der Jungfräulichkeit aus Überzeugung im Alten Testament keine Rolle spielt[74].

Die Gesetze schweigen

Die altorientalischen Gesetze interessieren sich für das Sexualverhalten von Mann und Frau nur im (engeren oder weiteren) Zusammenhang mit der Ehe. So enthält das *altbabylonische* Gesetzbuch des Hammurapi (1728–1686) 68 Paragraphen (128–195) über das Ehe- und Familienrecht, aber keinen einzigen über Sexualität zwischen Unverheirateten. Wir müssen daraus entweder schließen, daß es solche nicht gab – was unvorstellbar ist –, oder daß sich der Gesetzgeber darum nicht kümmerte, weil er sie für die Lebensgemeinschaft des Volkes als nicht gefährlich ansah[75].

Den alten *Ägyptern* wird zwar das Zeugnis ausgestellt, «daß sie keusch gewesen sind wie kaum ein anderes Volk»[76]. Dennoch gewähren uns ihre Liebeslieder Einblick in das unbeschwerte Liebesglück des jungen Mannes mit seiner Freundin, dem erst die den Morgen ankündende Schwalbe ein herbes Ende bereitet. «Die Liebenden wußten sich zu treffen: wenn nicht in der Bettkammer, so in den Höhlen des Wüstengebirges, im Garten unter dem Schutz des Baumes, in der Laube, im Zelt; aber auch am Fluß, besonders im Dickicht des Papyrussumpfes»[77]. Man scheint daran nichts Anstößiges gefunden zu haben, und wenn im Totenbuch dem Verstorbenen die Beteuerung in den Mund gelegt wird, er habe keine Unzucht getrieben, so scheint damit in erster Linie Homosexualität gemeint zu sein[78].

So wußte sich denn auch das alte Israel in dieser Hinsicht durchaus in Gemeinschaft mit der damaligen altorientalischen Welt. Wir finden im Alten Testament zwar strenge Bestimmungen für das Verhalten einer verheirateten und einer verlobten Frau – darüber später –, hingegen keine Einschränkungen für den freien Verkehr eines (verheirateten oder ledigen) Mannes mit einer ledigen Frau. Das Sittengesetz scheint sich dafür nicht interessiert zu haben. Der einzige Ausnahmefall, für den eine Sanktion vorgesehen wird, ist die Vergewaltigung eines Mädchens (s. S. 160–162).

Mehr ist in der Gesetzgebung des Alten Testaments nicht zu finden, was den freien Verkehr von Mann und Frau beeinträchtigen würde. Aber auch die erzählenden und lyrischen Texte des Alten Testaments vermitteln uns kein anderes Bild. Sie bestätigen vielmehr die Feststellung, daß die offizielle Moral Israels die Sexualität keineswegs ausschließlich in Relation zur Ehe sah. Grundlegende Aussagen preisen Erotik und Liebesvereinigung als ein hohes Gut in sich. Das Verlangen des Mannes nach der Frau und das Einswerden der beiden gehörte für den alten Israeliten zu den unbegreiflichen Dingen dieser Schöpfung. Es sprengt alle für ihn einsichtigen Gesetze der Natur, ähnlich wie Vogelflug und Schifffahrt auf hoher See:

Drei Dinge sind mir zu wundersam,
ja vier, die ich nicht begreife:

Der Weg des Adlers am Himmel,
der Weg der Schlange auf dem Felsen,
der Weg des Schiffes auf hoher See
und der Weg des Mannes beim Mädchen (Spr 30,18f.).

Die Jugend ist unbefangen

Gewiß erfreute sich im alten Israel die Jugend eines weniger freien Umgangs miteinander als heute. Die für die moderne Industriegesellschaft selbstverständliche Mischung von Männern und Frauen in Beruf und Freizeit, Spiel und Tanz war dem alten Israel (so wie noch dem heutigen Orient) weithin unbekannt. Frauen treten in der Öffentlichkeit meist in Gruppen auf. Sie begrüßen die heimkehrenden Krieger mit Gesang und Reigentanz (1 Sam 18,6f.), wobei eine Frau die Rolle der Vorsängerin übernimmt (Ex 15,20f.). Beim Erntefest tanzen die Mädchen unter sich ihre Reigen (Ri 21,19ff.). Das Wasserschöpfen am Morgen und am Abend ist vorwiegend Sache der Mädchen, die in Gruppen zu dem außerhalb der Siedlung gelegenen Brunnen gehen (1 Sam 9,11)[79]. Dort trifft man sich freilich auch mit den Hirten (Gen 29,2-10, vgl. Hld 1,7f.). Die Rut-Erzählung zeigt uns Knechte und Mägde gemeinsam bei der Erntearbeit (Rut 2). Es wäre ein Wunder, wenn sich hierbei keine Liebesverhältnisse angebahnt hätten, und es braucht wenig Phantasie, um sich auszumalen, daß Boas und Rut nicht das einzige Paar waren, das die Gelegenheit benützte, um gemeinsam eine Nacht im Schutze der Garbenhaufen zu verbringen (Rut 3,7, vgl. Hld 2,16f.; 7,12f.).
So treten denn auch die Mädchen der Bibel durchaus selbstbewußt und frei auf. Die schöne Rebekka läßt sich am Brunnen von einem für sie wildfremden Mann einen goldenen Nasenring und zwei goldene Armspangen anlegen, und als sie damit nach Hause

kommt, findet ihre Familie das ganz natürlich (Gen 24,22-30). Ebenso läßt sich die schöne Rahel – wiederum am Brunnen – von Jakob küssen, ohne zu wissen, wer er ist, wobei Jakob vor Glück weint (Gen 29,11). Der alte Erzähler fand daran offenbar nichts Anstößiges. Erst spätere jüdische Auslegung erklärte das Weinen Jakobs damit, daß er wahrnahm, wie die Hirten über ihn tuschelten[80]. Dina begab sich ohne Begleitung in die Kanaaniterstadt Sichem, zwar nur «um sich die Mädchen anzusehen», das heißt um Mädchengesellschaft zu finden, wonach sie als einziges Mädchen unter zwölf Brüdern sicher ein großes Bedürfnis empfand (Gen 34,1). Dennoch mußte sie sich der Gefahr bewußt sein, der sie sich damit aussetzte. Für die Vergewaltigung, deren Opfer sie in der Tat wurde, tadelt der biblische Erzähler jedoch nicht sie, sondern den jungen Mann, der ihr Gewalt antat (V. 7.31). Zum Staunen gibt uns immer wieder das Verhalten der jungen Witwe Rut Anlaß, die sich bei Nacht zu dem Mann, den sie liebt, auf die Tenne schleicht und zu seinen «Füßen» (Euphemismus!) schläft (Rut 3,7-14).

Die große Liebe im Hohenlied

Vor allem aber zeigt uns das Hohelied die durch keine Institution abgesicherte Liebe zweier junger Menschen. Die Zeiten sind zum Glück vorbei, in denen das Schwergewicht der Tradition und die Sexualfeindlichkeit der Kirche diese biblische Liebesdichtung als Allegorie auf die Liebe zwischen Jahwe und Israel oder Christus und der Kirche deutete. Heute wird sie von den Auslegern – mit wenigen Ausnahmen – als das erkannt, was sie ist: eine Sammlung von Liebesliedern des alten Israel. Diese Erkenntnis schützte jedoch das Hohelied nicht vor weiteren Mißdeutungen. Namhafte Ausleger wollen darin jetzt Hochzeitslieder sehen, die die eheliche Liebe und Treue verherrlichen[81]. Textstellen, die sich diesem Schema nicht einfügen, werden als «Mädchenträume» erklärt, vor allem das Lied 3,1-5:

Auf meinem Lager eine lange Nacht
suchte ich, den ich so innig liebe.
Ich suchte ihn, und ich fand ihn nicht.

Aufstehen will ich und die Stadt durchstreifen,
die Gassen und die Plätze,
ihn suchen, den ich so innig liebe.

Ich suchte ihn, und ich fand ihn nicht.
Ich stieß auf die Wächter
bei ihrer Runde durch die Stadt:

Den ich so innig liebe,
habt ihr ihn gesehen?

Kaum war ich an ihnen vorüber,
da fand ich ihn, den ich so innig liebe.

Ich hielt ihn fest und ließ ihn nicht mehr los,
bis ich ihn in das Haus meiner Mutter gebracht,
in die Kammer, wo sie mich gebar.

Ich beschwöre euch, Töchter Jerusalems,
bei den Gazellen und bei den Hinden des Feldes:

Stört nicht die Liebe,
schreckt sie nicht auf,
bis sie selbst es will!

Darin, daß dem Mädchen ein Handeln gegen die Sitte zugeschrieben werde, zeige sich – so wird gesagt –, daß ein Traum geschildert werden solle. «Geschieht doch im Traum leicht, was im Tagesbewußtsein unbedingt abgelehnt würde... Auf die Hochzeit bezogen, sagt dieses Lied aus, wie sehr die Heirat den Wünschen des Mädchens entspricht.»[82] In Wirklichkeit läuft das Lied mehr den Moralvorstellungen der christlichen Ausleger als dem damaligen Sittenkodex zuwider. Denn daß solche Lieder in Israel gesungen wurden, macht doch allein schon wahrscheinlich, daß die Mädchen auch taten, was sie sangen.

Bei näherem Zusehen macht der ganze Tenor des Hohenliedes einen Bezug auf die eheliche Liebe unmöglich. Meist treffen sich die beiden Liebenden im Freien. Das Mädchen erklärt: «Unser Lager ist Laub, die Balken unseres Hauses sind Zedern, unsere Dachsparren sind Zypressen» (1,16f.), und sie lädt ihren Freund ein: «Komm, mein Geliebter, hinaus auf die Flur, dort will ich dir meine Liebe schenken» (7,12f.). So spricht keine Ehefrau zu ihrem Mann. Auch wird angedeutet, daß diese Zusammenkünfte zeitlich begrenzt und immer schon von der bevorstehenden Trennung überschattet sind. «Bis der Tag heranweht und die Schatten fliehen – komm her, mein Geliebter», so fordert das Mädchen zur Liebe auf (2,17), und die beiden bitten nur, daß man sie ihrer Freude ungestört überlasse: «Stört nicht die Liebe, bis sie es will» (2,7; 3,5). Das alles paßt schlecht in das Bild eines «bürgerlichen» Ehelebens!

Wir haben es also im Hohenlied mit zwei unverheirateten Menschen zu tun, und nichts läßt erkennen, daß sie überhaupt daran denken, eine Ehe zu schließen. Lebensgemeinschaft, Leben zu zweit, gar Kinder liegen völlig außerhalb ihres Blickfeldes. Es geht im Hohenlied einzig und allein um die Freude, die zwei junge Menschen aneinander haben, und um den Liebesgenuß. Darum spielen das Drängen zueinander hin und die unerfüllte Sehnsucht eine so große Rolle, beides keine dominierenden Elemente der ehelichen Liebe. Alle möglichen Kniffe müssen die beiden anwenden, um zusammenzukommen, und die heiß ersehnte Erfüllung hat nichts mit einer «gottgewollten Ehe» gemein. Sehnsüchtig begehrt das Mädchen nach den Küssen des Geliebten: «Wenn er mich doch küßte mit den Küssen seines Mundes» (1,2), es sucht den Geliebten auf dem Weideplatz – was eine Ehefrau kaum tut – und erkundigt sich, wo er wohl sein könnte (1,7f.); es verlangt, im «Schatten» des Geliebten zu sitzen (2,3); es sehnt sich nach ihm

eine lange Nacht und macht sich schließlich auf, ihn in der Nacht zu suchen, was dem Verhalten einer Ehefrau schwerlich entspricht (3,1 ff.).
Gewiß gibt es im Alten Testament auch Texte, in denen ein verwerfliches Tun beschrieben wird. Dann aber wird das Erzählte immer unmißverständlich verurteilt. Denken wir etwa an die Erzählung vom Brudermord des Kain oder von Davids Ehebruch mit Batseba, die der Historiker mit der Bemerkung beschließt: «Jahwe aber mißfiel, was David getan hatte» (2 Sam 11,27). Im Hohenlied aber werden alle Saiten der Poesie und Musik zum Klingen gebracht, um das Glück der erotischen Liebe zu preisen. Freilich mag es im damaligen Judentum strengere Richtungen gegeben haben, gegen die das Hohelied polemisiert. Aber in der Bibel vermochten sich diese Richtungen nicht durchzusetzen. Es gibt keinen Text in der Bibel, der dem Hohenlied formell widersprechen oder die von ihm gewährte Freiheit widerrufen würde.

Die Toleranz Jesu

Daß das Neue Testament höhere sittliche Ansprüche stellt als das Alte Testament, darüber herrscht ein breiter Konsens, wiewohl die These im einzelnen gar nicht so leicht zu erweisen ist. Wie groß die Versuchung ist, im Bereich der Sexualität die Ethik Jesu gegen die jüdische Ethik seiner Zeit auszuspielen, mag folgendes Zitat zeigen: «Das Neue Testament ist gekennzeichnet durch die unbedingte Ablehnung jedes außerehelichen oder widernatürlichen Geschlechtsverkehrs. Es folgt darin weithin dem Urteil der alttestamentlich-jüdischen Verkündigung und führt zur Überwindung der spätjüdisch-gesetzlichen Praxis, indem letztere durch Jesu Wort in ihrem Ungenügen aufgedeckt wird. Die Radikalisierung durch Jesus ist nur deshalb möglich, weil das Evangelium als rettende Vergebung die göttliche Dynamis in dieser Weltzeit offenbart.» [83]
Was in diesem Passus gesagt wird, ist so gut wie alles falsch. Denn

weder kennt das Alte Testament, wie wir sahen, die unbedingte Ablehnung jedes außerehelichen Geschlechtsverkehrs, noch läßt sich ein einziges Wort Jesu anführen, mit dem er versucht hätte, diesbezüglich «spätjüdisch-gesetzliche Praxis» (die keine andere war als die des Alten Testaments!) zu überwinden und in ihrem Ungenügen aufzudecken. Deshalb ist auch über deren «Radikalisierung» durch Jesus aus den Evangelien nichts zu entnehmen. Im Gegenteil: Jesus legt dem Sexualbereich gegenüber eine auffällige Zurückhaltung, um nicht zu sagen Interesselosigkeit an den Tag. Die einzige Thematik, zu der er sich äußert, ist Ehescheidung und Ehebruch. Doch davon später. Es gibt kein Wort Jesu über Prostitution, Homosexualität, Unzucht, vor- und außerehelichen Geschlechtsverkehr, auch nicht über die jüdischen Reinheitsvorschriften im Zusammenhang mit dem Geschlechtsleben. Während Jesus verschiedene Bestimmungen des mosaischen Gesetzes einer strengeren Interpretation unterwirft (Mt 5,21-48), andere, vor allem Sabbat- und Reinheitsvorschriften, im Vergleich zu den zentralen Forderungen der Sittlichkeit als unwichtig bezeichnet (Mk 2,23-28 par.; 3,1-5 par.; 7,1-23 par.), hat er die Sexualvorschriften weder gemildert noch verschärft. Damit anerkennt er die Erlaubtheit des Geschlechtsverkehrs zwischen Verlobten und sieht offenbar im Umgang eines (ledigen oder verheirateten) Mannes mit einer ledigen Frau nichts Unmoralisches. Vor allem gibt es in den Evangelien keine Andeutung, daß Jesus gegenüber der Erotik irgendwelche Vorbehalte gemacht hätte.

10. Was ist Unzucht?

Zwei notwendige Begriffserklärungen

Eine andere Situation scheinen wir freilich bei Paulus vorzufinden. Er wird nicht müde, vor der «Unzucht», der *porneia*, zu warnen, ja er bedroht die «Unzüchtigen» mit dem Ausschluß vom Reiche Gottes: «Kein Unzüchtiger wird das Reich Gottes erben» (1 Kor 6,9; Eph 5,5 [EÜ]). Besonderes Gewicht wird in der kirchlichen Verkündigung auf 1 Thess 4,3 gelegt: «Das ist der Wille Gottes, eure Heiligung – daß ihr euch von der Unzucht *(porneia)* enthaltet.»

porneia

Die entscheidende Frage ist jedoch, was *porneia* bedeutet. Man macht sich die Sache zu einfach, wenn man *porneia* mit «Unzucht» übersetzt und «Unzucht» als jede Form außerehelicher Sexualität definiert[84]. Vielmehr verweist uns schon das Alte Testament in eine ganz bestimmte und eingegrenzte Richtung.

In der alten griechischen Übersetzung des Alten Testaments, der sogenannten Septuaginta (LXX), gibt *porneia (porneuō, pornē)* die hebräische Wurzel *znh* und ihre Derivate *(z^{e}nūt, z^{e}nūnīm, taznūt, zōnāh)* wieder. Dieses Wortfeld bezeichnet aber nicht einfach Ehebruch und noch weniger den außerehelichen Geschlechtsverkehr im allgemeinen, sondern *immer* ganz spezifisch das Verhalten einer *Ehefrau*, die sich der *Prostitution* hingibt. Das Wort wird bei den Propheten auch im theologisch-übertragenen Sinn gebraucht für den Abfall Israels von seinem als Ehemann vorgestellten Gott Jahwe. Dabei wird das Verhalten Israels mit dem einer

Ehefrau verglichen, die sich gegen Bezahlung prostituiert. Das ergibt sich mit besonderer Deutlichkeit aus den klassischen Stellen Hos 1,2; 2,7; Mi 1,7; Jer 3,1-9; 13,27; Ez 16 und 23. Mi 1,7 wird von den Götzenbildern gesagt, sie seien aus Dirnenlohn zusammengekauft. Dementsprechend ist *pornē* in der LXX nicht einfach die Ehebrecherin, sondern *die sich prostituierende Ehefrau*[85].

Im Neuen Testament kommt das Wort *porneia* 26mal vor. Schon die naheliegende Etymologie (*pernēmi* = ich verkaufe) verweist uns auf die Bedeutung des Wortes *porneia*: es ist die *käufliche Liebe*, ein Sinn, dem die geläufige Übersetzung «Unzucht» zu wenig gerecht wird. Hat das Wort im Neuen Testament immer diesen Sinn?

Die beherrschenden Stellen in den Evangelien finden sich in den sogenannten Ehebruchsklauseln bei Mt 5,32; 19,9, wo Jesus die Entlassung der Ehefrau durch den Mann verbietet, es sei denn im Fall der *porneia (parektos porneias)*. Nach einmütigem Verständnis der Ausleger ist mit *porneia* hier Ehebruch gemeint. Immerhin ist zu fragen, ob nicht, im Sinne des alttestamentlichen Sprachgebrauchs, eher an Prostitution gedacht ist. Dann würde nicht ein einzelnes Vergehen der Frau, ein «Seitensprung», ihre Entlassung rechtfertigen, sondern erst das Absinken der Frau zur Dirne und damit die völlige Preisgabe der ehelichen Partnerschaft. Diese Wahrscheinlichkeit ist um so größer, als im Neuen Testament für den bloßen Ehebruch eine andere Terminologie üblich ist (s. u.).

Dasselbe gilt für Joh 8,41. *Porneia* steht hier in einer Streitrede Jesu mit den Juden (8,41-47), worin Jesus seinen Gegnern das Recht abspricht, Gott ihren Vater zu nennen, weil sie in Wahrheit den Teufel zum Vater hätten. Die Juden wehren sich gegen den Vorwurf, indem sie geltend machen: «Wir wurden nicht aus der *porneia* gezeugt.» Da hier auf das prophetische Bild vom Ehebund Jahwes mit Israel Bezug genommen wird, kann mit *porneia* auch nur das Vergehen gemeint sein, das von den Propheten Israel vorgehalten wird: das Dirnentum, die Hurerei (s. o.). Die Juden verwahren sich nicht dagegen, Kinder einer Ehebrecherin, sondern einer Prostituierten zu sein[86].

Schließlich findet sich das Wort *porneia*, dieses Mal aber in der Mehrzahl, bei Mk 7,21-23 (par. Mt 15,18-20) im Katalog der Laster, die den Menschen verunreinigen. Allein schon, daß neben den *porneiai* noch die *moicheiai* «Ehebrüche» gesondert genannt werden, zeigt, daß *porneia* etwas anderes bedeutet als Ehebruch, eheliche Untreue.

Pesch (s. Anm. 84) übersetzt richtig «Hurereien», will aber im Kommentar noch «alle Unzuchtssünden» miteingeschlossen wissen, ohne zu erklären, was er darunter versteht. Da Mk in einer vorwiegend heidenchristlichen Gemeinde schreibt, dürfte er wie Paulus (s.u.) mit *porneia* die Prostitution griechischen Stils im Auge haben.

Dreimal ist in der Apostelgeschichte von *porneia* die Rede, und zwar in den sogenannten Jakobusklauseln, das heißt den vier auf Antrag des Jakobus vom Apostelkonzil den Heidenchristen – mit Rücksicht auf die Judenchristen – auferlegten Verpflichtungen des mosaischen Gesetzes (15,20.29; 21,25). In einem Atem mit Verboten rituellen Charakters (Essen von Götzenfleisch, Ersticktem und Blut) genannt, ist *porneia* hier möglicherweise, wie Joh 8,41 (s.o.), vom Götzendienst zu verstehen. Zahlreiche Ausleger (z.B. Haenchen) wollten das Verbot der *porneia* auf die in Lev 18,6ff. verbotenen Verwandtenehen beziehen. Aber dies wäre eine dem alttestamentlichen Sprachgebrauch fremde Verwendung des Wortes *porneia*[87]. Das Nächstliegende ist deshalb, auch hier, wie Mk 7,21 (s.o.) und bei Paulus (s.u.), an das griechisch-römische Dirnenwesen zu denken, dessen Verwerflichkeit den Heidenchristen nicht ohne weiteres einsichtig sein konnte, während jüdisches Empfinden hier strenger urteilte.

Mehrfach macht die *porneia* dem Apostel Paulus in seinen Gemeinden zu schaffen.

Von ingesamt 26 Stellen findet sich der Begriff *porneia* 10mal in den paulinischen Briefen, darüber hinaus 3mal das Verbum *porneuein* (1 Kor 6,18; 10,8), 3mal das Nomen *pornē* (1 Kor 6,15f.; Hebr 11,31) und 8mal *pornos* (1 Kor 5,9-11; 6,9; Eph

5,5; 1 Tim 1,10; Hebr 12,16; 13,4). Von den zehn *porneia*-Stellen stehen vier (2 Kor 12,21; Gal 5,19; Eph 5,3; Kol 3,5) in sogenannten «Lasterkatalogen», jenen für die urchristliche Paränese charakteristischen, mehr oder weniger schematischen Aufzählungen von Sünden, die mit der christlichen Existenz unverträglich sind. Dabei wird dreimal *porneia* an erster Stelle genannt, 2 Kor 12,21 an zweiter Stelle (nach *akatharsia* = Unreinheit, s.u.). Ebenso stehen in den Katalogen 1 Kor 5,10f. und 6,9f. unter den verschiedenen Gattungen von Sündern die *pornoi* an der Spitze[88]. Die *porneia* zählt mit der Habsucht und dem Götzendienst zu den Sünden, «die das Christenleben von Grund auf unmöglich machen» (Vögtle 40), vom Erbe des Reiches Gottes ausschließen (1 Kor 6,9f.; Gal 5,19-21; Eph 5,5) und den Zorn Gottes nach sich ziehen (Eph 5,6; Kol 3,6).

Eine thematische Behandlung erfährt jedoch die *porneia* lediglich im 1. Korintherbrief. Der unmittelbare Anlaß ist der skandalöse Fall, daß ein Christ mit seiner Stiefmutter ein eheliches oder quasieheliches Verhältnis unterhält. Paulus nennt diesen Sachverhalt *porneia*: «Überhaupt hört man bei euch von *porneia*, und zwar von solcher *porneia*, wie sie nicht einmal unter Heiden vorkommt, daß einer die Frau seines Vaters hat» (5,1). Der Geschlechtsverkehr mit der Stiefmutter wird Lev 18,8; 20,11 unter Todesstrafe für beide verboten. Es handelt sich somit in Korinth um einen schlimmen, nach jüdischem Recht der Todesstrafe unterliegenden Fall von Inzest, der in den Augen des Paulus noch schlimmer ist als die (von ihm allgemein verurteilte) *porneia* der Heiden. Mit anderen Worten: Der Inzest-Fall ist für Paulus ein singulärer Fall von *porneia*. Für die Bestimmung des Begriffes *porneia* in seiner eigentlichen Bedeutung ist somit unsere Stelle nicht geeignet[89].

Die Erörterung dieses Falles gibt Paulus Veranlassung, Grundsätzliches über das Verhalten der Christen von Korinth zu ihrer Umwelt zu sagen. Das zentrale Problem ist wieder die *porneia*, die in jeder Straße und Gasse von Korinth ihr verführerisches Gesicht zeigte. In einem früheren Schreiben hatte Paulus die Gemeinde angewiesen, mit den *pornoi* keinen Verkehr zu unterhalten (V. 9), was den Widerspruch der Gläubigen provozieren mußte: Wie soll man das in Korinth praktizieren, wo einem doch die *pornoi* auf Schritt und Tritt begegnen? Paulus berichtigt: Man soll es mit den *pornoi* ebenso halten wie mit den Habsüchtigen, Götzendienern,

Trunkenbolden und Räubern. Die Gemeinde soll sie nicht in ihrer Mitte dulden, geschweige denn Mahlgemeinschaft mit ihnen pflegen: «Mit einem solchen sollt ihr nicht einmal essen» (5,11). Der Einwand der Gemeinde, man müßte aus dieser Welt ausziehen, wollte man jeden Kontakt mit den *pornoi* vermeiden, beleuchtet schlaglichtartig das Bild der Prostitution in Korinth (s. dazu S. 125).

Mit der Mahnung, die Gemeinde solle selbst um ihre Reinheit besorgt sein, verbindet der Apostel die Warnung an die Gläubigen, ihre Streitigkeiten vor heidnischen Gerichten auszutragen und damit Unrecht zu begehen statt zu erleiden. Damit ist ihm das Stichwort gegeben für eine umfassende Aufzählung der Laster, die mit dem Reich Gottes unvereinbar sind. An der Spitze der Missetäter, die das Reich Gottes nicht erben, stehen wieder die *pornoi*, also jene, die der käuflichen Liebe frönen. Erst nach den Götzendienern folgen im Katalog die Ehebrecher *(moichoi)* – übrigens die einzige Stelle, an der bei Paulus von Ehebruch die Rede ist! – und die – passiv oder aktiv – der Knabenliebe Verfallenen. Schließlich werden Diebstahl, Habsucht, Trunkenheit, Beschimpfung und Raub genannt (6,9f.). All das kann für den Christen deshalb nicht in Frage kommen, weil er in der Taufe das alte Leben des Lasters gegen das neue Leben der Heiligkeit und Gerechtigkeit eingetauscht hat.

Stereotyp charakterisiert *porneia* in der Offenbarung (2,21; 9,21; 14,8; 17,2.4; 18,3; 19,2) das Sittenbild der römischen Welt, und zwar sowohl im buchstäblichen (Hurerei) wie im übertragenen Sinn (Götzendienst).

So wie *porneia* die käufliche Liebe bezeichnet, so ist *pornos* nicht einfach der «Unzüchtige», sondern der, der mit der käuflichen Liebe zu tun hat[90] (1 Kor 5,9-11; 6,9; Eph 5,5; 1 Tim 1,10; Hebr 13,4; Offb 21,8; 22,15; übertragen Hebr 12,16) und *pornē* die Dirne (Mt 21,31f.; Lk 15,30; 1 Kor 6,15f.; Hebr 11,31 und Jak 2,25: die Dirne Rahab; Offb 17,1 u.ö. wird die Weltstadt Rom unter dem Bild der «großen Hure» Babel dargestellt).

Somit ergibt sich, daß Paulus zwar die *Prostitution* ablehnt. Ein allgemeines Verbot *außerehelicher Sexualität* ist jedoch in der gesamten Bibel nicht zu finden.

akatharsia

Wenn nun schon mit *porneia* nicht die außereheliche Liebe gemeint ist und verboten wird, ist sie es dann mit *akatharsia*, einem weiteren Laster, das nach Paulus vom Reich Gottes ausschließt und das in der Regel als sexuelles Vergehen interpretiert wird? Das griechische Wort wird in den deutschen Bibelübersetzungen oft mit «Unkeuschheit» wiedergegeben. An vier Stellen (2 Kor 12,21; Gal 5,19; Eph 5,3; Kol 3,5 – es handelt sich durchweg um Lasterkataloge) folgt die Sünde der *akatharsia* jener der *porneia* auf dem Fuß, was den Schluß nahelegt, die beiden Begriffe hätten eine parallele oder jedenfalls verwandte Bedeutung. So definiert Bultmann *akatharsia* als «Unsittlichkeit, besonders die geschlechtliche»[91]. In der Zürcher Bibel dominiert die Wiedergabe «Unkeuschheit», während die Einheitsübersetzung sich neutraler ausdrückt, aber immerhin an den vier Stellen, an denen *akatharsia* parallel zu *porneia* steht, an den sexuellen Bereich zu denken scheint (siehe die untenstehende Übersicht). Eine grundsätzliche Einengung auf diesen Bereich verbietet sich allerdings vor allem durch 1 Thess 2,3, wo *akatharsia* die unlautere, eigennützige Gesinnung bedeutet.

		Einheitsübersetzung	*Zürcher Bibel*
2 Kor	12,21	Unreinheit	unsaubere Dinge
Gal	5,19	Unsittlichkeit	Unkeuschheit
Eph	5,3	Schamlosigkeit	Unkeuschheit
Kol	3,5	Schamlosigkeit	Unkeuschheit
Röm	1,24	Unreinheit	Unkeuschheit
	6,19	Unreinheit	Unreinheit
Eph	4,19	Gemeinheit	Unkeuschheit
1 Thess	2,3	in schmutziger Weise ausnützen (!)	Unlauterkeit
	4,7	unrein leben	Unkeuschheit

Schon der Sprachgebrauch der LXX läßt ein einseitig sexuelles Verständnis von *akatharsia* nicht zu. Denn dort bedeutet *akatharsia* sowohl den materiellen Unrat (2 Chr 29,5.16; Jer 19,13; Ez 7,20) als auch die rituelle Unreinheit[92] wie auch die moralische Unreinheit der Sünde (Mi 2,10; Jer 32,34; Ez 22,15; 36,17.25.29; 39,24), besonders der Blutschuld (Ez 24,11.13). Lev 20,21 ist *akatharsia* die durch das Gesetz verbotene Ehe; von der «Unreinheit der Heiden», also ihrer Lebensweise, besonders ihrem Götzendienst, ist Esra 6,21; 9,11; 1 Makk 13,48; 14,7 die Rede. Ein- oder zweimal ist mit *akatharsia* die Schamgegend des Körpers gemeint (Hos 2,12, wohl auch Nah 3,6). Nur an einer einzigen Stelle bezeichnet *akatharsia* im Alten Testament ein sexuelles Vergehen (Tob 3,14). Von einer speziell sexuellen Befrachtung des Wortes *akatharsia* kann somit in der LXX keine Rede sein.

Sehen wir im Neuen Testament einmal von den vier Stellen ab, an denen die *akatharsia* der *porneia* folgt, so ergibt sich ein vielfältiges Bild. Röm 1,24 wird die *akatharsia* der Heiden damit umschrieben, daß «sie ihre Leiber durch ihr eigenes Tun entehrten», was auf den sexuellen Bereich hindeutet. Das einzige diesbezügliche Thema aber, das in diesem Abschnitt weiter ausgeführt wird, ist das der Homosexualität, so daß mit *akatharsia* hier (aber nur hier!) wohl diese gemeint ist. Röm 6,19 mahnt Paulus die Gemeinde: «Wie ihr eure Glieder in den Dienst der Unreinheit und Gesetzlosigkeit gestellt habt..., so stellt jetzt eure Glieder in den Dienst der Gerechtigkeit...». *akatharsia* steht hier parallel zu Gesetzlosigkeit und im Gegensatz zu Gerechtigkeit und charakterisiert somit allgemein den sittlichen Zustand der Heiden, die der Gerechtigkeit und Heiligkeit Gottes noch nicht teilhaftig wurden. In Eph 4,19 ist ebenfalls von der Lebensart der Heiden die Rede. Ihre «Ausschweifung» *(aselgeia)*, das heißt ihre Schwelgerei, ihr üppiges Leben, hat zur Folge, daß sie sich «jeglicher Art» *(pasēs)* von *akatharsia* hingeben, und zwar «aus Gewinnsucht». Schon die Verallgemeinerung «jeglicher Art» verbietet es hier, *akatharsia* auf den sexuellen Bereich zu beschränken. Vielmehr ist an «eine in jedem Sinn unreine Existenz»[93] gedacht, wie ja die «Unreinheit» im weitesten Sinn des Wortes in den Augen der Juden das Proprium der Heidenwelt war (vgl. den von einer Schweineherde umgebenen heidnischen Besessenen von Gerasa, Mk 5,1-20 par.). – Welche

Bedeutungsvielfalt *akatharsia* haben kann, zeigt 1 Thess 2,3, wo Paulus sich dagegen verwahrt, den Thessalonichern das Evangelium aus Irrtum, *akatharsia* oder Arglist verkündet zu haben, also in unlauterer, gewinnsüchtiger Absicht. Im 4. Kapitel des gleichen Briefes, V. 1-8, warnt Paulus die Gemeinde vor zwei Lastern: der sexuellen Gier, ob sich diese nun außerhalb der Ehe (V. 3: *porneia*!) oder in der Ehe manifestiert (V. 4f.), und der Übervorteilung im Geschäft (V. 6). Beides faßt der Apostel in die Begründung zusammen, Gott habe uns nicht zur *akatharsia*, sondern zur Heiligung berufen. Auch hier sprengt somit *akatharsia* deutlich den sexuellen Bereich[94].

Kehren wir zu den vier Stellen zurück, an denen *akatharsia* neben *porneia* steht. 2 Kor 12,21 haben wir die Dreiheit *akatharsia, porneia* und *aselgeia* (Ausschweifung); Gal 5,19 desgleichen mit vertauschter Reihenfolge *(porneia, akatharsia, aselgeia)*; Eph 5,3 geht es um die Dreiheit *porneia*, «jegliche» *akatharsia, pleonexia* (Habsucht; vgl. Eph 5,5: *pornos, akathartos, pleonektēs*); Kol 3,5 stehen die gleichen drei Begriffe in der gleichen Reihenfolge, wobei sich aber zwischen *akatharsia* und *pleonexia* noch *pathos* (Leidenschaft) und *epithymia kakē* (böse Begierde) schiebt. *akatharsia* steht offenbar vermittelnd zwischen der eigentlichen *porneia* und anderen heidnischen Lastern; sie schließt den sexuellen Bereich zwar mit ein, beschränkt sich aber nicht auf diesen (2mal, Eph 4,19; 5,3: «jegliche» *akatharsia*!), sondern bezeichnet allgemein «den unsittlichen Zustand des vorchristlichen Lebens» (ThWNT III, 432), wobei vor allem an Prostitution und Habsucht gedacht ist.

So falsch es also ist, *porneia* global mit «Unzucht» zu übersetzen (s.o.), so unzulässig ist es, unter *akatharsia* grundsätzlich Unkeuschheit zu verstehen.

Du sollst nicht Unkeuschheit treiben

Ist es schon eine unzulässige Einengung, die biblischen Begriffe *porneia* und *akatharsia* mit «Unzucht» und «Unkeuschheit» wiederzugeben, so wird die Verwendung dieser Begriffe in der Morallehre noch fragwürdiger, wenn man ihrer inhaltlichen Bestimmung nachgeht. Man erfährt nämlich an keiner Stelle genau, was mit Unkeuschheit gemeint ist. Beziehen wir uns auf die neuesten Verlautbarungen. Häring (1955) schreibt: «Die Sünde der Unkeuschheit besteht im *Mißbrauch*, das heißt im sinn- und zweckwidrigen Gebrauch der Kräfte der Geschlechtlichkeit. Nicht die Geschlechtslust als solche ist das Böse, sondern das Suchen derselben durch den Mißbrauch und außerhalb der heiligen Schöpferordnung der Ehe[95]... Die in der Unkeuschheitssünde liegende Unordnung offenbart sich für gewöhnlich gerade im Suchen der Lust *um ihrer selbst willen und um jeden Preis»* (1135).

Ist «Lust» nun Sünde oder ist sie es nicht? Können nicht auch Eheleute die «Lust um ihrer selbst willen» suchen? Hier kommen doch wieder die alten stoisch-manichäischen Vorurteile zum Vorschein. – J. Stelzenberger definiert: «Die Sünde der Unkeuschheit besteht im freigewollten und bewußten Verstoß gegen die göttliche Geschlechtsordnung... Nur in der sakramentalen Ehe ist die Aktualisierung der Geschlechtlichkeit sittlich erlaubt. Unkeusch ist jede Art und Form einer außer- oder widerehelichen Lustbefriedigung. Die Eigenart der unkeuschen Sünde liegt in der Trennung von Lust und Pflicht.»[96]

K. Hörmann stellt fest: «Wer sich entgegen der sittlichen Ordnung betätigt, *ist unkeusch.*» «Unkeuschheit (Unzucht, luxuria) im weiteren Sinn ist das der sittlichen Ordnung widersprechende Verhalten im Bereich des Sexus, im engeren Sinn das zügellose Suchen sexueller Lust.»[97] Man fragt sich immer wieder, wer denn bestimmt, was «sittliche Ordnung» und «göttliche Geschlechtsordnung» ist. Man erklärt den unklaren Begriff Unkeuschheit mit einem ebenso unklaren. Auch Häring spricht 1980 zwar viel von Keuschheit und Sünden gegen die Keuschheit, aber auch er sagt nirgendwo, was er darunter versteht[98].

Nicht von ungefähr sind die Begriffe Unzucht und Unkeuschheit aus der Umgangssprache praktisch verschwunden. Aus dem deutschen Strafgesetzbuch ist das Wort «Unzucht» seit dem 1. Januar

1975 ganz gestrichen. Es wurde ersetzt durch «sexuelle Handlungen» und betrifft nur noch Nötigung und Ausnutzung der Abhängigkeit Minderjähriger und Untergebener[99]. Will man die Ausdrücke Keuschheit und Unkeuschheit heute noch sinnvoll verwenden, dann vielleicht so, daß Keuschheit Ausdruck der Liebe, Unkeuschheit aber Trennung von Sexualität und Liebe ist.

11. Liebe auf Treu und Glauben – bald toleriert, bald bekämpft

Bis heute lehnen die Moraltheologen jede Form außerehelichen Geschlechtsverkehrs als unsittlich und sündhaft ab, auch wenn sie sich mit der Begründung dieser Beurteilung sichtlich immer schwerer tun. Zunächst versuchte man, den außerehelichen Geschlechtsverkehr unter Berufung auf die Heilige Schrift zu verbieten. Wie der 1. Korintherbrief zeigt, war offenbar unter neuplatonisch-stoischen und gnostischen Einflüssen in den griechisch-hellenistischen Gemeinden die Frage brisant, ob christliche Lebensform auch einen wie auch immer gearteten Verzicht auf Sexualität beinhalte. Paulus hatte die Prostitution als *porneia* abgelehnt und alle Christen, die sich mit einer Prostituierten einließen, zu Hurengliedern am Leibe Christi erklärt (vgl. u. S. 132–134). Von da war es kein großer Schritt, alle außerehelichen Beziehungen als Schändung des mystischen Leibes Christi zu verstehen. Denn, positiv ausgedrückt, galt ja die Ehe als Abbild des Bundes Christi mit der Gemeinde.

Monogames Konkubinat

Dennoch gab es auch in christlichen Gemeinden Alternativformen zur Ehe, z. B. das monogame Konkubinat, das im römischen Recht seinen Ursprung hat. Ein auf Kaiser Augustus (27 v. Chr. – 14 n. Chr.) zurückgehendes (Lex Julia de maritandis ordinibus, 18 v. Chr.) und von Mark Aurel (161–180) verschärftes Gesetz machte den Töchtern senatorischer Familien den Abschluß der anerkannten Ehe (iustum matrimonium) mit Sklaven oder Freien niedrigen Ranges unmöglich, es sei denn, sie verzichteten auf ihren Stand. Wollten sie an diesem festhalten, mußten sie sich mit einem Konkubinat begnügen, das zur Folge hatte, daß die daraus hervorgehenden Kinder als «außerehelich» geboren dem Rang der Mutter folgten[100]. Dieser Rechtslage folgt die Entscheidung des Papstes Kalixtus (217–222), die jungen christlichen Frauen vornehmen Standes erlaubt, anstelle eines Ehemannes *(anti andros)* einen unebenbürtigen Partner, Sklaven oder Freien, als «Bettgenossen» *(synkoitos)* zu haben. Die einzige Bedingung, die der Papst stellt, ist, daß es sich um eine monogame, also ausschließliche Verbindung handele: die Frau darf nur *einen (hena)* «Bettgenossen» haben.

Es wäre falsch, diese Entscheidung so zu verstehen, als handelte es sich um eine «zivilrechtlich» ungültige, aber «kirchenrechtlich» gültige Ehe. Damit würden wir moderne Begriffe ins 3. Jahrhundert projizieren, das diese Unterscheidung nicht kannte. Die Verbindung, die Papst Kalixtus erlaubt, war auch in seinen Augen keine Ehe, sondern ein *concubinatus*, aber dennoch eine *vor Gott* bestehende Verbindung. Während nach heutigem Verständnis der sakramentale Charakter einer Verbindung mit ihrer Gültigkeit steht und fällt, war das Verhältnis, um das es Papst Kalixtus ging, ein Sakrament, aber keine gültige Ehe. Diese Praxis befolgte die römische Kirche bis zum Beginn des 5. Jahrhunderts. Noch im 4. Jahrhundert ließ man Männer und Frauen, die in monogamem Konkubinat lebten, weil das Staatsgesetz ihnen die Ehe unmöglich machte, zu Taufe und Eucharistie zu (vgl. Gaudemet und Munier 27–29).

Aber auch im späteren abendländischen Kulturbereich gab es abweichende Formen sexueller Beziehungen, die gesellschaftlich und moralisch toleriert wurden und sich zum Teil bis heute erhalten haben. Nicht alle nämlich, die nicht heiraten konnten – und da gab es aus Standesgründen z. B. für Knechte und Mägde oft unüberwindliche Einschränkungen –, sahen sich in der Lage, enthaltsam zu leben. Also wurde die Prostitution geduldet und ebenso eine Lockerung der Sitten zu Zeiten des Karnevals oder der Kirchweihfeste. Schlimmer als eine intime Beziehung zwischen

Knecht und Magd galt ein uneheliches Kind – aus sozialen Gründen. In ländlichen Gegenden wurden Bauernkindern voreheliche Beziehungen zugestanden, um sicher zu gehen, daß sie zueinander paßten. Diese Probenächte, auch «Kiltgang» oder «Fensterln» genannt, mündeten in der Verlobung, in der sexuelle Beziehungen selbstverständlich waren. Geheiratet wurde erst, wenn eine Schwangerschaft vorlag. Dann war für den Hoferben und für den Familienbesitz gesorgt.

Naturrecht und Liebesgebot als Lückenbüßer

Auf die Dauer konnte sich die Moraltheologie der Erkenntnis nicht verschließen, daß gegen den außerehelichen Geschlechtsverkehr ein Schriftbeweis nicht beizubringen ist, und sie verlegte sich mehr und mehr darauf, mit einzelnen Aspekten des Naturrechts zu operieren. Es war *Alphons von Liguori* (1696–1787), der mit seiner Autorität die Entwicklung der Neuzeit prägte (vgl. zum folgenden Schlegelberger). Zwar versuchte auch er noch vom Alten Testament her zu argumentieren, indem er im Dekalogverbot des Ehebruchs auch jeden Geschlechtsakt (actus venereus) außerhalb der Ehe untersagt fand (21f.). Aber dieses Verbot galt ihm zugleich als Naturrecht, da man seit Gratian (12. Jh., s.u.) das positive göttliche Gesetz als Kodifikation des Naturrechts betrachtete.

Alphons von Liguori unterscheidet zwischen Unkeuschheit (luxuria) und Unzucht (fornicatio). Unter Unkeuschheit versteht er den «ungeordneten Gebrauch der Geschlechtslust», unter Unzucht den Geschlechtsverkehr zwischen Unverheirateten (concubitus soluti cum soluta). Dieser ist für ihn vom *Naturrecht* her verboten, «da die Natur die Copula ausschließlich auf die Ehe hinordnet, die nicht nur Zeugung, sondern auch gute Erziehung der Nachkommenschaft ermöglicht» (50f.). Damit verlegt er den Sinn der geschlechtlichen Vereinigung ausschließlich in die *Zeugung* und die daraus resultierende Verantwortung für die Kinder, die nach Alphons – und hierin läßt er keine Ausnahme zu – nur in der Ehe wahrgenommen werden kann. Der Einfluß Alphons' von Liguori auf die spätere Moraltheologie war unermeßlich. Seine Argumente wurden – teils wörtlich, teils durch zusätzliche Überlegungen ergänzt – bis weit ins 20. Jahrhundert hinein übernommen (62). Die Bindung der Sexualität an die Ehe garantiert von nun an die öffentliche Ordnung und reglementiert den menschlichen Geschlechtstrieb. Die Freigabe des Geschlechtsverkehrs würde – so fürchtete man – die geordnete Fortpflanzung des Menschengeschlechts in Frage stellen.

Das Ungenügen dieser Argumentation war jedoch nicht zu übersehen. Wenn z.B. das Verbot des außerehelichen Geschlechtsverkehrs mit der Kindererziehung begründet wird, warum soll dieser dann nicht erlaubt sein, wenn keine Aussicht auf Empfängnis besteht (127f.)? Deshalb versuchten spätere Autoren statt von der Zeugung vom *Wesen der Geschlechtlichkeit* innerhalb der dem Menschen gesetzten Naturordnung her zu argumentieren. Die menschliche Natur verlange eine ihr würdige Form der Zeugung und Fortpflanzung, die nur im Rahmen der Ehe gewährleistet sei. Man geht von einer Prämisse aus, ohne sie jemals zu begründen oder zu hinterfragen. Diese Argumentation wird im 19. Jahrhundert unter Berufung auf 1 Kor 6,19 verstärkt durch den Hinweis auf den Herrschaftsanspruch Gottes über den Leib, der den Menschen verpflichtet, den Geschlechtsakt nur zu seinem vorgegebenen Zweck, nämlich zur Zeugung, zu vollziehen. Darüber hinaus wird die Würde der Nachkommenschaft und vor allem die Würde der Partner betont, der nur die Ganzhingabe in der Ehe genügen könne. Der Fortschritt der letztgenannten Überlegung liegt darin, daß damit vom ausschließlichen Zeugungszweck abgerückt wird zugunsten der Zweisamkeit von Mann und Frau. So kann ein Theologe des 19. Jahrhunderts nun schreiben, im ehelichen Akt finde «die Gemeinschaft der Gatten in Freud und Leid, an Leib und Seele... ihren höchsten Ausdruck»[101].

Ist aber der Geschlechtsverkehr Ausdruck der gegenseitigen

Ganzhingabe der Partner, so gilt er außerhalb der Ehe als Lüge. Es wird zwar in unserer Zeit bezweifelt, daß im Neuen Testament mit «Unzucht» *(porneia)* ohne weiteres «schon all das gemeint sei, was man später in der Kirche und ihrer Moral Unzucht nannte» (Böckle 1967, 19). Dennoch bleibe, im Blick auf das *biblische Liebesgebot*, die entscheidende Voraussetzung für die volle Sinnerfüllung des Geschlechtsaktes «der gegenseitige Wille zur Bindung» (Böckle 32). «Man kann sich vor und neben der Ehe nicht verantwortungsbewußt rückhaltlos verschenken. Es kann nicht abgestritten werden, daß ohne den Willen zur vollen Verantwortung füreinander die Hingabe nicht ihren eigentlichen und tiefsten Sinn erfüllen kann. Das Kriterium der christlichen Liebe fordert aber gerade den Willen, d.h. die innere ehrliche Bereitschaft zu dieser vollen Sinnerfüllung», schreibt Böckle (ebd. 32f.). Gegen diese Argumentation wurde nicht zu Unrecht eingewendet: «Wenn nicht anderweitig erwiesen ist, daß dem Geschlechtsakt als Ausdruck ein so eindeutiger Inhalt, wie die ausschließliche Hingabe für das ganze Leben entspricht, dann vermag auch das formale Liebesgebot die aus dem Geschlechtsvollzug sich ergebende Forderung nach personaler Hingabe nicht dahingehend zu präzisieren, daß diese Hingabe total und ausschließlich sein muß. Daß dem Geschlechtsakt tatsächlich ein so eindeutiger Ausdrucksgehalt zukomme, bleibt zu beweisen. Zu leicht wird dem Ausdruck geschlechtlicher Vereinigung der Inhalt ehelicher Hingabe zugesprochen» (Schlegelberger 217).

Ein Gang durch Jahrhunderte katholischer Moraltheologie zeigt, daß an der Sündhaftigkeit jedes außerehelichen Geschlechtsverkehrs unbeirrt festgehalten wurde, daß aber die Argumente wechselten, was zeigt, daß man an der Beweislast schwer trug. Der Geschlechtsakt wurde mit Ansprüchen belastet, die von einem vorher aufgestellten Ideal der «christlichen Ehe» hergenommen sind. Dieses Ideal ist die totale und unwiderrufliche Hingabe, die nur im ehelichen Verkehr seinen manifesten Ausdruck finden kann. Jeder andere Geschlechtsverkehr wird daran gemessen. Man bewegt sich damit in einem circulus vitiosus: Die unerläßliche Bindung des Geschlechtsverkehrs an die Ehe wird vorausgesetzt statt bewiesen.

Widerwillige Zugeständnisse

In neuester Zeit haben die Moraltheologen damit begonnen, zwischen völlig unverbindlichen Beziehungen und vorehelichen oder eheähnlichen zu unterscheiden, ohne allerdings daraus Konsequenzen zu ziehen. Vielmehr wirken die alten Begründungen jetzt um so unglaubwürdiger. So stellt K. Hörmann[102] fest, die Ablehnung des unehelichen Geschlechtsverkehrs habe noch immer ihre guten Gründe. Denn der uneheliche Geschlechtsverkehr sei unverantwortlich dem daraus eventuell hervorgehenden Kind gegenüber und verstoße gegen den Liebesauftrag, indem die Partner sich auf etwas einließen, was seiner Beschaffenheit nach ganzheitliche Verbundenheit anzeige, ohne einander diese Verbundenheit gewähren zu können; vielmehr behandelten die beiden Partner einander unwürdig und beschwörten füreinander nicht selten mehr oder minder schweres Leid herauf. Auch wenn ein auf Dauer gedachter unehelicher Geschlechtsverkehr (Konkubinat) anders zu beurteilen sei als völlig unverbindliche sexuelle Begegnung oder Prostitution, so seien dagegen doch grundsätzlich die gleichen Bedenken geltend zu machen. Es habe keinen Sinn, solchen Paaren die Sakramente zu spenden, wenn sie nicht bereit seien, entweder zu heiraten oder ihr Verhältnis zu lösen.

Nach dem neuesten Handbuch der Moraltheologie entsprechen voreheliche Verhältnisse «trotz aller Gegenseitigkeit und personalen Liebe noch nicht dem vollen christlichen biblischen Ideal». Deshalb ist theologisch «die Ehe als der ‹eigentliche Ort› der Verwirklichung menschlicher Geschlechtlichkeit und Partnerschaft zu bezeichnen und jede andere Form als eine Verkürzung der vollen Wirklichkeit zu bewerten, in welcher vor allem auch die Dimension der Ehe als Abbild und Zeugnis für die treue Liebe Gottes zu den Menschen verlorengeht»[103].

Die «Gemeinsame Synode der Bistümer der Bundesrepublik Deutschland»[104] bezeichnet die weitverbreitete Auffassung, «man könne das ganze Problem der sexuellen Harmonie vor der Ehe klären», als «Irrtum» (441). «Volle geschlechtliche Beziehungen haben ihren Ort in der Ehe» (442). Und: «Sowenig der Meinung zugestimmt werden kann, volle sexuelle Beziehungen vor der Ehe seien selbstverständlich oder sogar unbedingt notwendig, sowenig wird eine undifferenzierte Verurteilung bestehender vorehelicher sexueller Beziehungen den betreffenden Menschen in ihrem Verhalten gerecht. Es ist offensichtlich, daß der wahllose Geschlechtsverkehr mit beliebigen Partnern anders zu bewerten ist als intime Beziehungen zwischen Verlobten und fest Versprochenen, die einander lieben und zu einer Dauerbindung entschlossen sind, sich aber aus als schwerwiegend empfundenen Gründen an der Eheschließung noch gehindert sehen. Dennoch können diese Beziehungen nicht als der sittlichen Norm entsprechend angesehen werden...» (442).
Die Ausdrücke «volles christliches biblisches Ideal», «volle sexuelle Beziehungen», «volle geschlechtliche Beziehungen», «ganzheitliche Verbundenheit», «volle Sinnerfüllung», «volle Verantwortung» zeigen, welche überhöhten Ansprüche und welche unrealistischen Erwartungen mit dem Sexualleben in der Ehe verknüpft werden. Dabei fehlt jeder Beweis dafür, daß dem Geschlechtsakt ein so eindeutig und einseitig auf die Ehe bezogener Sinngehalt innewohnt[105]. Auch wäre zu fragen, ob etwas, das einem Ideal nicht entspricht, deshalb sündhaft ist. Es drängt sich auch hier wieder die Frage auf, was die Kirche für ein Interesse daran haben kann, an dieser selbst aufgebauten Ideologie festzuhalten.

Ein neues Denken bahnt sich an

Die «Gemeinsame Synode der Bistümer der Bundesrepublik Deutschland» nennt alle außerehelichen Beziehungen «nicht der sittlichen Norm entsprechend» (442). Damit fällt zum erstenmal der Begriff «Norm», der in der heutigen Moraltheologie eingehend diskutiert wird[106]. In der christlichen Ethik wurde die Sittlichkeit über Jahrhunderte hinweg an unverändert gültigen Normen gemessen, die aus dem sogenannten Naturrecht, das heißt aus dem Wesen des Menschen, abgeleitet wurden. Erst seit kurzem beginnt die Moraltheologie anzuerkennen, daß es solche unveränderlichen Normen nicht gibt, daß vielmehr die sittlichen Pflichten von der sich stets wandelnden Wirklichkeit abhängig sind. Sie spricht deshalb von der «normativen Kraft des Faktischen»: nicht die abstrakte «Natur», sondern die konkrete Wirklichkeit, das Faktum, bestimmt die Norm.

In unserer Thematik berücksichtigt, soweit wir sehen, einzig H. Ringeling in seinem Beitrag zum Handbuch der christlichen Ethik (II) dieses Problem der Normativität des Faktischen. Er weist darauf hin, daß neue moralische Einstellungen in der Regel das Ergebnis langfristiger Prozesse sind, «in denen ungelöste oder unlösbare Probleme zur Tradition neu gestellt und gelöst oder einfach umgangen werden». Für die Ethik bedeutet dies, «daß sie zur Beobachtung der empirischen Vorgänge angehalten wird; Normen, die sie vermittelt, ergeben sich aus der Reflexion auf menschliche Erfahrungen» (166). Tatsachen ziehen notwendig eine bestimmte Interpretation nach sich. Zwar kommt ihnen nicht eo ipso eine normbildende Bedeutung zu, «wohl aber ist die Darstellung empirischer Sachverhalte beweiskräftig gegenüber unzureichend begründeten Regeln. Und umgekehrt, wenn auf diese Weise die alte Moral überholt erscheint, legt sich eine überzeugte Zustimmung zur normabweichenden Praxis nahe, sie beginnt zur Regel zu werden» (168).

Gegenüber der Erklärung der Glaubenskongregation (1975), wonach jeder Geschlechtsakt nur innerhalb der Ehe erfolgen darf, hält Ringeling die Unterscheidung zwischen «Freizügigkeit ohne Liebe» und «Freizügigkeit bei Liebe» für wichtig (171f.). Nach ihm fordern sowohl die «Evangelische Denkschrift zu Fragen der Sexualethik» (1971) als auch das Synoden-Arbeitspapier wie auch die Synode 72 der Schweizerischen Bistümer wörtlich oder sinngemäß, daß sexuelle Beziehungen im Vorfeld der Ehe, die auf gegenseitige Bereicherung, Treue, Fruchtbarkeit, Verantwortung und Verzicht angelegt sind, sittlich anders zu bewerten sind, «als wenn es sich um eine bloß vorläufige Episode handelt» (174f.)[107].

Große Beachtung hat schließlich die am 8. Mai 1985 beschlossene Stellungnahme des Kirchenrats der evangelisch-reformierten Landeskirche Zürich zum Thema «Evangelische Ethik und Konkubinat»[108] gefunden. In der Einschätzung der Lebenssituation heutiger Menschen ist sie einig mit der vom Bundesminister für Jugend, Familie und Gesundheit herausgegebenen Schrift über «Nichteheliche Lebensgemeinschaften in der Bundesrepublik Deutschland». Erstaunlich ist jedoch, welche ethischen Konsequenzen sie daraus zieht. Zwar wird die Wichtigkeit und die Bedeutung der Ehe betont, und die evangelische Kirche wird aufgefordert, alles zu tun, um für deren Aufwertung zu sorgen, gesellschaftliche Voraussetzungen zu schaffen, die es jungen Paaren ermöglichen, Kinder aufzuziehen, und die Leistungen der Familien auf allen Ebenen zu würdigen. Auf der Beziehungsebene jedoch ist die nichteheliche Partnerschaft der Ehe gleichwertig, denn sie lebt die gleichen Werte wie jene: Ganzheitlichkeit der Beziehung, echte Partnerschaft, Verantwortung, Bereitschaft zu vergeben, Vertrauen und Treue, Glaube, Freiheit und Gemeinsamkeit, Hingabe und Selbstkontrolle im Bereich der Sexualität, Sozialität und Geschichtlichkeit. In beiden Beziehungen können diese Werte eine Rolle spielen, in beiden können sie fehlen. «Ethisch fragwürdig (im Sinne von Schuld und Sünde) ist also nicht das Leben in einem Konkubinat, sondern nur die Mißachtung der grundlegenden Werte.» «Insofern kann nach der Auffassung des Kirchenrats eine christliche Lebensgemeinschaft auch im Konkubinat gestaltet werden.»

Diese Erklärung vollzieht damit eine Abwendung von allen Formalitäten der Tradition. Sie fixiert sich nicht auf die Sexualität, die nur an einem Ort voll gelebt werden könne, vielmehr ist die

Qualität der Beziehung der einzige Maßstab, um sie abzulehnen oder gutzuheißen. Ein Rückgriff auf die Bibel entfällt, weil es im Neuen Testament «kein einheitliches normatives Modell» der Ehe gibt und es Jesus selbst immer nur auf die menschlichen Werte, nicht aber auf die Form angekommen sei.
Daß die Zürcher Kirchenleitung der bis dahin allein den Normalfall bildenden Ehe die außereheliche Beziehung als ebenso normal hinzugesellt, läßt darauf schließen, daß sie sich soziologische Urteilsmaßstäbe zu eigen gemacht hat und von der üblichen theologischen Argumentation abrückt.

12. Das «Laster» der Selbstbefriedigung

Der Bibel unbekannt

Das Problem der Selbstbefriedigung[109] ist für den biblischen Menschen uninteressant. Zumindest wird sie nirgendwo erwähnt. Sexualität ist ganz auf einen Partner ausgerichtet, grundsätzlich auf einen andersgeschlechtlichen. Umgang mit Gleichgeschlechtlichen oder mit Tieren wird verurteilt, muß also vorgekommen sein (s. S. 142–145). Das Gesetz beschäftigt sich lediglich mit dem unfreiwilligen Samenerguß des Mannes (Dtn 23,11 f.; Lev 15,16), der die Pflicht zur Waschung und den Zustand der kultischen Unreinheit bis zum Abend nach sich zieht (s. S. 30–32). Diese Unreinheit gefährdet sogar das Gelingen des Krieges. Denn Jahwe wohnt mitten unter den Soldaten im Heerlager. Seine Heiligkeit duldet keine Unreinheit (Dtn 23,15). Daß der Samenerguß ungewollt ist, ergibt sich daraus, daß von einem «nächtlichen Begebnis» gesprochen wird. Von einer bewußt provozierten Pollution ist auch sonst in keinem Text die Rede, auch nicht in Lev 15,18, wo es heißt: «Wenn ein Mann bei einer Frau liegt und Samenerguß eintritt, so sollen sie sich in Wasser baden...». Wahrscheinlich handelt es sich hierbei um einen vorzeitigen Samenerguß beim ehelichen Liebesspiel, aber auch bei dem, was wir heute Petting nennen. Offenbar ist es für den Gesetzgeber nicht wichtig, auf welche Weise der Samenerguß zustande kommt. Keinesfalls aber ist Selbstbefriedigung gemeint.

Die von der Moraltheologie fälschlicherweise Onanie genannte Selbstbefriedigung des Mannes leitet ihren Namen von der Erzählung Gen 38,1-10 her, wonach Onan, der zweitgeborene Sohn des Juda, beim Vollzug der ihm aufgenötigten Leviratsehe mit der

Frau seines verstorbenen Bruders «es zur Erde vergeudete», aus Verdruß darüber, daß die zu erwartenden Kinder rechtlich als Nachkommen seines Bruders gelten sollten. Daß das mit Selbstbefriedigung nichts zu tun hat, liegt auf der Hand.

Allgemein praktiziert

Wenn nun in der Bibel nichts von Selbstbefriedigung gesagt wird, so heißt das nicht, daß es sie nicht gegeben hätte. Die Menschen sind sich in ihrer Struktur durch die Jahrtausende gleichgeblieben. In der Tat haben die Ethnologen festgestellt, daß die Selbstbefriedigung uralt ist und in allen Kulturen und allen Völkern verbreitet war. Und auch das Lebensalter spielt keine Rolle. Bereits Säuglinge beiderlei Geschlechts können dabei beobachtet werden, wie sie mit Vergnügen ihre Geschlechtsteile am Bett oder an einem Spielzeug reiben. Bis zum 5. Lebensjahr haben schon mehr als die Hälfte aller Jungen einen Orgasmus gehabt, in der Altersgruppe von 10–13 Jahren sind es etwa 80%, unter den männlichen Jugendlichen bis zum 15. Lebensjahr fast 100%, bei den weiblichen 25% (Haeberle 167f., 176–179). Bei den älteren Jugendlichen schätzt Ell (124) die Zahlen auf 95% bei Jungen und 60% bei Mädchen. Daß sich Mädchen weniger selbst befriedigen, liegt wahrscheinlich zum Teil an der unterschiedlichen Anatomie, zum Teil an der eher passiven Einstellung zur Sexualität und Lebensführung überhaupt, die immer noch unserem Rollenideal entspricht. Sie stoßen meist zufällig darauf, bleiben dabei ganz für sich und reden selten einmal mit jemandem darüber, während die Jungen die Techniken von anderen lernen, in Gruppen masturbieren und sich in einem gewissen Alter gern damit brüsten.

Bei Juden, Griechen und Römern

Innerhalb der gesamten europäischen Sittengeschichte nimmt die jüdische Einstellung zur Selbstbefriedigung zunächst eine Sonderstellung ein. Denn die männliche Selbstbefriedigung hat das rabbinische Judentum stark beschäftigt. Der Schulchan Aruch («gedeckter Tisch»), die verbindliche Anweisung jüdischer Sittlichkeit, bezeichnet das absichtliche Vergeuden des Samens als Schuld *(ʿāwōn)* oder Sünde *(ḥēt')*, die schwerer wiegt als alle anderen Übertretungen der Tora[110]. Es wird eine ganze Reihe von Vorsichtsmaßnahmen angeraten, um die Sünde zu vermeiden (kein Anfassen des Gliedes[111], Beherrschung der Gedanken, Enthaltsamkeit von Speise und Trank bei der Abendmahlzeit). Tritt aber, «was der Ewige verhüten möge», eine (ungewollte) nächtliche Unreinheit ein, so spreche der Betroffene nach Waschung der Hände «mit zerknirschtem Herzen: Herr der Welt, ich habe dies ohne Absicht getan, nur infolge von schlechten Gedanken und schlechten Überlegungen[112]. Darum sei es wohlgefällig vor Dir, Ewiger, mein Gott und Gott meiner Väter, in Deinem großen Erbarmen diese Schuld auszulöschen und mich immer und ewig vor bösen Gedanken und ähnlichem zu bewahren. Amen, so möge es Dein Wille sein!» Demjenigen, «der durch diese Sünde gestrauchelt ist», werden die verschiedensten Werke der Frömmigkeit und Wohltätigkeit ans Herz gelegt (etwa Almosen geben, den Sabbat schön gestalten, eine Waise aufnehmen, eine Braut ausstatten).

Diese Einschätzung der Selbstbefriedigung erklärt sich daraus, daß für den jüdischen Mann die Erzeugung von Nachkommenschaft das oberste Gebot ist. Die Sündhaftigkeit der Selbstbefriedigung liegt nicht, wie in der katholischen Moraltheologie, in der Herbeiführung einer illegitimen Lust und in dem Fehlen des von der Naturordnung geforderten Partners, sondern in der Vergeudung des Samens. Dieser gilt als wertvollste, lebenserhaltende Substanz. Deshalb besteht kein Interesse an der weiblichen Selbstbefriedigung, weder in der Bibel noch bei den Rabbinen noch später im frühen Christentum.

Im westlichen Europa blieb die Selbstbefriedigung sehr lange unbeachtet. Die griechisch-römische Welt fand in ihr nichts Verwerfliches, so wenig wie in Prostitution und Homosexualität. Gerade weil es neben der Ehe noch diese beiden Möglichkeiten der sexuellen Befriedigung gab, spielte die Selbstbefriedigung beim Mann kaum eine Rolle, während die Frauen, vor allem die erwachsenen unverheirateten Mädchen und die alleinstehenden, meist verwitweten Frauen eher darauf angewiesen waren[113].

Kampfansage von Aufklärung und Kirche

Die erste beiläufige Erwähnung der Selbstbefriedigung stammt aus dem Jahr 1045. Aber bis zum 18. Jahrhundert gab es keine kirchlichen und moraldisziplinarischen Verbote, obwohl bereits Thomas von Aquin die Selbstbefriedigung verurteilt hatte. Man kannte nur eine Form sexuellen Verhaltens, den Geschlechtsverkehr der Erwachsenen. Jedes andere sexuelle Verhalten, ob bei Frauen oder bei Jugendlichen, bei Unverheirateten oder Alten fiel nicht unter die Kategorie der Sexualität. Denn diesen Begriff in unserem Sinne gab es noch gar nicht. Und deshalb wurde Selbstbefriedigung auch nicht als schuldhaft erlebt.

Der Anstoß zur Diskriminierung der Selbstbefriedigung ging nicht von der Kirche aus. Vielmehr ist es der holländische Arzt Bekker, der als erster die Selbstbefriedigung mit der Onanie in Zusammenhang bringt und sie verurteilt. Der Schweizer Arzt A.-S. Tissot, dessen Buch «L'onanisme ou dissertation physique sur les maladies produites par la Masturbation» (1760) ungeheures Aufsehen erregte und in viele Sprachen übersetzt wurde, wird zur Autorität, an der sich nun Ärzte, Lehrer und Moraltheologen messen. Die Selbstbefriedigung wird zum Ausgangspunkt für die geschlechtliche Erziehung und Aufklärung. Die Kirche übernimmt das Thema. 1784 fordert der Katechet W.F. Hufnagel eine «Kindermoral», in der das 6. Gebot zur Verhütung der jugendlichen Selbstbefriedigung erweitert und differenziert wird.

1786 schreibt der Pädagoge und Theologe Ch. G. Salzmann eigens für Erzieher «Über die heimlichen Sünden der Jugend», ein Buch, das in der Folgezeit großen Einfluß gewinnt. In ihm bezeichnet

Salzmann die Selbstbefriedigung als Laster. Damit wird sie extrem negativ bewertet und gilt seitdem als Todsünde. Es ist auffällig, wie emotional und rigoros alle Autoren, ob weltlich oder geistlich, dieses Thema angehen. Aber je mehr man die Selbstbefriedigung bekämpft – und man setzte eine ganze Menge von Maßnahmen ein: Diät, Abhärtung, Aufsicht, Beschäftigung, um von abstrusen Formen wie Bandagen, Handschuhen mit Dornen, Erektionsanzeigern in Gestalt von Glöckchen, chirurgischen Eingriffen zu schweigen –, um so resistenter wird sie. Und nicht selten entwickelt sich ein sadomasochistisches Verhältnis zwischen dem Bekämpfer und dem Jugendlichen. Im 19. Jahrhundert kommt noch die Überzeugung hinzu, daß zwischen Gehirn und Genitalien eine Verbindung bestehe. Ist das Gehirn schwach, dann ist die Sexualität stark und umgekehrt. Nicht selten erhoffte man sich deshalb eine Heilung Geisteskranker durch häufigen Geschlechtsverkehr. Er sollte eine Schwächung der sexuellen und eine Stärkung der geistigen Kräfte bewirken. Wer sich aber selbst befriedigte, war in der Gefahr zu verblöden.

Was heißt widernatürlich?

Die Kirche hatte sich der profanen Entwicklung schnell angepaßt, und sie machte sich nun die Auffassung des Thomas von Aquin zu eigen, wonach Selbstbefriedigung widernatürliche Unkeuschheit ist[114]. Das Wort «widernatürlich» durchzieht bis heute die gesamte kirchliche Sexualmoral. Widernatürlich ist demnach ein Verhalten, das im Widerspruch zu der von Gott gesetzten Naturordnung steht, und damit wird ihre schwere Sündhaftigkeit begründet. An dieser halten die Autoren grundsätzlich bis in die neuere Zeit einmütig fest.

Die klassische Moraltheologie unterscheidet zwischen Sünden der Unkeuschheit *intra naturam* (z.B. außerehelicher Geschlechtsverkehr) und *contra naturam* (z.B. Homosexualität). Widernatürlich, unnatürlich, naturgemäß – das sind Wertungen, die ein bestimmtes Verständnis von Natur voraussetzen. Aber was heißt Natur? Ist z.B. die Frau von Natur aus passiv, gefühlsbetont, monogam, der Mann aber aktiv, aggressiv, rational, polygam? Thomas von Aquin hatte ein statisches Bild von der Welt und vom Menschen. Der Mensch, so wie er sich darstellt, in seinem Denken, Fühlen, Empfinden, in seinem ganzen Wesen, ist für ihn eine unabänderliche Gegebenheit. Er ist als fest umrissene und definierbare Größe in die Natur eingeordnet. Und genauso vertrat Thomas eine statische Ethik. Für einen Menschen, der sich durch die Jahrhunderte immer gleich bleibt, müssen auch die ethischen Normen und Gebote immer gleich bleiben.

Inzwischen sind allerdings die wissenschaftlichen Erkenntnisse über das Wesen des Menschen nicht stehengeblieben. Wir wissen heute, daß alles menschliche Denken und Erkennen geschichts- und kulturgebunden ist. Es entzieht sich also jeder Verallgemeinerung.

Der Mensch hat entdeckt, daß er nicht Teil der Natur, sondern aus ihr hervorgegangen ist und etwas aus sich machen kann. Deshalb muß er sich nicht mehr ausschließlich nach der Naturordnung richten, sondern er kann selbst mitbestimmen, nach welcher Ordnung er leben will. Er ist nicht mehr in allem von der Natur abhängig, sondern er formt, beherrscht und schützt sie auch. Und so lebt er mehr aus den Erkenntnissen und Erfahrungen seiner eigenen Geschichte und aus den Bedingungen seines Lebensraumes als aus einer vorgegebenen Struktur. Für Platon etwa war Homosexualität das Natürlichste von der Welt, für die katholische Sexualmoral ist sie widernatürlich. «Beide Begriffe, natura und natura humana, haben sich gewandelt, beide deuten keine fertige Gesamtgegebenheit an, sondern gegebene Potentialitäten.»[115]

Natur kann deshalb nicht mehr Norm des Handelns sein. Norm des Handelns kann nur der Mensch selbst sein.

So sind auch die Sexualität und alle Fragen, die mit der Fortpflanzung zusammenhängen, nicht einfach von der Natur diktiert. Bartholomäus betont immer wieder, daß es «töricht (sei) zu verlangen, die Sexualität des Menschen müsse Natur bleiben. Sie bedarf der kulturellen Gestaltung», denn: «Der Mensch ist ‹von Natur aus› kultursüchtig.»[116] Nach Portmann und Gehlen kann der Mensch schon biologisch gar nicht richtig verstanden werden ohne Bezug auf kulturelle Normierung seines Verhaltens, weil er nur auf diese Weise sein Überleben bewerkstelligen kann. Und F. X. Kaufmann sagt: «Es gibt kein natürliches Sexualverhalten des Menschen im Sinne eines instinktiv richtigen Verhaltens wie beim Tier, sondern was als ‹natürlich› gilt, ist notwendigerweise stets das Produkt kultureller Normen.»[117] Und das heißt doch, daß sich aus den Fortschritten, die der Mensch macht, und aus den Erkenntnissen, die er nicht zuletzt über sich selbst gewinnt, auch eine neue Verantwortlichkeit ergibt. Wir können heute keine zügellose Fortpflanzung mehr propagieren, weil wir die drohende Überbevölkerung nicht verantworten können. Und ebenso wissen wir heute, daß Selbstbefriedigung weder verblödet noch krank macht. Nach der Verhaltensforschung ist sie sogar die Bedingung für die völlige Reifung der Sexualfunktion. Sie wird deshalb von den Sexualwissenschaftlern als eine notwendige Entwicklungsstufe angesehen (vgl. S. 74–76). Denn nur über sie haben die Jugendlichen die Möglichkeit, die eigene Orgasmusfähigkeit kennenzulernen, in einem Alter, in dem sie aus sozialen und psychologischen Gründen keinen Partner finden können. Wer die Selbstbefriedigung verbietet oder durch Schuldgefühle belastet – so Ell (115–124) –, macht sich schuldig an der normalen Entwicklung des jugendlichen Menschen. Orgasmusfähigkeit aber ist eine wichtige persönliche Bereicherung. Sie ermöglicht erst die Erfahrung der Orgasmusbedürftigkeit, die die Voraussetzung für ein gesundes partnerschaftliches Sexualleben bildet. Nicht selten sind ehelos lebende Menschen orgasmusunfähig und -unbedürftig[118].

Dennoch sind auch heute noch viele Menschen unsicher, wie sie die Selbstbefriedigung beurteilen sollen. Vor allem die Eltern machen sich nicht selten Sorgen, wenn sie mitbekommen, daß ihre Söhne häufig masturbieren. Ihre Argumente beziehungsweise ihr Unbehagen leiten sich nicht zuletzt aus ihrer eigenen Erziehung ab. Verbote aber und Mißtrauen wecken bei den Jugendlichen Schuldgefühle. Zu häufige Selbstbefriedigung kann zwar Symptom für sich dahinter verbergende Probleme sein wie allgemeine Spannungen, Angst, Einsamkeit oder eine schon vorgegebene Kontaktarmut. Dann sollte man diese Probleme klären, nicht aber die Selbstbefriedigung verbieten. Im Normalfall jedoch ist die Phase der Selbstbefriedigung bei Jugendlichen als ein Durchgangsstadium zur Sexualreife zu sehen.

Wenn erwachsene Menschen die Selbstbefriedigung praktizieren, ist sie eher Ersatz für eine nicht mögliche Partnerschaft. Auch für Unverheiratete, Witwer und Witwen oder durch Krankheit an partnerschaftlicher Liebe gehinderte Menschen baut dann die Selbstbefriedigung Spannungen ab und macht zufrieden.

Moraltheologen zwischen System und Menschlichkeit

Nun kann zwar die Moraltheologie heute an dieser sexualwissenschaftlichen und psychologischen Einschätzung der Selbstbefriedigung nicht mehr vorbeisehen, aber sie kann auch nicht ohne weiteres eine Kehrtwendung machen und ihre moralische Wertung aufgeben. So gerät sie in ein Dilemma zwischen Konzessionen und sittlicher Verwerfung. Das erklärt, daß die Moraltheologen (gelegentlich derselbe in den verschiedenen Auflagen seines Werkes) schrittweise «milder» werden. H. Jone: «*Direkt gewollte* Pollution ist immer schwer sündhaft.»[119] Häring (1955): «Jede Ipsation ist an sich offenbar schwere Sünde[120]. Aber wenn ein Gewohnheitssünder angefangen hat, ernst dagegen zu kämpfen, so dürfte man ihm bei entsprechenden Anzeichen einer aufrichtigen Bekehrung doch zum Troste sagen, daß der einzelne äußere

Rückfall nicht notwendig in jedem Fall Sünde ist, da die Freiheit durch die Macht der Gewohnheit und den ‹Mechanismus› des fehlgeleiteten Triebes weithin zurückgedrängt oder teilweise außer Kraft gesetzt werden kann» (1146). Ein Jahrzehnt später führt dieser klassische Moraltheologe aus: «Die *Ipsation an sich* ist schwere Sünde. Es ist jedoch unrichtig und unpädagogisch, dieses Prinzip auf die Situation junger ringender Menschen in einer rein statischen Weise und im einseitigen Blick auf den einzelnen Akt anzuwenden... Solange ein ernstes, den sittlichen Kräften entsprechendes Streben sicher gegeben ist, sollte der Einzelakt nicht als schwere Sünde angesehen werden, es sei denn, daß alles für das Gegebensein voller Überlegung und vorbedachter Freiheit spricht» (III, 309).

In der jüngsten Bearbeitung seiner umfangreichen moraltheologischen Synthese (1980, 529–533) räumt Häring zunächst ein, daß die Sündhaftigkeit der Selbstbefriedigung weder aus dem Alten noch aus dem Neuen Testament abgeleitet werden kann und daß der Rigorismus, der im 18. Jahrhundert unter dem Einfluß des puritanischen Calvinismus zu voller Blüte kam, weder durch die Kirchenväter noch durch die Gesamtheit der mittelalterlichen Theologen gestützt wird. Zugleich warnt er freilich davor, aus der statistischen Normalität der Selbstbefriedigung auf eine moralische Norm zu schließen, konzediert aber auch, daß aus der maßlosen Überbetonung der Selbstbefriedigung und ihrer negativen Auswirkungen unermeßlicher Schaden erwachsen sei. Häring gibt zwar Fehlentwicklungen zu, er greift auch auf die modernen Erkenntnisse zurück, wenn er sagt, die Masturbation könne bei jungen Menschen «Symptom gestörter Beziehungen und eines ungesunden Milieus» (was ist das?) sein, bei Erwachsenen «möglicherweise eine Mehrzahl verschiedener innerer und äußerer Schwierigkeiten» anzeigen, hält aber gleichzeitig am «sittlichen Versagen» fest und befindet: «Handelt es sich jedoch um Menschen, die sich ernst und ehrlich um ein wahrhaft christliches Leben bemühen, so steht die Vermutung dafür, daß es sich subjektiv nicht um schwere Sünde handelt, sondern eher um eine Mischung von Leiden und Schwierigkeiten, wobei freilich ein Rest noch nicht überwundenen Egoismus' mit im Spiele sein mag». – Man fragt sich: Sind es nun Schwierigkeiten oder ist es sittliches Versagen und Egoismus – Egoismus dürfte für Selbstbefriedigung doch wohl eine verfehlte Kategorie sein –, was den Menschen zur Selbstbefriedigung bringt?

K. Hörmann[121] setzt sich mit den herkömmlichen Begründungen auseinander: Die Selbstbefriedigung ist «als Fehlform sexuellen Verhaltens zu erachten», dies jedoch nicht wegen der Vergeudung des Samens (trifft nur auf den Mann zu, überdies geht die Natur selbst überaus verschwenderisch mit dem Sperma um) noch wegen der darin liegenden ungezügelten Lustsuche (oft wird nicht Lust, sondern Befreiung von Spannung gesucht), sondern weil die Selbstbefriedigung geeignet ist, «den Menschen bei sich festzuhalten... und ihn nicht in Liebe zum andersgeschlechtlichen Du und schon gar nicht zur Krönung der zweigeschlechtlichen Liebe im Kind gelangen zu lassen». Selbstbefriedigung ist also ein Defizit, weil sie nicht der Norm entspricht: Sexualität ist Heterosexualität mit dem Ziel auf das Kind.

Auch nach F. Furger[122] wurde die Bedeutung der Selbstbefriedigung «in der Tradition der katholischen Moraltheologie stark übertrieben, wo sie, vor allem für den heranwachsenden jungen Mann oft zu *dem* Problem der Sittlichkeit überhaupt wurde». Dennoch kann Selbstbefriedigung «nicht als sittlich gleichgültig betrachtet werden, sondern sie bleibt, bei allem Verständnis für konkrete Belastungen, ethisch als dem Ideal menschlicher Sexualität nicht entsprechend abzulehnen». Eine Erklärung oder Begründung wird nicht gegeben, und es ist sehr die Frage, ob es ein allgemeingültiges Ideal menschlicher Sexualität überhaupt gibt. – Das «Handbuch der christlichen Ethik» geht auf das Problem nicht ein.

Naturgemäß bleibt die offizielle Lehre der katholischen Moraltheologie hinter den Stimmen einzelner Theologen zurück. So wurde die traditionelle Lehre durch die Erklärung der Glaubenskongregation zu einigen Fragen der Sexualität neu erhärtet (84f.).

Unter Berufung sowohl auf das «kirchliche Lehramt in seiner langen und stets gleichbleibenden Überlieferung» als auch auf «das sittliche Empfinden der Gläubigen» wird die Selbstbefriedigung «als eine zumindest schwer ordnungswidrige Handlung» gebrandmarkt. «Der eigentliche Grund dieser Beurteilung ist, daß der frei gewollte Gebrauch der Geschlechtskraft, aus welchem Motiv er auch immer geschieht, außerhalb der normalen ehelichen Beziehungen seiner Zielsetzung wesentlich widerspricht; denn es fehlt ihm die von der sittlichen Ordnung geforderte geschlechtliche Beziehung...» Zwar räumt die Erklärung ein, es sei nicht möglich, eindeutig zu belegen, daß die Heilige Schrift diese Sünde als solche ausdrücklich verwerfe. Jedoch habe die kirchliche Überlieferung richtig verstanden, daß diese immer dann vom Neuen Testament verurteilt werde, wenn von der «Unreinheit», von der «Schamlosigkeit» und von anderen Lastern gegen die Keuschheit und Enthaltsamkeit die Rede sei. Daß diese Argumentation einer seriösen Exegese nicht gerecht wird, haben wir bereits festgestellt (s.o. S. 91–100). Zwar könnten mangelnde Reife in der Adoleszenz, ein gestörtes seelisches Gleichgewicht und übernommene Gewohnheit die Freiwilligkeit der Handlungen herabmindern, so daß subjektiv gesehen nicht immer schwere Schuld vorliege. «Im allgemeinen darf jedoch nicht von vornherein das Fehlen einer schweren Verantwortung angenommen werden.» Selbst bestwillige Kommentatoren merkten dazu an, daß es vordringlichere Themen gebe «als die Wertung der Masturbation als Einzelakt», und daß das «natürliche» Sittengesetz kein ewig festgelegtes Bündel von Geboten und Verboten sei[123].

Das *Synoden-Arbeitspapier* scheint Ursache und Wirkung umzukehren, wenn es feststellt: «Weil die Masturbation häufig ein Ausweichen vor den Problemen und Schwierigkeiten des Lebens ist, darf sie nicht als unerheblich bezeichnet oder sogar empfohlen werden. Auch wenn man davon ausgehen muß, daß viele Jugendliche eine längere Phase eines zu sich selbst gewandten Sexualverhaltens durchmachen, so ist zu bedenken, daß ein Nichtüberwinden dieser Phase die Lösung des Problems wesentlich erschweren würde, wenn nicht sogar unmöglich macht» (180). Das Synodenpapier scheint nicht zu sehen, daß Selbstbefriedigung ja nicht geschieht, weil der Betreffende aus Bequemlichkeit seinen Problemen ausweichen will, sondern weil sie ihn so belasten, daß er damit nicht fertig wird. Hilfe für ihn liegt nicht in harter Askese, sondern bestenfalls in einer Psychotherapie.

Am akzeptabelsten ist der Text der Synode 72 Basel: «Der sittliche Anspruch, der sich an die Einsicht des Jugendlichen wendet, muß sachlich begründet werden. In diesem Zusammenhang sollte auch gesehen werden, daß die Selbstbefriedigung als vorübergehende Entwicklungserscheinung unproblematisch sein kann und entsprechend bewertet werden sollte» (6.2.3/4).

Was ist es, das die katholische Sexualmoral so zwiespältig macht? An mangelnder Einsicht kann es ja nicht liegen, eher an Mut zur Konsequenz. Denn die Preisgabe der traditionellen moralischen Wertung der Selbstbefriedigung käme dem Eingeständnis eines Irrtums gleich, und damit gäbe man sich eine Blöße.

13. Das Ärgernis der Prostitution

Wie sieht es heute damit aus?

Sympathisch. Treffpunkt Tel. (07121) ......
Wer sucht, der findet. Tel. (07071) ......
Topmodell. (07071) ......
Domina-Studio. Stuttgart (0711) .....
Neu! – Modell – Neu! Tel. (07121) ......
Das sind ein paar von den Anzeigen, die täglich allein in einer kleinen Provinzzeitung stehen. Was verbirgt sich dahinter? In der Regel handelt es sich um Callgirls. Das sind Prostituierte[124], die über das Telefon in ihren oft luxuriös eingerichteten Wohnungen oder eigens dafür gemieteten Appartements zu erreichen sind, sich aber auch in die Wohnung der Kunden rufen lassen. Callgirl zu sein ist heute die vornehmste, individuellste und unabhängigste Art, Prostitution zu betreiben. Die Bordelle, in denen sich die Mädchen und Frauen unter der Regie einer Puffmutter ihren Kunden zur Verfügung stellen, sterben mehr und mehr aus. In ihrer Nachfolge stehen die Eros-Centers in den Großstädten. Die häufigste und billigste Form ist nach wie vor die Straßenprostitution («Strich»).

Dabei gibt es auch männliche Prostituierte für homosexuelle und weibliche Kunden. Diese werden entweder von den Prostituierten in Hotelzimmer oder «Absteigen» mitgenommen, oder die Kunden fahren die ausgewählten Prostituierten mit dem Auto in ihre eigene Wohnung.

Jede Prostitution geschieht freiwillig, anonym und ohne innere Beteiligung. Wieviel eine Prostituierte wert ist, bestimmt oft der Zuhälter. Er schützt seine Mädchen vor dem Zugriff des Gesetzes und vor der Aggressivität mancher Kunden, kann aber auch sehr brutal sein und den Hauptanteil des Geldes in die eigene Tasche stecken. Deswegen ist Zuhälterei verboten. Denn wie im übrigen Sexualstrafrecht werden wirtschaftliche und persönliche Abhängigkeitsverhältnisse, Nötigung und Zwang (zur Prostitution) sowie Mißbrauch Minderjähriger bestraft.

Der letzte Grund, sich zu prostituieren, liegt in der Beschaffung von Geld. Viele Mädchen kommen aus gestörten Familien, hatten früh sexuelle Kontakte, sind sozial instabil und ohne Ausbildung. Jugendliche gehen häufig zum «Anschaffen» auf den Strich, um das Geld für Drogen zu bekommen, immer häufiger aber sind auch Ehefrauen unter den Prostituierten zu finden, die zum Teil sogar von ihren Männern geschickt werden, damit man sich die erhöhten Ansprüche erfüllen kann. Prostitution ist also reine Geschäftssache.

Die Kunden haben verschiedene Gründe: Sind sie jung, wollen sie Erfahrungen sammeln; sind sie ledig, suchen sie sexuelle Kontakte; sind sie verheiratet, reicht ihnen der Sex nicht, den sie bei ihrer Frau finden, oder sie wünschen andere als die normalen Beziehungen; oft sind sie auch auf Reisen weit weg von zu Hause. Deshalb bieten Hafen- und Weltstädte (Hamburg, Bangkok, Hongkong) die günstigsten Bedingungen für Prostituierte.

In der Umwelt Israels

Die Prostitution ist so alt wie die Institution Ehe, und sie kommt, abgesehen von genossenschaftlichen und primitiven Gesellschaften (Bernsdorf 854), in jeder Kultur vor. Für die Umwelt Israels beleuchtet dies schlaglichtartig der Prophet Joel. In der Endzeit wird Gott selbst die Völker zusammenrufen und sie zur Verantwortung ziehen für alles, was sie seinem Volk angetan haben. Und als Beispiele für die Leiden nennt Joel: «Einen Knaben haben sie zu den Dirnen gegeben und Mädchen für Wein verkauft» (Joel 4,3). Mehr wert waren die jungen Israeliten nicht.

Das klassische Land der Prostitution in der Antike war zweifellos Griechenland[125]. Wenn auch nicht jeder Peinlichkeit bar, war der Umgang mit Prostituierten doch an der Tagesordnung und galt nicht als eigentlich anstößig (Hermann/Herter 1160). «Im allgemeinen galt der Grundsatz, daß man, was käuflich sei, auch kaufen dürfe, ohne Schande befürchten zu müssen» (1161), dies um so mehr, als die Dirnen meist Sklavinnen waren. Die negative Bewertung der Prostitution richtet sich in erster Linie gegen die von seiten des Mannes damit verbundene finanzielle Verschwendung (1164). Moralisch disqualifiziert wird jedoch nur die *moicheia* (Ehebruch [der Frau!]), nicht aber die *porneia* (Prostitution; 1180).

Der Mann hatte drei verschiedene Möglichkeiten, außerhalb seiner Ehe gesellschaftlich tolerierte sexuelle Beziehungen zu haben. Da gab es 1. die sakrale Prostitution: einheimische Frauen gaben sich im Bereich des Tempels den Fremden hin und vermehrten auf diese Weise den Tempelschatz bzw. verschafften sich ihre Aussteuer. Später wurde die Tempelprostitution von Sklavinnen zur Dauereinrichtung[125a]; 2. die profane Prostitution, die meist von Armen und sozial Schwachen betrieben wurde. Der Gesetzgeber Solon führte 594 v.Chr. die ersten Bordelle ein. Da bestanden feste Taxen, die Frauen mußten sich registrieren lassen und Steuern bezahlen. Solche Bordelle gab es vor allem in den großen Hafenstädten in großer Zahl. 3. Die dritte Art war das Hetärentum (Hetäre = Gefährtin). Bedeutende Männer hielten sich Frauen, mit denen sie nicht nur sexuellen Umgang hatten. Vielmehr ließen sie sich von ihnen auch überallhin, vor allem zu den Symposien begleiten und auch sonst unterhalten. Die Hetären waren gebildet, beherrschten Sitte und Anstand und hatten meist in eigenen Schulen eine gute Ausbildung genossen. Sie verstanden etwas von Musik und Tanz, von Politik und Philosophie. In ihrem Niveau sind sie den kultivierten Geishas Japans zu vergleichen[126]. Entsprechend hoch waren ihre finanziellen Ansprüche.

Die Ehefrau hingegen war vom öffentlichen Leben ausgeschlossen. Sie brauchte weder schön noch klug zu sein, mußte aber möglichst viele Tugenden verkörpern.

Auch in Rom herrschte gegenüber der Prostitution größte Toleranz. Als unsittlich galt nur der Umgang mit verheirateten Frauen, Witwen und Jungfrauen[127].

Salomo empfängt Dirnen

Auch im alten Israel war die käufliche Liebe eine selbstverständliche Sache. Unbefangen wird in den Erzählungen der Bibel davon gesprochen. Freilich spielen diese vorwiegend in einem nicht-israelitischen Milieu. Aus der alten Zeit wird eine Geschichte von Juda überliefert. Seine Schwiegertochter Tamar legt es darauf an, von ihm für eine Prostituierte gehalten zu werden, um von ihm ein Kind zu bekommen[128]. Er fällt darauf herein und bietet ihr ein Ziegenböcklein als Bezahlung an (Gen 38,12-26). Die Kundschafter, die Josua nach Jericho schickt, finden dort im Haus der Dirne Rahab Unterkunft. Das rettet ihnen das Leben, denn Rahab verhilft ihnen auch zur Flucht (Jos 2,1-21). Dieses menschliche Verhalten der Rahab sowie ihre religiöse und politische Klugheit machen deutlich, daß bereits im Alten Testament Prostituierte Gott näher sein können als andere Menschen, was noch das Neue Testament bestätigt (Hebr 11,31; Jak 2,25). Simson läßt sich in der Philisterstadt Gaza mit einer Prostituierten ein (Ri 16,1). Ohne Hemmungen zanken sich zwei im gleichen Haus (Bordell?) wohnende Dirnen vor dem König Salomo um ein Kind, was zeigt, daß diese Folgen der Prostitution nicht ausblieben (1 Kön 3,16-28). Im übrigen war es Sache der Prostituierten, ihre Kinder zu ernähren. Der Vater verstieß und verachtete sie. Der Auftrag Jahwes an Hosea «Nimm dir ein Dirnenweib und Dirnenkinder» (Hos 1,2) kann schwerlich anders als eine Diskriminierung verstanden werden.

Andererseits konnten auch Kinder von Prostituierten Führungsaufgaben übernehmen. So ist der Held und Retter Israels, Jiftach, Sohn einer Dirne, was zu Erbschaftskomplikationen mit den legitimen Söhnen seines Vaters führt (Ri 11,1f.). Wir können uns schwerlich vorstellen, daß dies ein vereinzelter Fall war. Besonders zur Zeit des Wohlstandes scheint das Dirnenwesen geblüht zu haben (Jer 5,7, vgl. Am 2,7).

Einer moralischen Disqualifizierung unterliegt die Prostitution nur, wenn die Prostituierte verheiratet ist und der Umgang mit ihr dadurch zum Ehebruch wird[129]. Dennoch hat «Dirne» (hebr. *zōnāh*) einen pejorativen Beigeschmack. Man braucht die Prostituierte, zugleich aber verachtet man ihre Käuflichkeit: «Der Preis der Dirne ist ein Laib Brot» (Spr 6,26). Deshalb die Bemerkung der Brüder Dinas nach deren Vergewaltigung durch den Hiwiter Hamor: «Durfte er unsere Schwester wie eine Dirne behandeln?» (Gen 34,31). Was die Dirne verächtlich macht, ist nicht ihre sexuelle Freizügigkeit, sondern ihre Wohlfeilheit: Jeder kann sie, im Unterschied zur Ehefrau, nach Belieben haben[130].

Im übrigen wird vor dem Umgang mit Prostituierten vor allem deshalb gewarnt, weil er zum Verlust der Kontrolle über sich selbst führt (Sir 19,2) und weil er arm macht («Wer mit Dirnen umgeht, bringt sein Vermögen durch»: Spr 29,3, vgl. Sir 9,6)[131]. Sehr realistisch schildert Hos 2,7 die gewinnsüchtige Gier der Dirne: «Ich will meinen Liebhabern nachlaufen. Sie geben mir Brot und Wasser, Wolle und Flachs, Öl und Getränk.» Schließlich hat die Prostituierte in der Allegorie des Ezechiel (Ez 16,33f.) eine doppelt negative Funktion. Jerusalem hat sich nicht nur mit den alten Kulten des eigenen Landes eingelassen, sondern unterhält auch Beziehungen zu den Göttern fremder Völker, und zwar so sehr, daß es sogar die Ordnung, die für Dirnen gilt, ins Gegenteil verkehrt. Jerusalem buhlt so sehr um die Gunst der anderen Völker, daß es bezahlt, wo es verdienen müßte. Das zeigt nicht nur die ganze Verworfenheit der Jerusalemer Politik, sondern auch die der dafür stehenden Prostituierten. Und eine tiefere Demütigung kann der Prophet Amos dem König Jerobeam nicht androhen, als daß seine Gattin zur öffentlichen Dirne werde (Am 7,17).

Wie überall mußten die Prostituierten auch in Israel auf sich aufmerksam machen. Es scheint, daß sie an ihrer Kleidung für jedermann kenntlich sein mußten, denn sie durften kein Kopftuch tragen (Hld 5,7). Im übrigen kleideten sie sich recht auffällig. Jer 4,30 spricht von einem scharlachroten Kleid, und Spr 7,10 ist von einem (speziellen?) Dirnenkleid die Rede. Sie trugen Schmuck und schminkten die Augen (Jer 4,30). Und wie immer und überall stellten sie sich öffentlich zur Schau. Sie erwarteten ihre Kunden am Wegrand (Jer 3,2), am Stadttor (Gen 38,14), auf Gassen und Plätzen (Spr 7,12) oder in ihrem Haus (Jos 2,1; Ri 16,1; Jer 5,7). Sie zogen aber auch durch die Straßen der Stadt und lenkten durch Lautenspiel und Gesang die Aufmerksamkeit auf sich (Jes 23,16).

Was eine Frau dazu bewog, sich der Prostitution hinzugeben, ist nicht leicht zu sagen. Es wird ihnen wie allen Prostituierten ums Geld gegangen sein. Vermutlich waren es vorwiegend Frauen, die von ihren Männern verstoßen worden waren. Junge Mädchen sollten sich unter ihnen nicht befinden. Denn es wird dem Vater verboten, seine Tochter zur Prostitution anzuhalten und sie dadurch zu entweihen (Lev 19,29). Aus diesem Verbot darf man allerdings schließen, daß das nicht selten vorkam. Ob damit profane oder kultische[132] Prostitution gemeint ist, ist nicht mit Sicherheit auszumachen. Im ersten Fall wäre Gewinnsucht, im zweiten Aberglaube das Motiv des Vaters gewesen.

Häufig scheinen sich jedoch auch Ehefrauen prostituiert zu haben. Nur so ist verständlich, daß Männer, die mit Prostituierten verkehren, Ehebrecher genannt werden (Jes 57,3; Jer 5,7). Ehebruch lag ja nur vor, wenn die beteiligte *Frau* verheiratet war[133]. Freilich fragen wir uns, wie eine verheiratete Frau sich ungehindert der Prostitution hingeben konnte, wo doch auf Ehebruch die Todesstrafe stand (Dtn 22,22). Offenbar wurde diese Strafe in Wirklichkeit nur selten vollzogen[134]. Daß sich auch Ehefrauen prostituierten, setzen außerdem alle die Stellen voraus, in denen Jerusalem oder das Volk Israel als Gattin Jahwes Dirne genannt wird (Jes 1,21; Jer 3,1f. u.a.).

So tolerant man in Israel gegenüber der profanen Prostitution war, so allergisch reagierte man auf die kultische Prostitution, weil hier der Jahweglaube auf dem Spiel stand. Die sakrale Prostitution wurde als eine Möglichkeit zur Vereinigung mit der Gottheit verstanden.
In vielen Kulturen der antiken Welt wurde am Neujahrstag der Hieros Gamos, die «Heilige Hochzeit» gefeiert, ein Ritus, in dem die Priesterin oder die Königin als Vertreterin der Muttergöttin sich mit dem Vertreter eines jugendlichen Gottes – meist war es der König – vereinigte, um für das Land Fruchtbarkeit zu beschwören.
Dieser Hieros Gamos wurde im Bereich des Tempels das ganze Jahr hindurch von Frauen, manchmal auch Männern, auf einer niederen Ebene nachvollzogen: Sogenannte Tempeldirnen standen den Besuchern des Heiligtums zu sexuellem Verkehr zur Verfügung. Diese wollten damit für ihre Familien und ihre Landwirtschaft Fruchtbarkeit erreichen. Der Verdienst daraus floß in die Tempelkasse.
Allem Anschein nach kannten schon die alten Sumerer die kultische Prostitution. Reichlich bezeugt ist sie für den assyro-babylonischen Raum. In Ägypten scheint sie erst in der griechischen Zeit aufgekommen zu sein. Im kanaanäisch-phönizischen Raum, in dem die Israeliten seßhaft wurden, stand die kultische Prostitution in hoher Blüte. Hier gibt es auch vereinzelte Zeugnisse dafür, daß alle Frauen sich vor ihrer Heirat deflorieren lassen mußten[135]. Die daraus erwachsenden Einkünfte fielen dem Heiligtum zu.
Die Israeliten übernahmen zunächst den Kult der kanaanäischen Liebes- und Fruchtbarkeitsgöttinnen Astarte und Aschera. Salomo (970–930) errichtete der Astarte ein Heiligtum auf dem südlichen Ölberg (1 Kön 11,5), das erst König Joschija (639–609) zerstörte 2 Kön 23,13). Und auch Aschera hatte ihr Kultbild in Jerusalem, das König Asa (908–868) zwar im Kidrontal verbrennen ließ (1 Kön 15,13), das aber von König Manasse (696–642)

sogar im Tempel wieder aufgestellt wurde (2 Kön 21,7, vgl. 2 Chr 33,3f.).
Wie verbreitet der Kult dieser Göttinnen war, beweist die Tatsache, daß fast in allen Ausgrabungen israelitischer Städte zahlreiche weibliche Götterfigürchen gefunden werden. Aber die Fruchtbarkeitskulte konnten sich trotz ihrer Faszination gegenüber dem Jahweglauben nicht durchsetzen. Die Kulte für Astarte und Aschera wurden in die Illegitimität verbannt. Wir finden sie vor allem an den in die vorisraelitische Zeit zurückreichenden Höhenheiligtümern (1 Kön 14,23: Rehabeam; 15,12.14: Asa; 22,47: Joschafat). Und hier wurde auch die kultische Prostitution ausgeübt. Bezeichnend ist der Titel, den man den Prostituierten zusprach. Sie wurden «Geweihte» (Dtn 23,18) genannt.
Leidenschaftlich kämpften die Propheten gegen sie. Von blühender kultischer Prostitution im Nordreich Israel weiß Hos 4,13f. zu berichten. Der Prophet macht die Ausschweifung der Väter für das Treiben ihrer Töchter und Schwiegertöchter verantwortlich. Trotzdem faßte die sakrale Prostitution auch immer wieder am Jerusalemer Tempel Fuß. Wir hören, daß die Liebesdienerinnen der Aschera im Tempelbereich ihre Wohnungen hatten und für ihre Göttin Gewänder webten (2 Kön 23,7). Was mit den Hurenzeichen gemeint ist, die sie auf der Stirn und zwischen den Brüsten trugen (Hos 2,4), ist nicht mit Sicherheit zu sagen (Amulette? Tätowierungen?).
Hand in Hand mit der Polemik der Propheten gegen die kultische Prostitution geht deren Verbot durch das deuteronomische Gesetz (Dtn 23,18). Ausdrücklich wird auch untersagt, die Einkünfte weiblicher und männlicher Prostituierter («Dirnenlohn» und «Hundegeld»)[136] dem Tempel zufließen zu lassen (Dtn 23,19). Der Jahweglaube soll durch die Praktiken der heidnischen Umwelt nicht entweiht werden. Merkwürdigerweise wird aber die kultische Prostitution nicht unter Strafe gestellt. Das mag wiederum auf ihre weite Verbreitung hindeuten.

Prostituierte von Jesus bevorzugt

Außerbiblische Quellen lassen erkennen, daß zur Zeit Jesu in Palästina das Bordellwesen durch die römische Besatzung einen merklichen Auftrieb erfahren hatte. Indes nimmt auch Jesus, wie das alte Israel, gegenüber der Prostitution eine offenbar tolerante Haltung ein. Das Wort Prostitution *(porneia)* findet sich in allen vier Evangelien zusammengenommen ganze fünfmal: zweimal in den sogenannten Ehebruchsklauseln bei Mattäus (5,32; 19,9; s.u.), zweimal (Mt 15,19; Mk 7,21) in dem (nicht von Jesus stammenden) Katalog der Laster, die aus dem bösen Herzen der Menschen kommen; schließlich in der theologischen Kontroverse bei Johannes (8,41), in der sich die Juden gegen den Vorwurf Jesu verwahren, sie seien keine rechtmäßigen Söhne Abrahams, sondern entstammten der *porneia* (s.o. S. 92f.). Da auch die Ehebruchsklauseln bei Mattäus zweifelsfrei Gemeindebildung sind, nimmt Jesus somit in den Evangelien das Wort Prostitution nie in den Mund.

Dreimal findet sich in den Evangelien das Wort «Dirne» *(pornē)*: im Gleichnis vom verlorenen Sohn, worin der ältere Sohn dem jüngeren vorwirft, er habe das Vermögen des Vaters mit Dirnen durchgebracht (Lk 15,30), und zweimal im Gerichtswort Jesu über die Pharisäer, wonach die Zöllner und Dirnen eher in das Reich Gottes eingingen als sie (Mt 21,31f.)[137]. Schließlich dürfte bei der stadtbekannten «Sünderin», die Jesu Füße küßt und salbt, eine Prostituierte gemeint sein (Lk 7,37.39)[138], während wir es bei der Samariterin Joh 4,17f. mit einer Frau zu tun haben, die – vermutlich wegen leichtfertigen Lebenswandels – von fünf Männern der Reihe nach entlassen worden war und sich nun offenbar von einem (verheirateten oder ledigen) Mann ohne eheliches Zusammenleben aushalten ließ.

Jesus ist den Prostituierten nicht ausgewichen, er hat sie nicht verurteilt. Offenbar nahm er die Prostitution als Gegebenheit hin. Er kam ja gerade deshalb in Verruf, weil er sich mit den Zöllnern und Sündern (und dazu gehörten gewiß auch die Prostituierten) abgab. Das hat eine tiefere, eine theologische Bedeutung. Wenn nach Jesu Wort Prostituierte eher in das Himmelreich eingehen als die Pharisäer (Mt 21,31 f.), dann heißt das nichts anderes, als daß sie Gott näher sind als alle diejenigen, die sich Gott nahe glauben. Gott näher können sie doch wohl nur deshalb sein, weil sie ehrlich zu ihrer Lebensform stehen, weil sie echt sind und sich und anderen nichts vormachen. Sie versuchen gar nicht, ihre menschliche Armut zu vertuschen. Ihre Einschätzung, ihr Wert ist für jedermann offensichtlich, auch ihr Leben außerhalb der Religion, außerhalb des Gesetzes. Schon im Alten Testament war die Prostituierte ein Symbol der Heilsbedürftigkeit, bei Jesus ist sie auch Symbol einer besonderen Heilsfähigkeit. Die Prostituierte Rahab erkennt den wahren Gott Jahwe im Unterschied zu ihrer Umwelt und wird im Neuen Testament wegen ihres Glaubens und ihres Tuns gelobt (s.o.).

Von Paulus verfemt

Daß die Prostitution in der griechischen Welt und vor allem in Hafenstädten wie Korinth zum Alltag gehörte, haben wir gesehen. Ihre Ablehnung ist für Paulus jedoch weniger ein sexualethisches als ein theologisch-christologisches Problem. Wir finden seine Argumentation in 1 Kor 6,12-20. Der Apostel stellt sich der Frage: Soll der Mensch über die Sexualität nicht frei verfügen dürfen wie über Speise und Trank, das heißt nach dem Kriterium von Nützlichkeit und Genuß? «Die Speisen sind für den Bauch da und der Bauch für die Speisen», lautet der Einwand (V. 13). Auf die Sexualität übertragen hieße das: Der Leib (die Sexualität) ist für die *porneia* da und die *porneia* für den Leib (die Sexualität). Diese Gleichung geht aber für Paulus nicht auf. Denn der Leib des Christen ist aufgrund der Taufe von Christus vereinnahmt, da er ein Glied Christi und ein Geist mit ihm geworden ist und folglich nicht mehr Glied einer Dirne *(pornē)* und ein Fleisch (Gen 2,24) mit ihr werden kann (V. 15–17). Der Christ kann also über seinen

Leib nicht mehr verfügen. Deshalb wiegt die Sünde, die den Leib direkt betrifft, die nicht nur – wie die übrigen Sünden – *mit* dem Leib, sondern *am* Leib begangen wird, besonders schwer. «Jede Sünde, die ein Mensch begeht», sagt Paulus, «bleibt außerhalb des Leibes; wer aber hurt, sündigt gegen den eigenen Leib» (V. 18). Paulus lehnt also die Prostitution nicht ab, weil dabei die *Frau* als Lustobjekt mißbraucht wird, sondern weil der *Mann* dabei seinen eigenen Leib schändet.

Deshalb gilt für den Apostel abschließend: «Flieht die *porneia*!» (V. 18). Ja, der Christ soll sogar eher die – in den Augen des Paulus – bessere Ehelosigkeit aufgeben und die Ehe in Kauf nehmen, wenn dies nötig ist, um der *porneia* zu entgehen: «Aber wegen der Prostitution soll jeder seine eigene Frau und jede ihren eigenen Mann haben» (7,2), wobei im Blick auf die Prostituierte der Ton auf «eigen» liegt. Aus dem gleichen Grund insistiert Paulus auf der ehelichen «Pflicht» und warnt vor längerer Enthaltsamkeit (V. 3–5). Welche Abwertung der Ehe in dieser Einschätzung liegt, wird an anderer Stelle gezeigt (s. S. 183f.). Ebenso spricht Paulus in 1 Thess 4,3f. den Wunsch aus, es möge jeder sein «Gefäß» in Heiligkeit und Ehrbarkeit besitzen und sich der *porneia* enthalten. Paulus argumentiert dabei der griechisch-römischen Literatur genau entgegengesetzt. In ihr wird gelegentlich die Prostitution geradezu als Mittel gegen den Ehebruch empfohlen (Hermann/Herter 1180). Noch einmal ist die *porneia* (neben Unreinheit und Ausschweifung) in 2 Kor 12,21 als typisches Korinth-Laster für Paulus Gegenstand der Bekümmernis.

Die Bewertung der Ehe und des ehelichen Verkehrs als Schutz vor der Unzucht ist auch in die frühchristliche Literatur eingegangen. Insgesamt wird, im Gefolge des Neuen Testaments, die Prostitution von den christlichen Autoren strenger beurteilt als von den heidnischen, aber dennoch weniger streng als Ehebruch, Inzest und widernatürliche Sexualität (ebd. 1195ff.). Dennoch war die Prostitution auch in der Zeit der Kirchenväter weit verbreitet: Selbst Mönche und Bischöfe waren gegen sie nicht gefeit (1204f.).

Im Mittelalter war die Prostitution in die Kultur integriert. Sie war überall erlaubt, Fürsten, Bischöfe, Städte hatten ihre eigenen Bordelle. Sie lagen meist neben den Kirchen und wurden auch dem Kaiser und seinem Gefolge bei einem Besuch zur Verfügung gestellt. Es gab da kein Tabu. Erst am Ende des 15. Jahrhunderts wurden die Prostituierten an den Rand der Gesellschaft verbannt[139]. Wahrscheinlich lag der Grund dafür in der schnellen Ausbreitung der Geschlechtskrankheiten, besonders der Syphilis. Seitdem leben sie in der Subkultur.

«Ventilsitte»

Prostitution ist in der Bundesrepublik straflos, darf jedoch wie auch sonst Sexualität nicht zur Aufrechterhaltung von Abhängigkeitsverhältnissen, zur Nötigung und zum Mißbrauch Minderjähriger benutzt werden. Sie wird als Beruf anerkannt, denn die Prostituierten müssen Steuern zahlen. In den USA gilt sie in vielen Bundesstaaten noch heute als Verbrechen. In der Schweiz ist die Prostitution, wie in Deutschland, grundsätzlich straffrei. Strafbar sind lediglich gewisse Begleiterscheinungen der Prostitution wie deren Förderung aus Gewinnsucht und Belästigung der Nachbarschaft (StGB Art. 198ff.)[140].

Obwohl die Prostitution uralter Brauch war, gewann sie durch das Aufkommen der Monogamie erheblich an Bedeutung. Denn je rigoroser ein Ehesystem ist, um so sicherer ruft es, sozusagen als notwendige Ergänzung, die Prostitution auf den Plan. Außereheliche Beziehungen sind nun verboten. Die ausschließliche Bindung an einen Partner stellt aber so hohe moralische Anforderungen, daß sie nicht von jedem erfüllt werden können. Manche Bedürfnisse können in einer einzigen Beziehung gar nicht abgedeckt werden. So bedarf es einer Institution, in der sexuelle Spannungen in einmaligen Kontakten ohne Furcht, dafür bestraft zu werden, gelöst werden können. Diese Einrichtung wird gesellschaftlich toleriert, aber nicht anerkannt. So ergeben sich gewisse

Spielregeln zwischen den ehelichen Beziehungen und der Prostitution[141].
Heute gilt die Prostitution außerdem als sichtbarer Ausdruck der männlichen Herrschaftsstruktur unserer Gesellschaft (Bernsdorf 854). Die weibliche Prostitution, bei der der Mann alle sexuellen Vorrechte genießt, während die Frau zum Lustobjekt erniedrigt wird, ist nicht nur ein Beweis für die Dominanz des Mannes, sondern auch für die Abwertung der Frau. Die Doppelmoral wird hier in ihrer ganzen Verwerflichkeit manifest.

Für die Moraltheologen schwerstes Sexualdelikt

Die Moraltheologen verurteilen die Prostitution einmütig als schwerstes Sexualdelikt, weisen freilich darauf hin, daß sowohl Augustinus wie auch Thomas von Aquin der Staatsgewalt die Duldung der Prostitution zugestehen, um größere Übel zu vermeiden[142]. Häring nennt die Prostitution «die entwürdigendste und ärgerniserregendste Form der Unzucht» (1955, 1143; 1967 III, 306). Sie ist, ob bezahlt oder unbezahlt, «totale Unwahrhaftigkeit der sexuellen Sprache» (1980, 524). Ohne Angaben von Belegstellen erklärt Häring: «Die Heilige Schrift verurteilt die Prostitution im allgemeinen, ganz besonders aber die Tempelprostitution» (ebd.). Für F. Furger ist die Prostitution «als eine der übelsten Formen mitmenschlicher Ausbeutung immer wieder anzuprangern. Denn nicht nur wird hier Sexualität in jeder ihrer Zielsetzungen pervertiert, sondern vor allem wird hier ein Mensch gegen eine materielle Entschädigung zum reinen Mittel der Sexualbefriedigung reduziert»[143].

14. Das «Existenzmanko» der Homosexualität

Neue Einsichten

«Mit zehn Thesen über ‹Die Kirche und die Homosexualität› protestierten am Reformationstag rund 50 Homosexuelle vor der Marktkirche in Hannover gegen die Entlassung des homosexuellen Pastors Klaus Brinker und die Beurlaubung von Pastor Hans-Jürgen Meyer, der sich ebenfalls zu seiner homosexuellen Partnerschaft bekennt. In den Thesen wird der Kirche u.a. vorgehalten, sie predige die Liebe, fordere aber das Zölibat für homosexuelle Mitarbeiter und die Auflösung gewachsener Partnerschaften. Homosexuelle und heterosexuelle Liebe seien von gleicher Qualität. In einer der Thesen wird der Ratsvorsitzende der EKD, der hannoversche Landesbischof Eduard Lohse zitiert: ‹Wir haben gelernt, daß wir Menschen wegen ihrer Homosexualität nicht diskriminieren dürfen. Sie müssen einen Platz in der Gesellschaft und in der Kirche haben.›
Die Entlassung von Pastor Brinker aus dem Dienst der Landeskirche Hannover war Mitte Oktober vom Verfassungs- und Verwaltungsgericht der Vereinigten Evangelisch-Lutherischen Kirche Deutschlands bestätigt worden. Meyer wurde die Dienstausübung untersagt, nachdem er sich in einem Schreiben an das Landeskirchenamt zu seiner homosexuellen Partnerschaft bekannt hatte.» So beginnt ein Bericht in Publik-Form 1984/23 (16. 11.).

Wir sind es in jahrhundertelanger Tradition gewohnt, die Heterosexualität, das heißt die Ausrichtung auf das andere Geschlecht, als das Richtige und Normale anzusehen. In Wirklichkeit aber ist der Mensch nicht so eindeutig determiniert. Die tatsächliche Variationsbreite sexuellen Verhaltens ist viel größer. Das hat der

Naturwissenschaftler A.C. Kinsey mit seiner sogenannten «Kinsey-Skala» deutlich gemacht[144]. An dem einen Ende der siebenteiligen Skala wurden die Menschen eingeordnet, die ausschließlich heterosexuelle Erfahrungen gemacht hatten, am anderen Ende jene mit ausschließlich homosexuellen Kontakten. Bisher hielt man die ausschließlich Homosexuellen für eine verschwindende Minderheit, was dazu berechtigte, sie für unnormal zu erklären und, aus welchen Gründen auch immer, zu verfolgen. Kinsey widerlegte die herkömmlichen Vorbehalte. Er konnte nämlich nachweisen, daß sich zwar nur 4% der Männer und 2% der Frauen ihr ganzes Leben lang ausschließlich homosexuell verhalten, daß aber 50% der Männer und 20% der Frauen irgendwann einmal sexuelle Erfahrungen mit gleichgeschlechtlichen Menschen hatten. Man konnte also nicht mehr klar und eindeutig zwischen den beiden Gruppen unterscheiden, und man konnte auch nicht mehr sexuelles Verhalten, das 20–50% der Menschen praktizieren, kriminalisieren. Wenn aber Homosexualität nicht mehr einfach eine Abartigkeit irgendwelcher Randgruppen ist, dann muß auch die Frage nach den Normen neu gestellt werden. Es gibt nämlich für ein- und denselben Menschen verschiedene Formen, Sexualität zu leben: mit sich selbst, mit anderen des gleichen Geschlechts und mit anderen des anderen Geschlechts: Auto-, Homo- und Heterosexualität.

Auf die Frage, warum ein Mensch mehr oder ausschließlich heterosexuell, ein anderer mehr oder ausschließlich homosexuell ist, gibt es noch keine wissenschaftlich gesicherte Antwort. Die Theorien, die man dafür aufstellte, lassen sich nicht beweisen. Weder beruht die Homosexualität auf einer anlagebedingten, vererbten Disposition, die etwa durch eine Hormonbehandlung beseitigt werden könnte, noch auf Einflüssen der Umwelt, vor allem der Eltern, so daß sie einer Psychotherapie zugänglich wäre. Wenn Homosexuelle trotzdem selbst immer wieder therapeutische Hilfe suchen, so geschieht das weniger deshalb, weil sie sich selbst «krank» oder «nicht in Ordnung» fühlen, sondern weil sie den gesellschaftlichen oder religiösen Druck nicht aushalten.

Wenn man auch über die Entstehung der Homosexualität keine Aussage machen kann, so darf man doch eine Voraussetzung nennen, die sie erst möglich macht: Sexualwissenschaftler sind davon überzeugt, daß der Mensch bisexuell veranlagt ist, das heißt, daß ihm Zuneigung und sexuelle Beziehung zu beiden Geschlechtern von Natur aus möglich sind (s. Wolff). Das wiederum liegt daran, daß der Mensch weibliche und männliche Merkmale entwickelt. Alle Sexualhormone kommen, wenn auch in unterschiedlichen Mengen, bei beiden Geschlechtern vor. Beide Geschlechter haben die Anlagen zu männlichen und weiblichen Sexualorganen. Erst in der 7. bis 8. Schwangerschaftswoche werden diese differenziert. Im Bereich der Tiefenpsychologie spricht C.G. Jung von dem Animus als der unbewußten männlichen Seite in der Psyche der Frau und der Anima als der weiblichen Seite in der Psyche des Mannes. Beide suchen nach einer Synthese, der Individuation oder Integration[145].

Es gibt nur eine menschliche Sexualität, die sich allerdings in vielfältigen Formen ausdrücken kann. Homosexualität ist demnach wie Heterosexualität eine Variante von Sexualität, die zur Persönlichkeit des betreffenden Menschen gehört. Wie weit sie gelebt wird, hängt von verschiedenen Bedingungen ab, von denen die wichtigsten Erziehung, Charakter und Gelegenheit sind. Beide Formen, Homo- und Heterosexualität, sind in ihren Ausdrucksformen eingeschränkt, die eine auf den gleichgeschlechtlichen, die andere auf den andersgeschlechtlichen Partner (Wiedemann 32). Beide können deshalb als gleichwertig angesehen werden. Und so kann der Staat kein Recht haben, dagegen Gesetze zu erlassen, noch die Kirche, Homosexualität als Sünde zu verurteilen.

Bei den Griechen ein Stück Kultur

Wie die Prostitution kommt auch die Homosexualität in jeder Kultur vor. Unterschiedlich ist allein ihre Einschätzung und Bewertung. Wir wissen aus der Völkerkunde, daß es in den verschiedenen Kulturen und Zeiten eine Vielfalt von verschiedenem, ja gegensätzlichem Sexualverhalten gibt und daß jedes Volk seine eigenen Ausdrucksformen für richtig, anständig und natürlich hält. Für die Mehrzahl der bekannten Kulturen ist Homosexualität kein Problem. Nur bei einem Drittel wird sie tabuisiert, ist sie verboten und wird bestraft[146]. Zu der Kultur des Abendlandes, in der Homosexualität einen besonderen Stellenwert hatte, gehört das antike Griechenland. Durchgesetzt aber hat sich in unserem abendländischen Raum in israelitisch-jüdisch-christlicher Tradition die Ablehnung der Homosexualität.

Den alten Griechen wird übereinstimmend nachgesagt, sie seien die größten Lebenskünstler gewesen. Das drückt sich auch in der Großzügigkeit aus, mit der sie ihr Sexualleben gestalteten. Die griechischen Männer kannten gleichermaßen hetero- und homosexuelle Beziehungen. Für die griechischen Frauen liegen nur spärliche Quellen vor, aber auch für sie waren gleichgeschlechtliche Beziehungen kein Tabu. Noch heute bezeichnet man die weibliche Orientierung auf eine andere Frau als lesbisch, nach jener griechischen Insel Lesbos, auf der um 600 v. Chr. die Dichterin Sappho in einem Kreis von Mädchen und Frauen lebte, zu denen sie zum Teil leidenschaftliche Zuneigung empfand.

Im übrigen führte die griechische Frau zumindest in klassischer Zeit als Ehefrau eher ein bescheidenes Leben. Sie war zwar die Herrin des Hauses, in dem sie selbständig wirtschaften konnte, war aber vom politischen und gesellschaftlichen Leben ausgeschlossen. Dort nahm ihre Stelle die Hetäre ein (s. o. S. 125). Sie besaß kein Vermögen und war rechts- und geschäftsunfähig. Genausowenig genoß sie eine Schul- oder sonstige Ausbildung. Vielmehr unterstand sie in allem der Herrschaft des Hausherrn oder der Söhne. Erst in hellenistischer Zeit verbesserte sich ihre Position.

Für den Mann bildete die Ehe zwar den moralischen Lebenshintergrund. Er schätzte und liebte seine Frau, und Nachkommenschaft war ihm wichtig. Aber seine eigentlichen geistigen und emotionalen Interessen lagen außerhalb des Hauses.

Die griechische Kultur war ihrem Wesen nach eine Männerkultur, und menschliche Schönheit sahen die Griechen – im Unterschied zu uns – viel mehr im männlichen als im weiblichen Körper verwirklicht. Dichter und Schriftsteller können sich nicht genug tun, die Schönheit des männlichen Jugendlichen zu preisen. So wurde denn auch auf die Ausbildung der männlichen Jugend alle erdenkliche Sorgfalt gewendet. Es galt als ungeschriebene Pflicht eines erwachsenen Mannes, einen männlichen Jugendlichen als besonderen Schützling zu übernehmen, und damit ergab sich von selbst ein intimes Zusammenleben zwischen den beiden.

So war die erotische Liebe zwischen Männern und männlichen Jugendlichen bei den Griechen eine Selbstverständlichkeit und mit keinem moralischen Makel belastet[147]. Unmoralisch wurde die Beziehung nur, wenn der Junge dafür Geld annahm (d.h. sich der berufsmäßigen männlichen Prostitution hingab). Wer dies je in seinem Leben getan hatte, verlor nach athenischem Gesetz die Rechte eines freien Bürgers und konnte nie mehr ein öffentliches Amt bekleiden (Fremde waren vom Gesetz nicht betroffen).

Das Wort Homosexualität gab es damals noch nicht. Es trifft auch für die griechischen Verhältnisse nicht zu. Denn es ging ja immer um «homosexuelles» Verhalten prinzipiell heterosexueller Menschen, und nicht, wie wir seit Ende des 19. Jahrhunderts aufgrund psychiatrischer Lehrmeinungen glaubten, um die einseitig auf einen gleichgeschlechtlichen Partner fixierte Ausrichtung, die heterosexuelle Beziehungen unmöglich macht. In Griechenland sprach man von Päderastie[148]. Sie stand in hohem sozialen Ansehen. Aber niemand wäre auf die Idee gekommen, die Beteiligten seien zu heterosexuellen Beziehungen unfähig.

Bei der Päderastie mußten gewisse Spielregeln streng eingehalten werden. Sie war eine Liebes- und Sexualbeziehung von einem Mann zu einem Jugendlichen zwischen Pubertät und Erwachsenenalter. Die Initiative ging immer vom Erwachsenen aus. Die Vasenmalereien präsentieren uns ungezählte Darstellungen von Männern, die Jugendliche mit Worten und Gesten umwerben, mit ihrem Glied zu spielen beginnen und schließlich – alles im Stehen

– den «Schenkelverkehr» vollziehen[149]. Der jugendliche Geliebte mußte dabei kühl und unbeteiligt bleiben. Gerade die Phase zwischen Kind und Erwachsenem scheint das Reizvolle für den erwachsenen Mann gewesen zu sein[150]. Die Weichheit seiner Körperformen, sein Charme, aber auch die Unsicherheit, Zurückhaltung, Offenheit und Bildsamkeit des Jugendlichen weckten in ihm den pädagogischen Eros.

Die Liebe zum Jungen, das Verlangen, ihn durch sein gutes Beispiel zu formen, konnte den Erwachsenen zu heroischen Taten beflügeln; so wie andererseits der Jugendliche der vorgelebten Tugend nacheiferte. Platon beschreibt das in seinem Symposion so: «Ich behaupte, daß ein Mann, welcher liebt, wenn er dabei betroffen würde, daß er etwas Schimpfliches täte oder von jemandem erlitte, indem er aus Feigheit sich nicht dagegen verteidigte, keinen so großen Schmerz darüber empfände, von seinem Vater oder von seinen Freunden oder von sonst jemand dabei erblickt zu werden, als von seinem Geliebten. Eben dasselbe sehen wir aber auch bei dem Geliebten, daß er sich vor allem vor seinen Liebhabern schämt, wenn er bei etwas Schimpflichem erblickt wird» (178d–e). – Der griechischen Homosexualität in Gestalt der «Knabenliebe» muß also eine gewisse erzieherische Bedeutung zugemessen werden[151].

In *Rom* war die Homosexualität schon bekannt, bevor sie aus Griechenland eindrang. Sie wurde jedoch dort nie so «salonfähig» wie bei den Griechen. Gesetzlich verboten war sie zwischen Männern römischen Blutes. Mit Ausländern und Sklaven – vorwiegend Asiaten und Afrikanern – hingegen war alles erlaubt und üblich. Mehrere Kaiser wie Tiberius, Caligula, Hadrian und vor allem Nero gingen mit dem Beispiel voran. Nero «heiratete» sogar öffentlich einen Knaben, nachdem er ihn hatte entmannen lassen[152].

Dem alten Orient vertraut

Im gesamten alten Orient war die Homosexualität an der Tagesordnung. Das zeigt sich schon daran, daß sie auch in der Götterwelt vorkommt, sogar in der Mythologie der Ägypter, deren sittliches Empfinden sonst eher eine Aversion gegen die Homosexualität an den Tag zu legen schien[153]. Im mesopotamischen Raum[154] ist nach der Keilschriftliteratur von weiblicher Homosexualität kaum die Rede. Homosexualität unter Männern aber scheint grundsätzlich als ebenso «normal» gegolten zu haben wie der heterosexuelle Verkehr, wenn dieser auch zweifellos die Regel war. Die mittelassyrischen Gesetze (ca. 1300 v. Chr.) sehen eine Bestrafung der Homosexualität nur für den Fall vor, daß ein Mann einen anderen Mann gleichen Standes dazu *nötigt*. Im übrigen bestanden weder soziale noch moralische noch religiöse Bedenken gegen die Homosexualität und am allerwenigsten gegen die berufsmäßig ausgeübte männliche Prostitution, was nicht ausschließt, daß das Gewerbe in schlechtem Ansehen stand und die Homosexuellen sich an den Rand der Gesellschaft verwiesen sahen. Sie galten, wie auch die weiblichen Prostituierten, als Abweichler. Statt *eines* Mannes Frau zu sein, sind die Dirnen zu Frauen «von 3600 (Männern)» geworden, und ähnlich haben die männlichen Prostituierten die Rolle, die die Götter ihnen zugewiesen haben, in ihr weibliches Gegenteil verkehrt.

In Israel «ein Greuel»

So war auch im späteren Siedlungsgebiet der israelitischen Stämme Homosexualität an der Tagesordnung. Da die Texte von Ugarit kaum etwas hergeben, haben wir uns diesbezüglich in erster Linie an die Hinweise im Alten Testament zu halten. Diese führen uns die Homosexualität in brutalster Form vor Augen. Erstmals wird sie Gen 19 erwähnt als schockierendes Erlebnis, das den beiden Männern widerfährt, die in Sodom im Haus des

Lot eingekehrt sind. Hier erscheint sie als typisches Laster der kanaanäischen Stadtkultur. Besonders erschreckend wirkt diese tumultuarische Szene, in die die Gastfreundschaft Lots ausartet, durch ihren Konstrast zu der im 18. Kapitel erzählten idyllischen Atmosphäre der Gastfreundschaft, die der Nomade Abraham unter der Terebinthe von Mamre den drei bei ihm einkehrenden Männern gewährt. Zugleich erscheint die Homosexualität als ein Akt der Gewalt an einem unschuldigen Opfer: Die Männer von Sodom «umringen» das Haus, und zwar «vom Knaben bis zum Greis, alles Volk von einem Ende (der Stadt) bis zum anderen», und fordern ungestüm die Auslieferung der Gäste, «damit wir ihnen beiwohnen» (V. 4f.). Sie sind so unbeirrbar in ihrer brutalen Aggressivität, daß sie von den beiden jungfräulichen Töchtern Lots, die dieser ihnen als Ersatz bietet, nichts wissen wollen. Entsprechend absolut ist die Verurteilung dieses Verhaltens. Der biblische Erzähler bezeichnet die Homosexualität, von der die ganze männliche Bevölkerung der Stadt besessen ist, als etwas «Böses» (V. 7), als eine «schwere Sünde», die als «Geschrei» zu Gott aufgestiegen ist (Gen 18,20f.), die Männer von Sodom werden «Bösewichte» und «Sünder» genannt (Gen 13,13).
Große Ähnlichkeit mit der Sodom-Sage hat die Erzählung vom Anschlag der Männer von Gibea – sie werden «Söhne Belials» (in unserer Sprache «Teufelssöhne») genannt – auf den wandernden Leviten, der in der Stadt Gastfreundschaft gefunden hatte (Ri 19,22-30), mit dem Unterschied freilich, daß es sich hier um Israeliten handelt und daß sie auf den Tausch mit der (Neben-) Frau des Mannes eingehen. Während über Sodom ein vernichtendes Strafgericht Gottes ergeht, nehmen in diesem Fall die Stämme Israels selbst Rache, indem sie Gibea den Krieg erklären.
Freilich handelt es sich in beiden Fällen weniger um die Bestrafung des homosexuellen Treibens als der eklatanten Verletzung des Gastrechts. Das läßt sich auch aus jenen Stellen des Alten Testaments schließen, wonach die Sünde der Sodomiter gar nicht in der Homosexualität bestand, sondern in der Verwilderung der Rechtsprechung (Jes 1,10-17; 3,9), unsozialem Verhalten der Rei-

chen gegenüber den Armen (Ez 16,49), Ehebruch, Heuchelei und Unbußfertigkeit (Jer 23,14). Und im Deuteronium werden unter den «Greueln», die die Kanaaniter verübt haben, Wahrsagerei, Zauberei, Schlangenbeschwörung und Totenbefragung genannt, nicht aber sexuelle Vergehen (18,9-12). Es ist demnach in den beiden Erzählungen über das Verhalten der Einwohner von Sodom und Gibea mit einer überzogenen Polemik zu rechnen, die betonen möchte, daß die Homosexualität den vorisraelitischen Bewohnern wie angeboren zu sein schien und daß die Israeliten nach ihrer Seßhaftwerdung darin zunächst deren gelehrige Schüler waren und sich nur mühsam davon distanzieren konnten.

Dieses Ringen um die eigene Identität, die Abkehr von der Sexualpraxis der Umwelt, wird im Gesetz spürbar. Lev 18 werden den Ägyptern und Kanaanitern fast ausschließlich sexuelle Vergehen angelastet, die die Israeliten nicht begehen sollen, unter anderen: «Einem Mann sollst du nicht beiliegen wie einer Frau: das ist ein Greuel» (18,22). Als Sanktion wird sogar die Todesstrafe festgesetzt: «Wenn ein Mann bei einem Mann liegt, wie man bei einer Frau liegt – einen Greuel haben die beiden begangen, den Tod sollen sie sterben, ihr Blut komme über sie» (Lev 20,13). Freilich hören wir im ganzen Alten Testament von keinem Fall, in dem die Strafe wirklich vollzogen worden wäre. Indes hätte es keines Gesetzes bedurft, wäre Homosexualität nicht tatsächlich vorgekommen. Daß sich aber erst das jüngste Gesetzeswerk Israels damit befaßt, läßt erkennen, daß der Wandel des sittlichen Empfindens, hier: der Verurteilung der Homosexualität, sich in langsamen Schritten vollzog.

Wahrscheinlich gehört zu dieser Thematik auch das Verbot, sich andersgeschlechtlich zu kleiden: «Eine Frau soll nicht Männertracht tragen, und ein Mann soll nicht Frauenkleider anziehen, denn ein Greuel ist für Jahwe, deinen Gott, jeder, der solches tut» (Dtn 22,5). Es könnte damit die Neigung der Homosexuellen gemeint sein, das Gehaben des anderen Geschlechts zu imitieren.

Die Aversion der Jahwereligion gegen die Homosexualität dürfte verschiedene Gründe haben: Zunächst das Bestreben, sich von Kult und Sitte der synkretistischen Umwelt abzusetzen. Überdies aber widersprach die Homosexualität der Pflicht, Nachkommenschaft zu erzeugen, dem für die Juden ersten und höchsten Gebot. Daß diese Pflicht jedoch nur für den Mann gilt (s.o. S. 113), mag erklären, warum sich das Gesetz um die weibliche Homosexualität nicht kümmert. Allerdings darf man wohl kaum daraus schließen, es habe sie nicht gegeben. Schließlich aber hatte das alte Israel (wie auch das spätere Judentum) ein betontes Empfinden für das, was es als von Gott gesetzte Ordnung ansah, der sich der Mensch zu beugen hat – im Grund die gleiche Überlegung, der wir auch in Mesopotamien begegnet sind (s.o.). Und da der Mensch grundsätzlich als heterosexuell galt, waren gleichgeschlechtliche Handlungen «nicht in Ordnung». Nicht ohne Grund ist das Verbot der Homosexualität in Lev 18 und 20 eingebettet in die Bestimmungen über verbotene Verwandtschaftsgrade. Der Respekt der Gemeinde vor sich selbst fordert eine geordnete Praxis der Sexualität.

Homosexualität im Sinne einer den Menschen prägenden Disposition war der Bibel unbekannt. In ihr handelt es sich jedesmal um rein sexuelle Kontakte, nicht um dauerhafte Liebesbeziehungen oder um seelisch-geistige Werte, die für uns heute zur Homosexualität gehören können. Und insofern ist die alttestamentliche Ablehnung als theologischer Beweis gegen die Homosexualität unbrauchbar.

Für Paulus widernatürlich

Es gehört zum sexuellen Desinteresse der Evangelien, daß sie die Homosexualität wie auch die Prostitution (s.o.) mit keinem Wort erwähnen. Wir wissen somit nicht, wie Jesus über die Homosexualität dachte und wieweit er sich den Standpunkt des Alten Testaments zu eigen machte. Als sicher darf freilich gelten, daß die

Homosexualität in jüdischen Kreisen eine viel geringere Rolle spielte als in der griechisch-römischen Welt.

Ein Sittenbild dieser Welt zeichnet Paulus im 1. Kapitel des Römerbriefs[155]. Die für uns wichtige Stelle heißt: «Ihre Frauen vertauschten den natürlichen Geschlechtsverkehr mit dem widernatürlichen. Ebenso gaben auch die Männer den natürlichen Verkehr mit der Frau auf und entbrannten in Begierde zueinander: Männer trieben mit Männern Schändliches» (V. 26f.). Es ist eindeutig, daß die Homosexualität hier von Paulus als widernatürlich abgelehnt wird. Aber sie wird nicht besonders betont. Sie steht neben vielen anderen Verfehlungen, die davor und danach genannt werden, als Zeichen des sittlichen Verfalls, und zwar der Heiden. Homosexuelles Verhalten ist wie Götzendienst, Lüge, Habsucht, Mord, Betrug u.a. (V. 29-31) Ausdruck der Gottesferne. Ja, Gott selbst hat die Heiden mit all diesen Lastern gestraft, weil sie, obwohl sie dazu in der Lage gewesen wären, den wahren Gott nicht erkannten, sondern sich eigene Götter machten. «Sie vertauschten die Erhabenheit des unvergänglichen Gottes mit Bild und Gestalt von vergänglichen Menschen und Vögeln und vierfüßigen und kriechenden Tieren» (V. 23). Paulus greift in seiner Argumentation auf das jüdisch-hellenistische Weisheitsbuch zurück. Auch in ihm wird der Götzendienst der Heiden mit einer langen Aufzählung sittlicher Verfallserscheinungen verknüpft (Weish 14,21 ff.), und auch da wird unter anderem «Geschlechtsvertauschung» *(geneseōs enallagē)* genannt (V. 26). Aber nicht die einzelnen Laster fordern Gottes Zorn heraus – sie sind ja gerade als Strafe verhängt –, sondern die Vergottung des Ungöttlichen, die Pervertierung von Gott und Götze, von Schöpfer und Geschöpf. Und das macht den Menschen unfrei und bewirkt den sozialen und sittlichen Verfall. Die Homosexualität ist dabei ein Faktor unter vielen.

Daß Homosexualität nur unter Heiden, nicht aber unter Juden vorgekommen wäre, wie man aus dieser Paulusstelle schließen könnte, entspricht jedoch nicht der Wirklichkeit. Das lassen nicht nur die oben angeführten Gesetzesbestimmungen (Lev 18,22;

20,13), sondern auch die rabbinische Literatur erkennen (vgl. StB III,68-73). Angesichts der Dimension jedoch, die die Homosexualität in der griechisch-römischen Welt annahm, mußten die Juden darin *das* Laster der Heiden sehen, und Paulus scheint auch nur in den heidenchristlichen Gemeinden mit dem Problem konfrontiert worden zu sein. Gegenüber der Gemeinde von Korinth nennt er im Katalog derer, die das Reich Gottes nicht erben, neben den Prostituierten und den Ehebrechern auch die «Männerbeischläfer» *(arsenokoitai)*, also die männlichen Homosexuellen (6,9). Aber auch hier stehen neben denen, die sich nach dem Verständnis des Paulus gegen die Sexualordnung verfehlen, Götzendiener, Diebe, Habgierige, Trunksüchtige, Verleumder und Räuber. Und sie alle werden «Ungerechte» genannt. Auch hier wird also zwischen sozialem und sittlichem Fehlverhalten nicht unterschieden. Offenbar steht auch hier der heidnische Geist im Hintergrund: Paulus möchte seine heidenchristliche Gemeinde vor einem Rückfall in alte Praktiken warnen, und da gehören wie im Römerbrief Götzendienst und Sittenlosigkeit zusammen.

Noch einmal werden in dem deuteropaulinischen 1. Timotheusbrief, einem Pastoralbrief des 1. Jahrhunderts n.Chr., der zudem sein eigenes Gepräge hat (Vögtle 13.234-237), unter den lasterhaften Menschen neben den Prostituierten die «Männerbeischläfer» genannt (1,10). Sie bedürfen der Disziplin des Gesetzes, denn Irrlehre und Sittenlosigkeit gehen Hand in Hand (vgl. 1 Tim 6, 3-5). Auch hier ist also Homosexualität Ausdruck eines irrigen Glaubens.

Wenn Paulus die Homosexualität widernatürlich nennt, dann erhebt er den Naturbegriff seiner Zeit zur Norm. Bei allen Bibelauslegern aber besteht Einigkeit darüber, daß wir bei den moralischen Auffassungen der ersten zwei Jahrhunderte deren kulturelle Bedingtheit zu berücksichtigen haben. So wie in den Vorstellungen des Paulus über die Ehe die personale Liebe keinen Platz hat, so sieht er auch in der Homosexualität «eine willkürliche Praxis, die man jederzeit auch aufgeben kann» (Wiedemann 88). Das

Ergebnis ist also mager. Homosexualität als eine Liebesbeziehung war der Bibel nicht bekannt. Sie wird nur unter dem Aspekt einer sittlichen Verirrung betrachtet.

Wird zur himmelschreienden Sünde

Im Anschluß an die Bibel lehnen auch die Kirchenväter die Homosexualität ab. Als Argumente dienen ihnen durchgehend der Schöpfungsbericht, wonach Gott den Menschen als Mann und Frau geschaffen hat, und Paulus (Röm 1,24-32), der deshalb Homosexualität widernatürlich nennt. Sodom und Gomorra sind warnendes Beispiel für die Strafe, die sie heraufbeschwört. Auch die Samenvergeudung wird häufig als Vergehen gegen die Schöpfungsordnung genannt.

Bis ins Mittelalter werden jedoch homosexuelle Vergehen nicht strenger beurteilt und bestraft als heterosexuelle. Und als Petrus Damiani (1007–1072) die schärfsten Strafen für Homosexuelle fordert und selbst den Umgang mit Tieren (Bestialität) für weniger schlimm hält, weist ihn Leo IX. entschieden in die Schranken. Für Thomas von Aquin ist Homosexualität widernatürlich wie Selbstbefriedigung und Bestialität. Seine Ansicht hatte großen Einfluß auf die Nachwelt.

Die Katechismen der Neuzeit zeigen eine deutliche Aversion gegen die Homosexualität. Der Katechismus des Petrus Canisius rechnet sie sogar zu den «himmelschreienden Sünden», und allmählich kann man die Argumentation weder biblisch noch anthropologisch nennen.

Recht und Gewalt

Nach dem Reichsstrafgesetz von 1871 waren sexuelle Handlungen zwischen Männern und mit Tieren strafbar. Trotzdem setzte durch die gezielte Sexualforschung, die am Ende des vorigen

Jahrhunderts begann, und besonders durch die Bemühungen M. Hirschfelds (1868–1935) um ein besseres Verständnis der Homosexualität eine gewisse Liberalisierung ein. Im Jahre 1935 kam es dann allerdings unter den Nationalsozialisten zuerst zu einer Verschärfung des Strafrechts für homosexuelles Verhalten, und bald setzte eine grausame Verfolgung ein, von der in den Jahren zwischen 1933 und 1945 etwa 50000 Männer betroffen waren. Mit dem Zeichen des «Rosa Winkels» behaftet, verschwanden Unzählige in den Konzentrations- und Arbeitslagern (s. Haeberle 396). Heute sind in der Bundesrepublik homosexuelle Handlungen nur noch strafbar, wenn sie nach dem Prinzip der Abhängigkeit zwischen einem Mann über 18 Jahren und einem Jugendlichen unter 18 Jahren stattfinden. Im übrigen kämpfen überall die Betroffenen um die Abschaffung des Paragraphen 175 und Anerkennung gleichgeschlechtlichen Verhaltens. Provokativ nennen sie sich «schwul». Was früher ein Schimpfwort war, gilt heute als Ausdruck des Selbstbewußtseins. In der Schweiz liegen die strafrechtlichen Verhältnisse ähnlich wie in der Bundesrepublik (strafbar: Verführung eines Unmündigen durch einen Erwachsenen, Ausnützung einer Abhängigkeit unter Erwachsenen und gewerbsmäßige Betreibung der Homosexualität: StGB Art. 194). Die Strafrechtsrevision sieht vor, Homosexualität wie Heterosexualität zu behandeln.

Lesbische Liebe

Bis in unsere Zeit hinein hat das sexuelle Verhalten der Frau überhaupt kein Interesse geweckt, weder bei den Gesetzgebern noch bei der Kirche noch in der Öffentlichkeit. Sie wurde einfach nicht ernstgenommen. Man hielt die Frau für unsexuell (vgl. Haeberle 58–69). Ihre einzige Aufgabe war es, Kinder zu gebären. Und so wurde sie in Anstand und Sittsamkeit für den Mann erzogen. Zudem hatte sie keinen Samen, der nicht vergeudet werden durfte (was die jüdische und christliche Religion bei den

Männern ahndete). So blieb sie also unbehelligt. Und auch ihre homosexuellen Beziehungen interessierten niemanden. Trotzdem wurden Frauen, deren homosexuelle Neigungen bekannt wurden, mehr diskriminiert als Männer. Gerade weil sie als sexuell weniger begabt galten, empfand man bei ihnen gleichgeschlechtliche Liebe «widernatürlicher» als bei Männern. Hinzu kam, daß sie viel selbständiger und selbstsicherer waren als andere Frauen. Sie brauchten die Männer nicht. Gerade deshalb wirkten sie verunsichernd und bedrohlich auf sie (s. dazu v. Paczensky).

In Wirklichkeit ist die Frau potenter und lebensmäßig klüger und vitaler als der Mann. Ein Grund mit, warum der Mann in die Frau die Hexe hineinprojizierte. Wie Charlotte Wolff durch ihre Forschungen und Befragungen deutlich gemacht hat, erleben Frauen homosexuelle Liebe anders als Männer. Frauen, die eine Partnerin lieben, müssen ein anderes Bild von sich haben als Frauen, die einen Mann lieben. Ihnen kommt es weniger auf sexuelle Befriedigung an als auf gelebte Emotionen und ein geradezu romantisches Streben nach seelischer Vereinigung. So können Lesbierinnen jahrelang ohne körperlichen Kontakt zusammenleben, wenn sie nur «ein Herz und eine Seele» sind. Deshalb haben es auch homosexuelle Frauen bei der Partnerschaft schwerer. Sie suchen ein Verhältnis für die Dauer, in dem sie sich geborgen fühlen, und leiden darunter, keine Kinder haben zu können. Dagegen sind ihre männlichen Kollegen unsteter und können auch zwischendurch den Partner wechseln. Insgesamt kann man wohl sagen, daß die homosexuelle Liebe hohe Ansprüche an den Partner stellt und oft intellektuell und künstlerisch ausgerichtet ist. So ergaben erst die jüngsten Untersuchungen, daß es sich in der Regel um sensible, geistige, kreative Menschen handelt[156].

Von den Kirchen verurteilt

Noch heute gilt in der katholischen Kirche Homosexualität als schwere Sünde, noch heute bekommt deshalb ein Homosexueller, gleich ob männlich oder weiblich, nicht die Lossprechung, wenn er nicht verspricht, seine Beziehung zu seinem gleichgeschlechtlichen Partner aufzugeben. Er kann also nicht am sakramentalen Leben der Kirche teilnehmen. Ein Bischof, der von einer Gruppe Homosexueller um ein Gespräch gebeten wurde, stellte die Bedingung, sie sollten erst ihr Leben ändern. Und Papst Johannes Paul II. verbot in einer auf seiner Amerikareise im Oktober 1979 gehaltenen Ansprache einfach die Homosexualität[157]. Man nimmt die Homosexuellen nicht zur Kenntnis, aus der pastoralen Fürsorge fallen sie heraus. Und wenn man sie nicht offen ablehnt, so meidet man sie doch. Solange Homosexualität als «Existenzmanko»[158] gilt und Homosexuelle in ihrem Anderssein der Schöpfungsordnung widersprechen, können sie auch nicht akzeptiert werden.

Von den kirchlichen Dokumenten sollen hier vor allem drei zu Worte kommen: 1. Das Synoden-Arbeitspapier; 2. die Erklärung der Glaubenskongregation; 3. die von der Kongregation für das katholische Bildungswesen herausgegebene «Orientierung zur Erziehung in der menschlichen Liebe. Hinweise zur geschlechtlichen Erziehung» 1983.

1. Die Einleitung des Arbeitspapiers (1977) läßt zunächst viel Toleranz und Einsicht in die Vielschichtigkeit der Sexualität erwarten. So wenn von der Ehe als Institution für die Fortpflanzung keine Rede mehr ist, sondern die Liebe als personaler Wert anerkannt wird. Allerdings betrifft das nur den andersgeschlechtlichen Partner. Homosexualität wird als «Grundverhalten der Persönlichkeit» charakterisiert, bei dem wir es «nicht einfach mit einer beliebigen Variante menschlicher Sexualität zu tun haben, sondern daß man tatsächlich von einer Einschränkung der Existenzmöglichkeit sprechen muß, insofern die Bereicherung durch das andere Geschlecht wegfällt».

Es wird da von einem «Grundverhalten der Persönlichkeit» gesprochen und ausdrücklich betont, daß das keine moralische Wertung beinhalte, und von einer «Einschränkung der Existenzmöglichkeiten», die Zeichen der «allgemeinen Erlösungsbedürftigkeit des Menschen» sei. Aber bei der Beurteilung der Homosexualität wird dann unterschieden zwischen der gleichgeschlechtlichen Zuneigung des Homosexuellen und seinem Verhalten. Und das heißt doch wohl, daß er sich nicht seiner Zuneigung entsprechend verhalten darf.

2. Die Erklärung der Glaubenskongregation (1975) wurde geschrieben, um dem zunehmend um sich greifenden Sittenverfall zu wehren, «dessen ernstes Kennzeichen die maßlose Verherrlichung des Geschlechtlichen» ist. Diesen Sittenverfall sieht die Glaubensbehörde vor allem im vorehelichen Geschlechtsverkehr, in der Masturbation und in der Homosexualität verwirklicht. Sie beklagt, daß «im Gegensatz zur beständigen Lehre des kirchlichen Lehramtes und des sittlichen Empfindens des christlichen Volkes (...) heute einige unter Berufung auf Beobachtungen psychologischer Natur damit begonnen (haben), homosexuelle Beziehungen mit Nachsicht zu beurteilen, ja sie sogar völlig zu entschuldigen». Was mit «Beobachtungen psychologischer Natur» gemeint ist, wird nicht deutlich, auf jeden Fall sind sie für die Glaubensbehörde nicht akzeptabel. Die Erklärung unterscheidet dann zwischen «nicht unheilbaren» und «unheilbaren» Homosexuellen, wirbt für die «unheilbaren» um Verständnis und fordert für ihre Schuldhaftigkeit kluge Beurteilung, stellt indes eindeutig fest:

«Nach der objektiven sittlichen Ordnung sind homosexuelle Beziehungen Handlungen, die ihrer wesentlichen und unerläßlichen Zuordnung beraubt sind[159]. Sie werden in der Heiligen Schrift als schwere Verirrungen verurteilt und im Letzten als die traurige Folge einer Verleugnung Gottes dargestellt. Dieses Urteil der Heiligen Schrift erlaubt zwar nicht den Schluß, daß alle, die an dieser Anomalie leiden, persönlich dafür verantwortlich sind, bezeugt aber, daß die homosexuellen Handlungen in sich nicht in Ordnung sind und keinesfalls in irgendeiner Weise gutgeheißen werden können.»

Diese Beurteilung der Homosexualität durch die oberste Instanz der Kirche ist erschütternd. Es erfolgt keinerlei Auseinandersetzung mit dem heutigen Stand der Wissenschaft, es werden Vorurteile wiederholt, es wird lieblos und ohne Begründung über Menschen, die nicht in die kirchliche Norm passen, der Stab gebrochen. Sie haben keine Chance, akzeptiert zu werden[159a]. Und die heutigen Ergebnisse der Bibelwissenschaft werden nicht zur Kenntnis genommen.

3. Die Kongregation für das katholische Bildungswesen(1983)[160] schließlich fordert zwar, daß das Problem der Homosexualität «in aller Objektivität aufgegriffen werden muß», unterstellt jedoch, daß «Homosexualität... die Person am Erreichen der geschlechtlichen Reife sowohl in sich als auch in ihren zwischenmenschlichen Beziehungen hindert». Sie zitiert dann einfach aus dem letzten Abschnitt der Erklärung der Glaubenskongregation. Und obwohl sie auffordert, «die Erkenntnisse (zu) nutzen, die verschiedene Wissenschaften anzubieten vermögen», verlangt sie andererseits, daß «Familie und Erzieher bei der Suche nach den Ursachen dieser Unordnung den Urteilskriterien des kirchlichen Lehramtes Rechnung tragen». Als Hilfsangebote gelten «Selbstbeherrschung, ein echtes sittliches Streben nach Umkehr zur Liebe zu Gott und zum Nächsten» und «falls nötig, die Mithilfe eines Arztes oder Psychologen..., der die Lehre der Kirche kennt und respektiert». Objektivität ist eben innerhalb des kirchlichen Systems etwas anderes als außerhalb.

Von den evangelischen Stimmen zur Homosexualität (vgl. Wiedemann 92–101) fällt die «Stellungnahme des Öffentlichkeitsausschusses der Rheinischen Kirche zur Homosexualität» aus dem Jahr 1970 positiv auf. Zwar geht auch sie davon aus, daß Gottes Absicht die Ehe sei, zwar spricht auch sie von heilbaren und unheilbaren Formen der Homosexualität, aber andererseits lehnt sie eine ungeschichtliche Betrachtungsweise biblischer Texte ab und unterläßt jede moralische oder ontologische Wertung.

Hingegen behauptet die Denkschrift der Evangelischen Kirche in Deutschland (EKD) von 1971, Sexualität ohne Ehe bleibe ohne Sinn und Erfüllung und Homosexualität sei eine Störung, die, wenn möglich, medizinisch zu behandeln sei.

Die jüngste Stellungnahme, «Gedanken und Maßstäbe zum

Dienst der Homophilen in der Kirche», eine Orientierungshilfe der Vereinigten Evangelisch-Lutherischen Kirche in Deutschland (VELKD) von 1980, beurteilt die Homosexualität wieder negativ. Homosexuelle Menschen seien in der «Idealitätsfindung» und «Personwerdung» behindert, verfügten nur über «eingeschränkte Entwicklungsmöglichkeiten» und blieben hinter dem «Schöpfungsangebot» zurück. Das heißt, auch hier wird Homosexualität, gemessen an der Heterosexualität, als Defizit bewertet.

Die Theologen bleiben befangen

Schwankend bleiben auch die Stellungnahmen der *evangelischen Theologen* zur Homosexualität. Zwar hatte Karl Barth einen Entwicklungsschritt in der Ehelehre vollzogen, indem er erklärte, Sexualität sei auch ohne die Intention auf eine Fortpflanzung sinnvoll, aber grundsätzlich blieb die Sexualität mit der Ehe verbunden. Deshalb ist es kein Wunder, daß er Homosexualität total ablehnt. Er bezeichnet sie als Inhumanität, «weil die Natur – nein, der Schöpfer der Natur nicht mit sich spaßen läßt, weil der verschmähte Mitmensch nun doch da ist, weil auch die natürliche Ausrichtung auf ihn faktisch besteht und durchhält». Die homosexuell erreichte Lust sei korrupt, Homosexualität eine Erscheinung der Perversion und des Abfalls von Gott[161].

Th. Bovet[162] ist der erste, der die Homosexualität der Heterosexualität gleichstellt, während H. Thielicke[163] einerseits dabei bleibt, Homosexualität sei mit der Schöpfungsordnung nicht in Einklang zu bringen, sie sei deren Depravierung, andererseits aber den Homosexuellen, dessen Veranlagung nicht heilbar sei, auffordert, ethisch verantwortlich zu leben.

Auch die *katholische Moraltheologie* findet keine eindeutige Stellungnahme. Für B. Häring ist 1955 Homosexualität «vielfach die Folge der Verführung und völliger sexueller Verwilderung; sie kann aber auch eine schlimme krankhafte Veranlagung sein... Die pervers Veranlagten sind vielfach durch ein verfehltes, ungezügeltes

Leben und durch psychische Defekte in ihrer sittlichen Freiheit und Verantwortung gehemmt. Aber ihre Veranlagung als solche entschuldigt sie nicht, ebensowenig wie die natürliche Leidenschaft den Unzuchtssünder freispricht. *Sie sind nach dem Maß der noch vorhandenen Freiheit verantwortlich.* Darum ist den Betrebungen aus den Kreisen der Homosexuellen auf generelle Straffreiheit energisch entgegenzutreten... Bei vielen sexuellen Vergehen liegt überhaupt keine wesentliche Herabminderung der Verantwortlichkeit durch verkehrte Veranlagung vor» (1148)[164].

1980 gilt für Häring: «Die moraltheologische Wertung muß sorgfältig unterscheiden zwischen Personen, die in einer exklusiven und irreversiblen homosexuellen Orientierung fixiert sind – ganz gleich, wo diese Fixierung herkommt oder wie sie zu erklären ist –, und den wohl zahlreichen Fällen, in denen bei entsprechendem Verhalten und eventueller Zuhilfenahme von Therapie eine heterosexuelle Ausrichtung gewonnen werden könnte. Sich selber freiwillig auf den Weg der Homosexualität zu begeben ist eine äußerst ernste Sünde gegen sich selbst und gegen die anderen. Man beraubt sich der Möglichkeit der ehelichen Berufung. Etwas anderes ist es jedoch, ehrlich vor sich selbst die Feststellung treffen zu müssen, homosexuell veranlagt zu sein.

Die ganze christliche Tradition bis auf die letzten Jahrzehnte hält daran fest, daß Menschen, die eine so ausgesprochen homosexuelle Anlage haben, daß sie eheunfähig sind, sich genauso jeder sexuellen (genitalen) Aktivität zu enthalten haben wie Ehelose mit heterosexueller Anlage».

Welche Vorstellungen von Homosexualität liegen vor, wenn Häring meint, jemand könne sich «freiwillig auf den Weg der Homosexualität begeben», und welche Arroganz, daß Menschen mit einer homosexuellen Anlage genauso zölibatär leben sollen wie andere Unverheiratete!

Da ist es besser, man mache es kurz und bündig wie Stelzenberger[165]: «In Hochkulturen ist die Homosexualität eine häufige Erscheinung. Bei 1–2% scheint sie angeboren zu sein. Gesundes Volksempfinden lehnt sie ab.»

Am weitesten vor wagt sich F. Furger[166]. Er teilt die Homosexualität in verschiedene Arten ein und meint, nur die Neigungshomosexualität sei «prinzipiell wie jeder andere Verstoß gegen eine geordnete Geschlechtlichkeit zu betrachten» und nennt diese eine «schicksalhaft auferlegte Einschränkung». Bei allem Verständnis und aller Toleranz jedoch fordert auch er, daß der homophile Mensch die «homosexuelle genitale Aktuierung (...) meiden solle».

So bleibt es in der kirchlichen Lehre dabei, daß der Homosexualität grundsätzlich ein Makel anhaftet, womit der Appell verbunden bleibt, sie möglichst zu vermeiden.

15. Gewalt und Perversion

Eine erschreckende Statistik

Jeden Tag werden in der Bundesrepublik 200 Frauen vergewaltigt, das sind im Jahr 73000. Rechnet man die entsprechende Dunkelziffer hinzu, so steigt die Zahl bis auf 120000 an[167]. Zu den 73000 vergewaltigten Frauen gehören 73000 Männer. Was sind das für Menschen? Sind es Triebtäter, Asoziale oder Psychopathen?

Juristisch wird eine Vergewaltigung als Gewaltverbrechen behandelt, die sexuelle Komponente spielt dabei nur eine untergeordnete Rolle. Wenn auch – äußerst selten – Frauen Männer vergewaltigen und, vor allem in Strafanstalten, Männer andere Männer sexuell mißbrauchen können, so sind doch in der Regel die Täter Männer und die Opfer Frauen. Die Männer sind meist unverheiratet, zwischen 20 und 45 Jahre alt. Sie kommen aus solidem Elternhaus, sind sozial angepaßt und in keiner Weise auffällig. Nur zehn Prozent der Vergewaltiger sind psychisch abnorm. Die Opfer sind meist zwischen 13 und 25 Jahre alt und ebenfalls unverheiratet. Fast immer handelt es sich um eine «Beziehungstat», das heißt, die Beteiligten kannten sich vorher schon.

Die Dunkelziffer ist deshalb so hoch, weil sich immer noch nur wenige Frauen bereitfinden, das Verbrechen anzuzeigen. Der Grund dafür liegt darin, daß die Behörden und das Gericht immer auch die Überlegung anstellen, ob nicht die Frau die Untat selbst verschuldet habe (dolus eventualis). Die betroffene Frau ist meistens einzige Zeugin ihrer Vergewaltigung, sie muß sich nach allen Einzelheiten in peinlicher, oft entwürdigender Weise befragen lassen und ist zur Wahrheit verpflichtet, während der angeklagte

Täter einen Verteidiger hat, der alles versucht, um seinen Mandanten zu schützen und die Frau zur Mitschuldigen zu machen.
Ein besonders verabscheuungswürdiges Verbrechen ist der Mißbrauch von Kindern, bis heute ein gut geschütztes Tabu. 85 % der vergewaltigten Kinder sind Mädchen, die Täter kommen zu 94 % aus der eigenen Familie (Vater, Bruder, Onkel) oder der nächsten Nachbarschaft[168].
Nach dem deutschen Strafgesetzbuch § 177 wird mit einer Freiheitsstrafe nicht unter zwei Jahren bestraft, wer «eine Frau... zum außerehelichen Beischlaf mit ihm oder einem Dritten nötigt» (ähnlich das schweizerische Strafgesetzbuch Art. 187, vgl. Art. 181). Wichtig ist, wie wir noch sehen werden, das Wort «außerehelich».

«So etwas tut man nicht in Israel»

Die sexuelle Verfügbarkeit der Frau hat freilich eine lange Geschichte. Livius (Ab urbe condita 1,9) berichtet vom Raub der Sabinerinnen. Im Alten Testament (Ri 21,16-25) steht die Geschichte, wie die frauenlosen Benjaminiten aus den Weinbergen hervorbrechen und sich Mädchen, die zum Tanzen gehen, rauben. Sie alle werden gezwungen, mit diesen Männern zu leben und Kinder zu haben. Frauen wurden offenbar gar nicht als Menschen mit dem Recht, über sich selbst zu befinden, wahrgenommen. Sie wurden geraubt und gekauft. Aber auch sonst sind sie der Willkür der Männer schutzlos preisgegeben. Im Krieg erbeutete Frauen werden auf die Männer aufgeteilt (Dtn 20,14). David läßt Batseba einfach zu sich holen (2 Sam 11,4.27) – wie hätte sie sich dem Befehl des Königs widersetzen können? Lot bietet der tobenden Männermeute seine zwei jungfräulichen Töchter als Ersatz für seine Gäste an (Gen 19,8), der wandernde Levit tut das sogar mit seiner (Neben-)Frau (Ri 19,25).
Aber auch Vergewaltigungen in unserem Verständnis kommen in der Bibel vor. Da ist die Geschichte von Amnon und Tamar (2 Sam 13,1–22). Amnon war besessen von der Idee, mit seiner

Stiefschwester Tamar zu schlafen. Aber er konnte es nicht machen wie sein Vater David mit Batseba. Denn als Königstochter lebte sie in strenger Klausur. Da verhalf ihm sein Vetter zu einer List. Er riet Amnon, sich krank zu stellen und den König zu bitten, er möge gestatten, daß Tamar zu ihm komme, um ihm seine Lieblingsspeise zu bereiten. Wenn er diese essen könne, würde er sicher schnell wieder gesund.

David geht auf die Bitte ein, und Tamar kommt arglos zu Amnon, um für ihn zu kochen. Amnon schaut ihr dabei zu, und die freundliche, anmutige Art des Mädchens mag sein Verlangen noch gesteigert haben. Unter dem Vorwand, er könne nur essen, wenn er allein sei, schickt er alle Bediensteten hinaus. Und ohne Umschweife ergreift er Tamar und fordert ihre Hingabe. Tamar bittet ihn, von ihr abzulassen, und stellt ihm die Folgen vor Augen: «Denk doch an mich – wo sollte ich mit meiner Schande hin... Und du selbst, wie einer der Allergemeinsten stündest du da in Israel!» Aber er hört nicht auf sie, sondern überwältigt und vergewaltigt sie.

Eine andere Geschichte rankt sich um Dina, die Tochter Jakobs, die ausgeht, um Kontakt zu den Mädchen des Landes, in dem sich Jakob ansiedeln will, aufzunehmen. Sie wird von dem Sohn des Landesfürsten, Sichem, vergewaltigt (Gen 34).

Wie gingen die Israeliten mit solchen Vergehen um? Sowohl die Vergewaltigung Tamars wie die Dinas wurden grausam gesühnt, und dabei waren den Rächern weder Hinterlist noch Lüge verwerfliche Mittel. Amnon wird auf einem Gelage von Tamars Bruder Abschalom erschlagen. Die Brüder Dinas erschlagen sogar alle Männer der Sippe ihres Übeltäters. Blutrache also. Aber dahinter steht doch auch noch eine religiös-ethische Wertung. Tamar beschwört Amnon: «So etwas tut man nicht in Israel. Begehe doch keine Schandtat!» Die Brüder Dinas schätzen die Vergewaltigung ihrer Schwester genauso ein: Sie verstehen sie als «eine Schandtat in Israel... Dergleichen durfte nicht geschehen» (Gen 34,7). Das Ethos Israels duldete diese Art Verbrechen nicht. Deshalb wurde es mit unausweichlicher Konsequenz gesühnt.

Und welchen Stellenwert der sexuelle Umgang mit einer verheirateten Frau hatte, zeigt die Geschichte, wo Abimelech, der Stadtkönig von Gerar, die Frau Abrahams zu sich holt, ohne zu wissen, daß sie bereits verheiratet ist (Gen 20). In der Parallelerzählung, die von Isaak und Rebekka handelt, ist Abimelech sogar ein Philister (Gen 26,7-11). Gott selbst bewahrt ihn vor dieser Schuld. Am Hof aber verbreiten sich Furcht und Schrecken allein bei der Vorstellung, daß die Tat für alle den Tod bedeutet hätte.

Vergewaltigung als Eigentumsdelikt

Die alttestamentliche Rechtsprechung allerdings versteht Vergewaltigung ausschließlich als Eigentumsdelikt. Dabei wird unterschieden, ob die Frau verlobt war, was juristisch unserer Eheschließung gleichkam, oder ob sie ledig war. Traf sich ein Mann mit einer Verlobten in der Stadt, so setzte man deren Einverständnis voraus, und dann wurde sie selbst mitbestraft. Wurde sie aber auf dem Feld vergewaltigt, so hielt man ihr zugute, daß ihre Hilfeschreie nicht gehört wurden, und sie blieb straffrei. Die Bestimmung für die Vergewaltigung einer ledigen Frau lautet nach dem deuteronomischen Gesetz: «Wenn ein Mann ein jungfräuliches Mädchen trifft, das nicht verlobt ist, und er ergreift sie und legt sich zu ihr, und sie werden ertappt, dann soll der Mann, der bei ihr gelegen hat, dem Vater des Mädchens fünfzig Silberschekel geben, und sie soll seine Frau werden, weil er sie erniedrigt hat, und er darf sie zeit seines Lebens nicht entlassen» (Dtn 22,23-29).
Die Ehe war im alten Israel zwar nicht *nur* ein Kauf, aber eben doch ein Kauf (s.o. S. 51f.). Der Mann hat grundsätzlich Anspruch auf eine «neuwertige» Frau. Bereits «gebraucht» zu sein, vermindert ihren Wert. Deshalb darf der Vater für die Tochter, die verführt wurde, einen weniger hohen Brautpreis fordern. Um ihn für diesen Verlust zu entschädigen, sieht das Gesetz vor, daß der Mann, der das Mädchen vergewaltigt hat, sofort den vollen Brautpreis bezahlt und sie zur Frau nimmt. Das Gesetz schützt damit

mehr den Besitz des Vaters als die Ehre der jungen Frau. Und um zu verhindern, daß der Mann sie später unter dem Vorwand, sie sei beim Abschluß der Ehe «minderwertig» gewesen, entläßt, wird bestimmt, daß er sie – im Unterschied zur allgemeinen Gesetzgebung (Dtn 24,1; vgl. u. S. 213f.) – nie entlassen darf. Einen Nachklang dieser Einschätzung können wir bis in unsere Zeit feststellen. Es gehörte zum herkömmlichen Ehrenkodex, daß ein Mann das Mädchen, das von ihm ein Kind bekam, heiraten «mußte».

Das deuteronomische Gesetz greift hier auf eine ältere gesetzliche Tradition zurück. Schon im sogenannten «Bundesbuch», der ältesten biblischen Gesetzessammlung, die teilweise noch in die nomadische Vergangenheit Israels zurückreicht, finden wir eine sachlich gleichlautende Bestimmung: «Wenn ein Mann eine Jungfrau, die nicht verlobt ist, verführt und sich zu ihr legt, so soll er sie für den Brautpreis zur Frau erwerben. Weigert sich aber ihr Vater, sie ihm zu geben, so soll er (trotzdem) soviel zahlen, wie es dem Brautpreis für Jungfrauen entspricht» (Ex 22,15f.). Im Unterschied zum deuteronomischen Gesetz wird hier die Höhe des Brautpreises nicht festgesetzt. Dieser ist offenbar durch altes Gewohnheitsrecht geregelt. Ferner wird der Fall vorgesehen, daß der Vater des Mädchens sich weigert, seine Tochter dem Verführer zur Frau zu geben. Dieser hat durch die Vergewaltigung keinen Anspruch auf sie bekommen. Trotzdem ist er verpflichtet, den Vater für seinen Verlust zu entschädigen.

Während das deuteronomische Gesetz deutlich von Vergewaltigung spricht, ist hier nur von «Verführung» die Rede, was die Einwilligung des Mädchens vorauszusetzen scheint. Dennoch wäre es verfehlt, aus dieser Stelle abzuleiten, auch der freiwillige Geschlechtsverkehr mit einer ledigen Frau sei in Israel verboten gewesen. Denn das hier verwendete hebräische Zeitwort *pth* (Pi.) bedeutet das Ausnützen der Unwissenheit und Unerfahrenheit des «Einfältigen» *(p^{e}tī)*, und zwar mit einer gewisssen Anwendung von Gewalt[169]. Somit sieht die Bestimmung Ex 22,15f. den gleichen Fall vor wie jene von Dtn 22,28f., nämlich den unter Anwendung von Gewalt vollzogenen Verkehr mit einer ledigen

Frau[170]. Wir müßten deshalb Ex 22,15 sinngemäß übersetzen: «Wenn ein Mann eine Jungfrau... gewaltsam verführt...»
Aus all diesen Texten wird die Tendenz deutlich, die Frau auch noch für das Unrecht, das ihr angetan wurde, büßen zu lassen, weil sie ja dadurch an «Marktwert» verloren hat. Auffallen muß, daß sich im israelitischen Gesetz keine Bestimmung über die Vergewaltigung einer verheirateten Frau findet. Ob damit einfach deshalb nicht gerechnet wurde, weil die Ehefrauen gut «behütet» waren? Oder ob in einem solchen Fall die Einwilligung der Frau vorausgesetzt wurde, wie bei der Vergewaltigung der Verlobten in der Stadt (Dtn 22,23f.), so daß der Fall als Ehebruch behandelt wurde? Nach talmudischem Recht indes genügt schon eine anfängliche Nötigung, um das Delikt des Ehebruchs auszuschließen, selbst wenn die Frau in der Folge ihren Widerstand aufgab und sogar an dem Geschehen Gefallen fand[171].

«Eheliche Pflicht» Freibrief für Gewalt

Weniger durch das Christentum als durch die griechisch-römische Kulturwelt, in der sich das Christentum ausbreitete, wurde das Los der Frau besser (vgl. S. 202). Dennoch wurden Eigentumsdenken und sexuelle Verfügungsgewalt in der Ehe beibehalten. Paulus brachte den Begriff der «ehelichen Pflicht» ins Spiel (1 Kor 7,3; vgl. S. 36, 133, 183), aber obwohl er dazu Mann und Frau verpflichtete, wurde die Frau darauf festgeschrieben. Unter diesem christlichen «Gebot» hat sie sich viel sexuelle Unterdrükkung und Gewalt in der Ehe gefallen lassen müssen. Später hat dann das englische Recht nicht wenig dazu beigetragen, diese ihre Rolle festzuschreiben. Im Common Law wurde seit dem 17. Jahrhundert die Vergewaltigung in der Ehe als straflos angesehen mit der Begründung, Mann und Frau seien bei der Ehegründung auch juristisch zu einer Einheit verschmolzen, die Frau willige damit auch in den jeweiligen Wunsch nach Sexualverkehr ein. So hatte der Ehemann das Recht, den ehelichen Verkehr jederzeit zu er-

zwingen. Bis auf den heutigen Tag ist die Ehefrau in ihrer sexuellen Selbstbestimmung weniger geschützt als eine unverheiratete Frau. Erst in jüngster Zeit tendieren die meisten Länder – nicht zuletzt auf Betreiben der Frauenrechtsbewegungen – dahin, der Frau in der Ehe mehr strafrechtlichen Schutz zu gewähren.
Was sich aus der geschichtlichen und empirischen Untersuchung der ganzen Problematik Vergewaltigung ergibt, erscheint eindeutig: Nicht weil die betreffenden Männer Triebtäter, Psychopathen oder Asoziale sind, vergewaltigen sie Frauen. Der typische Vergewaltiger ist der ganz normale Mann von nebenan. Experten sind der Meinung, daß es ihm nicht um sexuelle Befriedigung geht, sondern um den Beweis seiner Stärke, seiner Position, seiner Dominanz. Sexualität dient ihm als Mittel, seine Macht über die Frau zu demonstrieren. So ist die Vergewaltigung der subtilste und entwürdigendste Ausdruck der Männerherrschaft.

Triebtäter

Auch der Sexualmord oder juristisch gesprochen das «Töten zur Befriedigung des Geschlechtstriebes» geschieht nicht zur Steigerung sexueller Lust. Vielmehr ist die Tötung das Ende eines langen Kampfes gegen destruktive Kräfte, die aus dem Inneren des Täters aufsteigen und über die er nicht Herr wird. Seine Abwehr bricht zusammen. Wenn dabei sexuelle Befriedigung eine Rolle spielt, so «drückt sich darin lediglich die spezifische Abwehrbemühung, der unbewußte Versuch aus, die Konflikte und Impulse durch Sexualisierung zu kanalisieren und zu entschärfen[172].
Genau das gleiche gilt auch für andere Formen abweichenden Sexualverhaltens. Es ist z.B. falsch anzunehmen, der Sadist werde herrschsüchtig, aggressiv und gewalttätig, weil er seine Sexuallust steigern will. Vielmehr benutzt er die Sexualität, um von seinen Ängsten und zerstörerischen Zwängen nicht überwältigt zu werden. Alle destruktiven Kräfte konzentriert er auf die sexuelle Be-

friedigung, die für ihn in der Beherrschung seines Partners besteht, und rettet sich damit vor der psychischen Auflösung. Sexualität ist dann, selbst noch in einer perversen Form, für gestörte Menschen oft die einzige Möglichkeit, einigermaßen angepaßt und unauffällig zu leben[173].

Konfliktlösung durch Perversion

Zur Perversion wird sexuelles Verhalten dadurch, daß sich ein sexueller Teilbereich verselbständigt und überbewertet wird. Der Betroffene kann sich dem Zwang, der von ganz bestimmten sinnlichen Reizen ausgeht, nicht entziehen, er hat keine Freiheit mehr, sich gegen sein eingeengtes Verhalten zu entscheiden. Dennoch wird die Meinung, daß es sich bei den Perversionen um krankhaftes Verhalten handelt, zumindest in der Psychiatrie und Psychotherapie immer mehr aufgegeben[174]. Ebensowenig hält man die Perversionen für Veranlagungen. Vielmehr versteht man sie als Versuche, Bedrohungen der eigenen Geschlechtsidentität zu bewältigen[175]. Jede perverse Handlung ist das erneute Durchleiden eines Kindheitstraumas und wird als Racheakt und Triumph gefeiert.

Dies alles ist ein Ärgernis für jeden, der in der Sexualität einen einzigartigen persönlichen Wert sieht. Denn Sexualität wird hier nicht mit Liebe verbunden, sondern mit Haß, Gewalt, Erniedrigung und Feindseligkeit. Und sie wird als Mittel zur Konfliktlösung gebraucht.

Bedenkt man, daß sexuelle Gewalt fast ausschließlich von Männern verübt wird und auch unter Perversionen hauptsächlich Männer zu leiden haben, so erhebt sich die Frage, ob das nicht auch mit dem Herrschaftsanspruch des Mannes zusammenhängt. Denn gegen die Frau wird auch sonst Macht und Gewalt ausgeübt, auch wenn diese nicht direkt sexuell sein muß. Die allerorten entstehenden Frauenhäuser und die vielfältigen Formen von Unfreiheit und Ungerechtigkeit, denen Frauen allenthalben unterworfen sind, sprechen eine deutliche Sprache. In der Bundesrepublik suchen jedes Jahr 1400 Frauen Zuflucht in Frauenhäusern[176].

Weil Sexualität mit Gewalt, Betrug, Mißbrauch von Abhängigkeiten, Erpressung und Bedrohung zu tun haben kann, bedarf es der Sexualgesetze. Diese brauchen allerdings mit der herrschenden Sexualmoral nicht übereinzustimmen. Liebloses und quälendes Verhalten unter Eheleuten ist gewiß unmoralisch und dennoch legal. Die Begründung dafür, welches sexuelle Verhalten legal oder illegal, moralisch oder unmoralisch ist, liegt im jeweiligen Interesse des Staates oder der Kirche, beziehungsweise dem, was sie für das Interesse der ihnen anvertrauten Menschen halten.

16. Ehe im Umbruch

Ewiges Recht in vielerlei Gestalt

Das althochdeutsche Wort ēwa, von dem sich unser Wort «Ehe» herleitet, hat die Bedeutung «Gesetz», und wenn als Grundbedeutung «ewig geltendes Recht» angenommen werden darf, ist es mit «ewig» verwandt. Die heutige Bedeutung «Ehe» beruht auf einer zuerst von Notker um 1000 vorgenommenen Besonderung: unter den gesetzmäßigen Verträgen war der zur Ehe führende der wichtigste. Bis heute gilt die Ehe als eine durch Sitte oder Gesetz gesellschaftlich anerkannte, vertraglich geregelte Institution, die einer Paarbeziehung Halt und Dauer verleihen und den Lebensbereich einer Familie sichern soll.

«Ewig geltendes Recht» und funktionsunfähige Gewohnheitsehe – das ist der Spannungsbogen, zwischen dem sich die Ehe durch die Jahrtausende bewegt. Aber so groß das Dilemma der Ehe heute auch sein mag, «noch niemals zuvor in der Geschichte Deutschlands waren so viele Menschen verheiratet wie heute»[177]. Die Zunahme der Ehehäufigkeit, bedingt durch das junge Heiratsalter und die längere Lebensdauer, läuft parallel zum Kleinerwerden der Familie. Man sucht Heimat, Geborgenheit und heiratet natürlich aus Liebe. Gerade diese emotionalen Werte aber machen eine Ehe instabil.

Ursprünglich führten geradezu entgegengesetzte Intentionen zur Eheschließung. Das macht ein Blick in die Sozialgeschichte deutlich[178]. Steht heute die Familie unter dem Schutz der Ehe, so stand ursprünglich die Ehe unter der Vormundschaft der Familie oder Sippe. Bei den primitiven Jäger- und Sammlervölkern suchten sich Männer und Frauen ihre Partner frei aus, Kinder wurden nach der Stillzeit im Kollektiv großgezogen. Alle Kräfte mußten gemeinsam in die Bewältigung der Anforderungen, die das Leben und Überleben stellten, investiert werden. Zwar gab es wohl keine Promiskuität, aber die «Ehe», falls man das freigewählte Geschlechtsverhältnis so nennen darf, hatte praktisch keine Bedeutung, von persönlicher Beziehung ganz zu schweigen.

Das änderte sich mit dem Übergang zur Ackerbau- und Viehzuchtkultur. Nun waren Investitionen nötig, Besitz wurde erlangt, Eigentum abgegrenzt. Während der Mann auf die Jagd ging, bildete die Frau zu Hause in der von ihr betriebenen Stecklingswirtschaft das Zentrum der Großfamilie. In dieser Übergangszeit zu einer höheren Kulturstufe galt bei mehreren Völkern das Mutterrecht. Mutterrecht bedeutet, daß die Abstammung von der Mutter die Grundlage der rechtlichen und gesellschaftlichen Existenz eines Menschen bildete. Diese matrilineare Abstammung zu verfolgen war sinnvoll, weil die Herkunft eines Kindes von der Mutter immer feststand, während die Vaterschaft oft schwer festzustellen war. Nirgendwo ist allerdings ethnologisch ein Matriarchat nachgewiesen, in dem der Frau auf allen Gebieten, vor allem politisch, die Vorrangstellung zugekommen wäre. Mit der Entwicklung der Ackerbaukultur jedoch wechselte die mutterrechtliche in die patriarchalische Herrschaftsstruktur, nach Lévi-Strauß eine Logik der Überlebenssicherung. Denn dadurch, daß der Mann durch Zuheirat die Zahl der Frauen erhöhen konnte, sicherte er den Bestand seiner Familie. Die Frauen aber wurden abgeschirmt und kontrolliert, damit nicht familienfremde Kinder erbberechtigt werden konnten. Die Einehe erscheint erst in den höheren Kulturen als eine Art Protestaktion. Sie setzt Besitz voraus und ist mit großen wirtschaftlichen Verpflichtungen verbunden, die vor einem Stammesfürsten oder Priester eingegangen werden. Erst durch das Christentum drangen ideologische Begründungen in die Ehe ein[179].

Kinder als Überlebenssicherung – das war der ökonomische Grund dafür, daß die Fortpflanzung als erstes Ziel der Ehe angesehen wurde. Und bis heute beherrscht die Vorstellung, daß Mensch und Tier deshalb mit Sexualität begabt sind, weil sie in der Fortpflanzung ihre Art erhalten müssen, das Feld. Fortpflanzung gibt es jedoch auch ohne Sexualität. Bei niederen Tieren findet sie ungeschlechtlich statt. Erst die evolutiv höherstehenden Lebewesen haben die zweigeschlechtliche Fortpflanzung entwikkelt. Am deutlichsten aber ist die Loslösung von Fortpflanzung und Sexualität beim Menschen vollzogen[180]. Von hundert sexuellen Begegnungen der Eheleute können durchschnittlich 98 gar nicht der Kinderzeugung dienen. Dies macht deutlich, daß die Häufigkeit des Geschlechtsverkehrs im umgekehrten Verhältnis zur Fruchtbarkeit steht. Die heute mögliche Zeugung von Retortenbabies geschieht ohne Sexualität. Eine Trennung von der Fortpflanzung liegt schließlich auch bei all den Menschen vor, die ohne Partner leben müssen, Jugendliche und Alte, Unverheiratete, Zölibatäre, Behinderte. Auch sie sind in der Regel sexuell normal begabt.

Heute stehen wir vor dem entgegengesetzten Problem. Nicht möglichst viele Kinder sichern den Fortbestand der Menschheit, sondern möglichst wenige. Geht die Bevölkerungsexplosion so weiter wie bisher, dann wird sich die Menschheit in 35 Jahren verdoppelt haben und acht Milliarden zählen. Das Gebot der Stunde heißt also Trennung von Sexualität und Fortpflanzung, denn sexuelle Enthaltsamkeit von Milliarden von Menschen zu fordern wäre unrealistisch.

Die Trennung von Sexualität und Fortpflanzung bedeutet sicher nicht den Tod der klassischen Ehe. Denn auch in Zukunft werden wirtschaftliche Vorteile für eine Eheschließung sprechen. Mehr allerdings noch emotionale Gründe: der Wunsch nach einem Kind und nach einem richtigen Familienleben spielt bei der Entscheidung für oder gegen die Ehe mehr und mehr die dominierende

Rolle. Eine Ehe ohne Kinder ist nicht mehr plausibel[181]. Ja, man kann fragen, ob Ehen nur noch geschlossen werden, wenn der Wunsch nach Kindern besteht. So wird die Ehe zwar heute zu einer kinderorientierten Institution, aber auf merkwürdig andere Weise als die «Kinderaufzuchtsanstalt», die die katholische Kirche immer in ihr sah: Der Wille zum Kind wird nicht von der Kirche befohlen, sondern geht von den Lebenspartnern selbst aus. Im Prinzip aber haben diese eine ganz andere Auffassung. «Die Deutschen sind... *abstrakt* kinderfreundlich, aber das Ja zum Kind ist an optimale, gar utopische Voraussetzungen gebunden (sicheres Einkommen, gelungene Partnerschaft, kein die eigenen Ansprüche berührender Einkommens- bzw. Standardverlust).»[182] Auch das Bedürfnis, seine Zusammengehörigkeit zu legalisieren und nach außen hin deutlich zu machen, spielt bei der Entscheidung für eine Ehe eine immer größere Rolle.

Neue Überlegungen zum alten Dilemma

Zugleich aber fordert das offensichtliche Dilemma der Ehe zu neuen Überlegungen heraus. Mieth nimmt es in Kauf, mit seinem «Entwurf» zwischen allen Fronten zu stehen: Er spricht der katholischen Kirche die Autorität ab, über gescheiterte Ehen den Stab zu brechen, sofern das Scheitern durch schicksalhaftes Unvermögen zustande kommt, hält aber gleichwohl an der prinzipiellen Unauflöslichkeit fest. Er begrüßt die Emanzipation der Frau, lehnt jedoch deren Selbstverwirklichung um jeden Preis ab. Er wendet sich gegen eine von der Wirklichkeit abgehobene Singularität von Höchstwerten, eine «Metaphysik der Liebe», wie sie Karol Wojtyla vertritt. Er ist gegen jede Repression, aber für Grundwerte, denn sowohl Repression als auch Permissivität haben der Ehe den Identitätsverlust eingebracht. Jedoch versucht Mieth, in der wachsenden Funktionslosigkeit der Ehe nicht nur einen Nachteil, sondern eine Chance zu sehen. Für ihn besteht der theologische Kern der Ehe in der Liebe, diese aber nicht als

Postulat oder christliche Tugend verstanden, sondern als immer wieder neuer, unvollkommener Versuch, sich über die Teilnahmslosigkeit des Alltags hinwegzusetzen. Zu dieser Aufwertung der Beziehung bedarf es des Eros. Dieser aber braucht, um nicht fehlzugehen, Vernunft, Verzicht oder Inanspruchnahme. Eros und Ethos zusammen ergeben dann ab und zu eine glückliche Ehe. Ehe und Familie könnten so als Alternative verstanden werden zu einer Gesellschaft, die mehr oder weniger in Auflösung begriffen ist, als Zeichen des Widerstehens. Aber rückte die Ehe damit nicht aus der Normalität heraus und wäre überfordert?

«Muß, ja darf die Liebe zwischen zwei Menschen legalisiert werden?» «Muß sie einmünden in eine gesetzlich-vertragliche Bindung?» Mit solchen provokativen Fragen wendet sich die Berliner Pastorin M. Frisch gegen die spannungslose, funktionsunfähige Gewohnheitsehe, die zum Scheitern verurteilt ist. Außerdem, so meint Frisch, widerspricht jedes Gelöbnis, jede Selbstverpflichtung, vor allem die «bis der Tod euch scheidet», der christlichen Hoffnung, die ihre Existenz nicht auf ein Gesetz stützen kann, sondern auf Wahrhaftigkeit, Vertrauen, Rücksicht und Zuwendung. Ebenso sei die Formel «Was Gott verbunden hat, soll der Mensch nicht scheiden» nicht hilfreich, führe vielmehr zu einer mythisch-irrationalen Überhöhung der Ehe. Denn Gott greife nicht derart in die Freiheit der Menschen ein, daß *er* sie zusammenführe, sondern die Menschen selbst sind für ihre unter Umständen auch schlechte Wahl verantwortlich (160f.). Nicht die Ehe sei göttliche Stiftung, sondern die Zusammengehörigkeit von Mann und Frau (172). Und so wird es bald neue Formen des Zusammenlebens geben: die offene Ehe, die nichteheliche Lebensgemeinschaft, die nur standesamtlich oder nur kirchlich geschlossene Ehe, die Ehe auf Zeit, die Gruppenehe, die homosexuelle Ehe. Im Zuge der Privatisierung der Beziehungen und der veränderten Stellung der Frau in der Gesellschaft wird auch der Ehestatus und die Eheform zur reinen Privatsache, auf die religiöse oder staatliche Normvorstellungen immer weniger Einfluß haben[183].

17. Ehe – was sie war

Mehrere Modelle in Israel

Nach einer Lehre über die Ehe oder gar nach einer Definition der Ehe suchen wir in der Bibel vergeblich, ja das Alte Testament kennt nicht einmal ein Wort für Ehe. Aber im Unterschied zum Neuen Testament, wo Ehepaare überhaupt nicht vorkommen und noch weniger Familien, wird uns im Alten Testament gelebte Ehe in vielfältiger Gestalt vorgeführt. Freilich handelt es sich auch hier um eine relativ spärliche und mehr oder weniger zufällige Zahl von Beispielen. «In welcher Form sich das Eheleben des ganzen Volkes abspielte, ist auf dem Wege statistischer Auswertung vorhandenen Materials nicht zu erkennen» (Plautz 1963, 15).
Wir stehen zunächst vor der für unser abendländisches Empfinden befremdlichen Tatsache, daß die israelitische Ehe grundsätzlich *polygam* war[184]. Das kann jedoch nicht überraschen, wenn wir bedenken, daß die Ehe zunächst der Erhaltung und Besitzstandswahrung von Sippe und Stamm diente (weshalb die Frauen auch mit Vorliebe aus dem gleichen Stamm und Sippenverband genommen wurden) und daß die Kindersterblichkeit hoch war und die Lebenserwartung gering. Indes war die Polygamie nicht einfach die Regel. Schon für die Frühzeit setzt die Bibel das Nebeneinander von Monogamie und Polygamie als ganz selbstverständlich voraus[185]. Wird Kain nur eine Frau zugeschrieben (Gen 4,17), so seinem Nachkommen Lamech deren zwei (Gen 4,19); umgekehrt nehmen Noach und seine drei Söhne nur je eine Frau mit in die Arche (Gen 7,13, vgl. 1 Petr 3,20). In den Erzählungen über die Patriarchen finden wir verschiedene Modelle. Da heiratet Jakob die beiden Schwestern Lea und Rahel als gleichberechtigte

Frauen, und jede stellt ihm auch noch ihre Magd zur Verfügung (Gen 29,15-30; 30,1-4). Esau, der Bruder Jakobs, nimmt sich sogar drei Frauen ohne ersichtlichen Unterschied des Ranges (Gen 26,34; 28,9). Abraham hat nur eine Frau, Sara, als eigentliche Gefährtin seines Lebens. Aber auch diese bietet ihrem Mann, angesichts ihrer Kinderlosigkeit, ihre Magd Hagar an (Gen 16, 1-3). Nach dem Tod Saras wird noch von einer Heirat Abrahams mit Ketura berichtet (Gen 25,1). Als eine ausschließliche Liebesehe wird die Verbindung von Isaak und Rebekka dargestellt (Gen 24,62-67). Auch die Ehe Josefs wird als monogam verstanden (Gen 41,45)[186]. Hingegen werden Mose zwei Frauen zugedacht (Ex 2,21; Num 12,1)[187].

Bei der *Magd*, die bei Kinderlosigkeit der Ehefrau an deren Stelle tritt, handelt es sich um einen Rechtsvorgang: die Kinder der Magd galten als die legitimen Kinder der Ehefrau (übrigens ein Rechtsdenken, das heute durch die In-vitro-Fertilisation und den Embryotransfer mit seinen «Miet-» oder «Leihmüttern» über Nacht neue Aktualität erfahren hat).

Anders verhält es sich mit den öfters erwähnten *Nebenfrauen* («Kebsweibern»), die die Rolle von Konkubinen spielten. So wird Nahor, dem Bruder Abrahams, eine Nebenfrau zugeschrieben (Gen 22,24), Gen 25,6 ist global von «den Nebenfrauen» Abrahams die Rede. Jakob hat neben seinen beiden Frauen Lea und Rahel eine Nebenfrau namens Bilha, um die es zu einem Konflikt mit seinem ältesten Sohn Ruben kommt (Gen 35,22). Aber auch in der späteren Zeit sind solche Nebenfrauen eine gewohnte Erscheinung.

Von den «vielen Frauen», die der Nationalheld Gideon hat, wird eine Nebenfrau besonders erwähnt (Ri 8,31). Die Nebenfrau eines Leviten ist das Opfer der sexuellen Brutalität der Männer von Gibea (Ri 19,22-30; vgl. S. 52, 143). Das Verhältnis Abners, des Heerführers Sauls, zu dessen Nebenfrau Rizpa entscheidet das politische Kräftegewicht zwischen dem Haus Sauls und seinem Gegenspieler David (2 Sam 3,6-12).

Die Zahl der Frauen und Nebenfrauen wurde durch Reichtum

und Macht des Mannes bestimmt. Daß der König über den größten Harem verfügte, versteht sich von selbst. Während Saul sich offenbar noch mit einer Frau (1 Sam 14,50) und einer Nebenfrau (2 Sam 3,7) begnügte, sind die Frauen und Nebenfrauen Davids zahlreich (2 Sam 5,13, vgl. 15,16; 16,21f.; 19,6; 20,3). Salomo werden gar siebenhundert Frauen und dreihundert Nebenfrauen zugeschrieben (1 Kön 11,3), vom Harem des Perserkönigs Xerxes, dem Ester angehörte, gar nicht zu reden (Est 2, vgl. auch Dan 5).

Gewiß sind manche dieser Angaben *cum grano salis* zu verstehen. Die Vielzahl der Frauen, die Salomo zugeschrieben werden, ist zweifellos eine spätere Glorifizierung seiner Person. Manchmal, vor allem in den Patriarchenerzählungen, dienen mehrere Frauen nur dazu, komplizierte Verwandtschaftsverhältnisse und Beziehungen zwischen Stämmen, Sippen und Gruppen zu erklären. So stellt die Herleitung der zwölf Stämme Israels von zwei Frauen Jakobs und deren zwei Mägden einfach eine volkstümliche Erklärung dafür dar, daß der Zwölfstämmeverband sich aus vier Stämmegruppen von unterschiedlichem politischem Gewicht zusammensetzte (Gen 29,31-30,24). Aber auch wenn solche Erzählungen keine Historizität für sich in Anspruch nehmen können, spiegeln sie doch die kulturellen und gesellschaftlichen Verhältnisse ihrer Zeit wider.

Rivalitäten

Daß polygame Ehen den häuslichen Frieden nicht immer leicht machten, leuchtet ein. Zwar forderte schon ein altes Gesetz (Ex 21,10), daß durch eine zweite Frau die Ansprüche der ersten auf Nahrung, Kleidung und Beischlaf nicht geschmälert werden durften. Indes galt normalerweise die Frau mehr, die mehr Kinder gebar. Denn das ist die erste Pflicht der Ehefrau, weshalb der Braut in die Ehe der Wunsch mitgegeben wird: «Werde zu tausendmal Zehntausend!» (Gen 24,60). Der Nachkommenschaft

wegen kommt es zum Zerwürfnis zwischen Sara und ihrer Magd Hagar, das zur Vertreibung der Magd führt (Gen 16,4-6). Die unfruchtbare Rahel ist eifersüchtig auf die fruchtbare Lea, ja sie versteht ihr Leben geradezu als «Kampf» gegen ihre Schwester (Gen 30,8), und sie bestürmt ihren Mann: «Schaffe mir Kinder, sonst sterbe ich» (Gen 30,1). Ähnlich sieht sich die kinderlose Hanna von ihrer mit Kindern gesegneten Rivalin[188] Peninna gedemütigt (1 Sam 1,2-6).
Eifersucht gab es auch um den Beischlaf des gemeinsamen Mannes (Gen 30,14-16). Andererseits zeigt die Erzählung von den beiden Frauen Elkanas, Hanna und Peninna, daß die Liebe des Mannes auch andere Wege gehen konnte. Elkana tröstet die unglückliche Hanna: «Bin ich dir nicht mehr wert als zehn Söhne?», und er bevorzugt sie beim Mahl, was freilich der Lieblosigkeit Peninnas neue Nahrung gibt (1 Sam 1,5f.). Offenbar konnte nie ein Mann zwei Frauen die gleiche Liebe schenken. Nicht ohne Grund wird im Gesetz selbst von zwei fruchtbaren Frauen die eine Frau die «Geliebte», die andere die «Gehaßte», das heißt die Ungeliebte genannt (Dtn 21,15).

Die einzige Frau

Diese Schattenseiten der Polygamie mögen dazu beigetragen haben, daß die Einehe im Judentum immer mehr die Oberhand gewann und zur Zeit Jesu die Regel gewesen sein dürfte. Sicher ist im biblischen Judentum das Beispiel der monogamen griechischen und römischen Ehe von Einfluß gewesen. Wie weit auch ethische Überlegungen im Spiel waren, ist schwer zu sagen. Sicher ist die Mahnung des deuteronomischen Gesetzes (7. Jh. v.Chr.) an den König, sich nicht viele Frauen zu nehmen (Dtn 17,17), nicht als Kritik an der Polygamie zu werten. Hier geht es dem Gesetzgeber um die Erhaltung des reinen Jahweglaubens, den er – in Anspielung auf Salomo – durch die ausländischen Frauen des Königs gefährdet sah. Hingegen kann das Lob, das mehrere biblische Texte auf die Ehefrau singen, schwerlich anders als auf die einzige Frau bezogen werden:

Deine Frau gleicht einem fruchtbaren Weinstock
im Inneren deines Hauses,

so wird im 128. Psalm (V. 3) dem gottesfürchtigen Mann der Segen Gottes zugesprochen. Die gleiche Sprache sprechen die «Sprüche», wenn sie zur ehelichen Treue auffordern:

Trinke Wasser aus deiner eigenen Zisterne,
Trunk aus deinem Brunnen...

Dein Brunnquell sei gesegnet,
freue dich an der Frau deiner Jugend!

Die liebliche Hinde,
die anmutige Gemse –

Ihre Liebkosung mache dich allezeit trunken,
an ihrer Liebe berausche dich immerfort! (Spr 5,15.18f.)

Und das bekannte «Lob der tüchtigen Hausfrau» (Spr 31,10-31) scheint nur *eine* Frau zu kennen, die königlich im Hause schaltet und waltet und ihres Mannes Stütze ist.
So gewinnt das insgesamt eher unpersönlich wirkende eheliche Verhältnis doch immer wieder eine persönliche Note, in der auch Akzente der Liebe nicht fehlen. Daß die jungen Frauen und Männer Israels zum Verliebtsein und zur ausschließlichen Hingabe fähig waren, zeigt uns allein schon das Hohelied zur Genüge. Und das junge Eheglück wird für so wichtig angesehen, daß der Mann das erste Jahr nach der Hochzeit vom Wehrdienst befreit ist, «damit er fröhlich sei mit seiner Frau, die er genommen hat» (Dtn 24,5). Wenn überdies in der Bildsprache der Propheten, die den Bund Jahwes mit Israel mit einem Ehebund vergleichen, der

Ehemann seine Frau anredet: «Mit ewiger Liebe habe ich dich geliebt» (Jer 31,3), «ich verlobe dich mir in Treue» (Hos 2,22), «als für dich die Zeit der Liebe da war, breitete ich meinen Mantel über dich» (Ez 16,8), so zeigt dies, daß sich für das alte Israel mit dem Phänomen der Ehe durchaus die Vorstellung von Liebe und Treue verband. Zweimal fällt in diesem Zusammenhang das Wort «Bund» (*b^erīt*: Ez 16,8; Mal 2,14).

Die Monogamie von Gott verordnet?

Eine grundsätzliche Höherbewertung der Monogamie gegenüber der Polygamie ist freilich der Bibel nicht zu entnehmen. Im Gegenteil: in der prophetischen Bildsprache werden sogar – in Anspielung auf das Nordreich Israel und das Südreich Juda – Jahwe zwei Frauen zugeschrieben (Jer 3,6ff.; Ez 23). Noch weniger kann sich die Monogamie auf ein göttliches Gebot berufen (auch das Neue Testament setzt sie mehr voraus, als daß es sie gebietet). Sie ist genauso wie die Polygamie das Ergebnis einer zeitbedingten Entwicklung und läßt sich auch nicht aus dem Wesen des Menschen begründen. Mit der menschlichen Natur sind sowohl die Monogamie wie die Polygamie wie auch die Polyandrie vereinbar[189].

Für die Begründung der Monogamie als gottgewollte Institution berief man sich in der Vergangenheit einmütig auf die biblische Erzählung von der Erschaffung der ersten Frau aus einer Rippe des Mannes (Gen 2,18-24), die in die Aussage mündet: «Deshalb verläßt der Mann seinen Vater und seine Mutter und klebt an seiner Frau, und sie werden zu einem Fleisch.» Dieser Satz galt als klassischer Schriftbeleg für die Institution der Ehe, und zwar der monogamen wie der unauflöslichen Ehe[190]. Freilich sah schon Hermann Gunkel, daß die Erzählung die unwiderstehliche Anziehungskraft der Geschlechter zu erklären beabsichtigt und nicht etwa für die Ehe eine Idealforderung durchsetzen soll, die zudem dem sittlichen und kulturellen Niveau der Zeit fremd war. Er bemerkt zutreffend: «Der Mythos ist oft mißverstanden worden; er redet nicht von der ‹Ehe›; auch davon, daß er die Einehe als normal hinstellen wolle, ist nicht die Rede... Der Mythos stellt nicht Ideale hin, sondern er will Tatsachen erklären.»[191] Unter den neueren Auslegern hat sich vor allem Westermann diese Sicht zu eigen gemacht: «An die Begründung irgendeiner Institution ist hier nicht gedacht; es handelt sich um urgeschichtliches Geschehen... Dieser Vers hat seine Bedeutung darin, daß er im Unterschied zu den bestehenden Institutionen und z.T. sogar im Gegensatz zu ihnen auf die elementare Kraft der Liebe von Mann und Frau weist.»[192]

Wie kam Ehe zustande?

Obwohl an der bereits genannten Stelle Mal 2,14 Jahwe als Zeuge und Schützer des Ehebundes erscheint, ist die Ehe in Israel, wie überall im Alten Orient, weder eine religiöse[193] noch eine öffentliche, sondern eine rein private Angelegenheit zwischen zwei Familien, im näheren zwischen dem Vater der Braut und dem Vater des Bräutigams (Gen 24,2ff.; 38,6), gelegentlich auch diesem selbst (Ex 22,15). Daß der junge Mann dabei den Willen seiner Eltern mißachtete, dürfte die Ausnahme gewesen sein (Gen 26,34f.). In der Regel wählt der Vater für seinen Sohn die Frau (wobei mildernd zu berücksichtigen ist, daß für unsere Begriffe ungewöhnlich jung geheiratet wurde[194]) und erwirbt diese für ihn durch Zahlung des Brautpreises *(mōhār)* an ihren Vater. Der Brautpreis betrug fünfzig Schekel (ca. 570 g) Silber (Dtn 22,29). Er konnte, wie im übrigen Alten Orient, auch durch Dienstleistung ersetzt werden. Das dürfte vor allem dort praktiziert worden sein, wo der Bewerber arm war. So diente Jakob seinem Schwiegervater Laban 14 Jahre für dessen beide Töchter Lea und Rahel (Gen 29,15-30). Saul verlangt von David für seine Tochter Michal die Vorhäute (d.h. den Tod) von hundert Philistern (s. S. 51f.).

Aus dem Brauch des Brautpreises abzuleiten, daß die Frau wie eine Ware behandelt wurde, würde hebräischem Denken nicht gerecht. Nirgendwo kommt im Alten Testament in diesem Zusammenhang das Wort «kaufen» vor. Es scheint sich beim Brautpreis vielmehr um eine Abgeltung der Rechte auf die Frau zu handeln, die vom Vater auf den zukünftigen Ehemann übergehen[195]. Zu bedenken ist ferner, daß der Brautpreis ganz oder großenteils wieder in der Mitgift aufging, mit der der Vater seine Tochter auszustatten hatte. Das schließt freilich nicht aus, daß im konkreten Fall der Brautpreis zur reinen Geschäftssache werden konnte (vgl. o. S. 52). Keinesfalls bedurfte es für das Übereinkommen zwischen den beiden Vätern der Zustimmung der betroffenen Frau; gelegentlich hören wir zwar, daß diese eingeholt wurde (Gen 24,58).

Die Übergabe des Brautpreises bedeutete praktisch die *Verlobung*. Mit ihr ging die Autorität über die junge Frau von ihrem Vater auf ihren künftigen Mann über, dem sie fortan absolute Treue schuldete, auch wenn sie noch bei ihren Eltern lebte (vgl. S. 195). Der junge Mann konnte aber auch sofort mit dem Mädchen die Ehe eingehen. Die Einhaltung eines zeitlichen Abstandes zwischen Verlobung und Heirat scheint in seinem freien Ermessen gelegen zu haben. Die *Ehe* kommt dadurch zustande, daß die Braut in das Haus des Mannes einzieht. Schriftliche Eheverträge sind im jüdischen Bereich seit dem 5. Jahrhundert v. Chr. belegt. In ihnen kommt freilich nur der Mann zu Wort, der erklärt: «Sie ist meine Frau, und ich bin ihr Mann von heute an für immer.»

Für Juden die höchste Pflicht

War im alten Israel die Fortpflanzung von Familie und Sippe das eigentliche Ziel der Ehe, so hat das Judentum diesen Zweck zu einer von Gott – freilich nur dem Mann – auferlegten Pflicht erhoben. Das Gebot «Wachset und mehret euch» (Gen 1,28) ist das erste und damit auch wichtigste, das Gott dem Menschen gibt, kaum daß er ihn erschaffen hat, ein Gebot, das jedoch nur in der Ehe erfüllt werden soll. Der Schulchan Aruch, der maßgebliche Gesetzeskodex des Judentums, formuliert: «Man ist verpflichtet, eine Frau zu nehmen, um fruchtbar zu werden und sich zu vermehren. Diese Pflicht beginnt für den Mann, sobald er in das 18. Jahr eintritt, jedenfalls überschreite er nicht das 20. Jahr ohne Frau.» Der Mensch erfährt aber auch nur in der Ehe die volle Verwirklichung seines Menschseins (Falk 313). «Der Mann ohne Frau lebt ohne Segen, ohne Thora, ohne das Gute, ohne Freude und ohne Frieden... Ein Mensch, der keine Frau hat, ist kein Mensch.»[196]

Auch die jüdische Ehe kann wie die altisraelitische an jedem profanen Ort und ohne Mitwirkung eines Priesters oder Rabbiners geschlossen werden. Der eigentliche Akt der Eheschließung besteht darin, daß der Bräutigam der Braut vor zwei Zeugen den Ring oder eine andere Kostbarkeit überreicht und dazu spricht: «Du bist mir damit geheiligt nach dem Gesetz von Mose und Israel»[197], und die Frau dies akzeptiert. Dieser Akt wird Kidduschin, «Weihung», genannt, aber wohlgemerkt: gemeint ist nicht die Weihung der Ehegatten an Gott, sondern der Frau an den Mann.

Dennoch erscheint die Ehe im Judentum stärker religiös geprägt als im alten Israel. Vom berühmten Gesetzeslehrer Rabbi Akiba (gest. 135 n.Chr.) wird der Spruch überliefert: «Wenn Mann und Frau würdig sind, so weilt die Schechina (Gegenwart Gottes) zwischen ihnen.»[198] Vor allem die eheliche Hingabe wird von der Gegenwart Gottes begleitet. Als religiöses Gebot gilt deshalb der Beischlaf am Sabbat, er ist integrierender Bestandteil der Sabbatfeier. Während in der christlichen Tradition der Beischlaf den Gottesdienst entheiligte (Eheleute hatten sich vor dem Empfang der Eucharistie zu enthalten[199]), wird er im Judentum in den häuslichen Gottesdienst «eingeheiligt».

Von diesem Gebot her ist es verständlich, daß im Judentum die eheliche Hingabe von beiden Partnern als Anspruch und Pflicht betrachtet wird. Indes widmet der Talmud «der Wichtigkeit der Gefühlsseite viele Stellen. Diese sind zusammengefaßt in der Regel, welche besagt: ‹Ein Mann soll seine Frau mit einer Mizwa (wörtl.: Gebot) erfreuen› – das ist der Talmudausdruck für die ehelichen Beziehungen. Das bezieht sich auf seine Pflichten, die sexuellen Bedürfnisse seiner Frau zu erfüllen, auch wenn sie das Gesetz der Zeugung überschreiten. Sogar mit dem Einverständnis seiner Frau sollte er nicht längere Zeit wegbleiben, um sie nicht leiden zu lassen» (Levy 28).

18. Ehe – was sie wurde

Für die Evangelien uninteressant

Die Aussagen des Neuen Testaments über die Wirklichkeit der Ehe sind äußerst dürftig[200]. Außer seinen Weisungen zu Ehebruch und Ehescheidung (s. S. 197–200, 212–220) hat sich Jesus mit keinem Wort dazu geäußert, wie Ehe gelebt werden soll. Vielmehr kommt eine gewisse Distanz zur Ehe schon darin zum Ausdruck, daß offenbar nicht nur Jesus selbst unverheiratet war, sondern auch andere wichtige Träger der neutestamentlichen Verkündigung wie Johannes der Täufer und Paulus. Zwar ist anzunehmen, daß die Menschen, die mit dem Evangelium in Berührung kamen, in der Regel auch verheiratet waren (Reicke 319), aber sie treten nicht als solche in Erscheinung. Die einzigen christlichen Ehepaare, die im Neuen Testament erwähnt werden, sind die wenig ruhmreichen Ananias und Saphira (Apg 5,1-11) sowie Aquila und Priszilla (Priska), bei denen Paulus in Korinth Unterkunft fand (Apg 18,2). Von ihrer Ehe erfahren wir nichts. Außer ihnen (Röm 16,3; 1 Kor 16,19; 2 Tim 4,19) richten sich alle in den paulinischen Briefen ausgesprochenen Grüße an einzelne Männer und Frauen[201].

Noch weniger wird uns im Neuen Testament eine lebendige und gelebte Familie vorgestellt. In den Evangelien werden zwar von Johannes dem Täufer die Umstände seiner Geburt erzählt (Lk 1), dann aber verbringt er sein Leben nicht in der Familie, sondern in der Wüste. Ein paar Streiflichter geben uns die Evangelien über die Familie Jesu. Wir hören, daß die Eltern ihren Sohn gewissenhaft nach den Weisungen des Gesetzes erzogen, daß es dabei aber trotzdem zu Spannungen zwischen den Erwartungen der Eltern und dem Anspruch des Sohnes kam (vgl. bes. Lk 2,41-51; Mk 3,20f.31-34). Von einem Familienleben ist indes keine Rede, wenn wir auch gelegentlich von Brüdern und Schwestern Jesu hören (Mk 3,31-35 par.; 6,3 par.). Zwar wird in der katholischen Kirche ein Fest der heiligen Familie gefeiert, die Vorbild sein soll für jede christliche Familie, aber das mutet um so sonderbarer an, als es gerade die katholische Kirche ist, die die Familie Jesu nicht als normale Familie anerkennt.

Jesus selbst blieb, soweit dies die Evangelien zu erkennen geben, ehelos. Damit setzte er sich über ein fundamentales, wenn auch nicht unbestrittenes[202] Gebot des Judentums hinweg (s.o.S. 178–180)[203]. Sein öffentliches Leben verbringt er mit aus ihren Familien herausgerissenen Männern und Frauen (vgl. Lk 8,2f.). Daß sich unter den Jüngern und Jüngerinnen Jesu Ehepaare befunden hätten, ist nicht ersichtlich.

Zwar scheinen außer Johannes alle Jünger Jesu verheiratet gewesen zu sein, aber ihre Frauen und Kinder treten nie in Erscheinung, einzig die Schwiegermutter des Petrus (Mk 1,29-31 par.). Wohl ist es ein Gemeinplatz der christlichen Verkündung, Jesus habe durch seine Teilnahme an einer Hochzeit und die dabei geleistete Weinspende die Ehe geehrt und geheiligt (Joh 2,1-11). Indes gilt das Interesse der Erzählung nicht der Hochzeit, sondern der durch das Wunder Jesu offenbar werdenden Epiphanie Gottes. Die Hochzeit ist nur Kulisse, und so hat denn der Evangelist auch kein Wort weder für das Brautpaar noch für die Wirkung, die das Weinwunder auf die Hochzeitsgäste machte. Ebenso ist in den Gleichnissen zur Wachsamkeit und Bereitschaft (Mt 22,1-14; 25,1-13) das Hochzeitsmahl nur Bildrahmen, aus dem keine Wertung der Ehe herausgelesen werden kann.

Die Ehe selbst scheint Jesus gar nicht interessiert zu haben, ja er macht eher Vorbehalte gegen sie: Sie kann den Menschen davon abhalten, der Berufung zum Reiche Gottes zu folgen (Lk 14,20), und im Hinblick auf die bevorstehende Endzeit kann sie geradezu einer Leichtfertigkeit gleichkommen (Lk 17,27, vgl. Mk 12,25 par.). Jedenfalls muß es wegen des Reiches Gottes Menschen geben, die freiwillig auf die Ehe verzichten (Mt 19,12.29; Lk 18,29).

Paulus: «Besser heiraten als brennen»

Konkret zum Thema Ehe wird *Paulus*, freilich in überwiegend negativem Sinn. Das läßt sich etwa auf die Kurzformel bringen: War für den Juden seiner Zeit die Ehe *geboten*, so ist sie für Paulus *erlaubt*. In seiner grundsätzlichen Äußerung 1 Kor 7,1-9 bezeichnet er die Ehe ausdrücklich als bloßes «Zugeständnis» (V. 6) für jene, denen die Gabe der Enthaltsamkeit nicht gegeben ist. Es ist schwer zu sehen, wie Paulus diese Haltung mit seinem biblisch-jüdischen Herkommen vereinbaren kann. Während es nach Gen 2,18 «nicht gut» ist, «daß der Mensch allein sei», so ist es nach Paulus «für den Menschen gut, keine Frau zu berühren» (V. 1), und er wünscht deshalb, «daß alle Menschen so wären wie ich», nämlich ehelos (V. 7). Aber wegen der Prostitution (*porneia*, vgl. S. 132f.), das heißt: um ihr nicht zu verfallen, «soll jeder seine eigene Frau haben, und jede soll ihren eigenen Mann haben» (V. 2). Ist die Ehe von zwei Möglichkeiten auch die schlechtere, so bewahrt sie doch vor noch Schlimmerem: «Es ist besser zu heiraten als zu brennen» (V. 9). Der Erreichung dieses Zieles dient die «eheliche Pflicht»: «Der Mann leiste der Frau die Pflicht, und ebenso die Frau dem Mann» (V. 3). Wer schon das Übel der Ehe auf sich nimmt, muß auch dessen Konsequenz, die Preisgabe der Freiheit, auf sich nehmen: «Die Frau verfügt nicht (mehr) über ihren eigenen Leib, sondern der Mann. Ebenso verfügt der Mann nicht (mehr) über seinen eigenen Leib, sondern die Frau» (V. 4). Und weil trotz allem immer noch die Gefahr der Prostitution droht, ist diese Pflicht unabdingbar. Die Eheleute dürfen sich davon in gegenseitigem Einvernehmen nur «auf Zeit» dispensieren, und zwar um sich dem Gebet zu widmen. Würde die Enthaltsamkeit länger dauern, bestünde die Gefahr, daß «der Satan» sie in ihr Gegenteil verkehrte (V. 5).

Das Wort Liebe kommt in diesem paulinischen Traktat über die Ehe – dem einzigen im Neuen Testament! – nicht vor. Die Ehe ist für Paulus ein reines Rechtsinstitut, in dem die Liebe keine Rolle spielt[204]. Der Verfasser des neutestamentlichen «Hohenliedes der Liebe», das im gleichen Brief steht (Kap. 13), scheint von der Liebe zwischen Mann und Frau keine Ahnung gehabt zu haben[205].

Ähnlich wie den Männern empfiehlt Paulus auch den Jungfrauen und den Witwen, so zu bleiben, wie sie sind (1 Kor 7,25-40). Heiraten sie jedoch, so tun sie nichts Unrechtes. «Wer seine Jungfrau[206] verheiratet, tut gut, wer sie nicht verheiratet, tut besser» (V. 38).

Diese pessimistische Einstellung kann freilich aus der Erwartung des Apostels vom nahen Weltende nicht herausgelöst werden: «Die Zeit ist kurz,... die Gestalt dieser Welt vergeht» (V. 29.31). Deshalb ist jetzt schon Verzicht auf die Welt geboten und sollen sogar «jene, die Frauen haben, so sein, als hätten sie keine» (V. 30), sie sollen in innerer Distanz zu dieser Welt leben und sich stets ihrer Kurzfristigkeit und Vergänglichkeit bewußt sein. So dürfte sich auch erklären, warum das Kind, das im Judentum erster Ehezweck war und auch in der Kirche zum ersten Ehezweck aufrücken wird, bei Paulus nicht in den Blick kommt.

Darüber hinaus findet sich die einzige direkt paulinische Äußerung zur Ehe in 1 Thess 4,4f. Es ist jene die Frau diskriminierende Mahnung, jeder (Mann) solle «sich sein Gefäß erwerben in Heiligung und in Ehren, nicht in Leidenschaft der Begierde wie die Heiden, die Gott nicht kennen». Paulus betrachtet also die Begierde *(epithymia)*, wie später Augustinus die concupiscentia, als etwas Heidnisches und deshalb Verwerfliches.

Ehe als Gleichnis

Zum erstenmal fällt im Zusammenhang mit der Ehe das Wort Liebe im indirekt paulinischen Kolosserbrief. Dieser enthält eine sogenannte «Haustafel» (3,18 – 4,1), worunter die Fachsprache eine Art Katechismus für das christliche Verhalten in der Welt versteht, dessen Form die junge Kirche von der hellenistischen Philosophie und von dem griechisch sprechenden Judentum übernahm. Die ersten Anweisungen dieser Haustafel richten sich an die Frauen, die Männer und die Kinder. Sie fordern in nüchterner Kürze: «Ihr Frauen, seid den Männern untertan, wie es sich schickt im Herrn! Ihr Männer, liebt eure Frauen und seid nicht bitter gegen sie! Ihr Kinder, gehorcht den Eltern in allem! Denn das ist wohlgefällig im Herrn» (3,18-20).

Ausführlicher wird der wenig jüngere Epheserbrief, der sich im Gedankengut stark an den Kolosserbrief anlehnt. Das Hauptaugenmerk des Verfassers gilt der Stellung Christi in Kosmos und Kirche. Der erhöhte Christus thront im Himmel, wo er zur Rechten Gottes sitzt und wo ihm alle Chöre überweltlicher Kräfte, Mächte und Gewalten unterworfen sind (1,20-22). Deshalb spielen die himmlischen Sphären in dem Brief eine zentrale Rolle. Vom Himmel aus wird das Heilsgeschehen auf der Erde geplant und durchgeführt (1,3-6; 3,8-11), ja es ist sogar im Himmel schon vorhergebildet. Der himmlische Christus ist der Prototyp des neuen Menschen auf Erden (4,24), sein individueller Leib weitet sich aus im Leib der Kirche (4,10-16). Selbst die irdische Autorität ist nichts anderes als eine Abschattung der himmlischen Autorität Gottes (3,15). So ist es nicht verwunderlich, daß auch die Ehe von Mann und Frau – erstmals wird hier (5,22-33) im Neuen Testament ihr Sinn thematisiert – als Abbild der himmlischen Ehe zwischen Christus und der Kirche verstanden wird[207], wobei der Verfasser an das prophetische Bild der Ehe zwischen Jahwe und Israel anknüpft (s.o.). Dabei hat sich freilich das Bild in bemerkenswerter Weise verschoben. War bei den Propheten der Bund Jahwes mit Israel ein Abbild des Ehebundes zwischen Mann und Frau, so ist nun umgekehrt die menschliche Ehe ein Abbild des Ehebundes zwischen Christus und der Kirche.

Um das Wesen der Ehe zu definieren, greift der Verfasser, wie dies auch Jesus tat, auf Gen 2,24 zurück: «Deshalb wird der Mensch

Vater und Mutter verlassen und sich an seine Frau binden, und die beiden werden *ein* Leib sein» (V. 31). Was jedoch mit dieser Aussage gemeint ist, könne erst im Licht des Christusgeschehens verstanden werden: die damit angesprochene Ehe ist ein großes (d.h. wichtiges) «Mysterium» im Hinblick auf Christus und die Kirche. «Mysterium», von der lateinischen Bibel mit *sacramentum* übersetzt, hat hier nicht den Sinn von Geheimnis, sondern nähert sich dem von Paulus gebrauchten Begriff *typos* (Vorherbild). In kühner theologischer Kombination erklärt also der Verfasser, Gott habe die Ehe von Anfang an nicht um ihrer selbst willen gewollt, sondern um der Kirche willen. Die Kirche war es, die Gott mit der Ehe im Sinn hatte, ihrer Vorbereitung sollte die Ehe dienen[208].

Aus dem Verhältnis, das zwischen Christus und der Kirche aufgestellt wird, werden Folgerungen für das Verhalten der Eheleute abgeleitet. Den Frauen geziemt Unterordnung unter den Mann, weil er ihr Haupt ist. Zur Begründung dieser Forderung muß der Verfasser nun freilich das Bild vom himmlischen Ehebund in das Bild vom menschlichen Körper abwandeln: Christus ist nicht nur der Ehemann der Kirche, sondern auch ihr Haupt und diese sein Leib, der sich dem Haupt unterordnet (V. 22-24). Für die Männer ergibt sich daraus: «Darum sind die Männer verpflichtet, ihre Frauen so zu lieben wie ihren eigenen Leib» (V. 28).

Wie diese Liebe praktisch aussehen kann, deutet der Verfasser freundlich an, wenn er – nun wieder im Bild des Ehebundes – betont, Christus wolle seine Kirche schön und ohne Runzeln, was konsequenterweise wohl auch bedeuten muß, daß es vom Mann abhängt, ob die Frau schön und ohne Runzeln bleibt.

Die letzte Äußerung zum Thema finden wir, jetzt außerhalb des Corpus Paulinum, im 1. Petrusbrief (3,1-7). Wiederum haben wir es mit einer «Haustafel» zu tun. Die Männer werden ermahnt, mit ihrer Frau als dem «schwächeren Gefäß» – das Wort klingt hier weniger hart als in 1 Thess 4,4 (s.o.) – «in Einsicht» zusammenzuleben und ihm Ehre zu erweisen, «damit euren Gebeten nichts im Wege steht», womit das gemeinsame Gebet der Ehegatten zu einem bestimmenden Gut der Ehe erhoben wird. Die Unterwerfung der Frau unter den Mann wird umgekehrt damit begründet, daß diese seine Bekehrung bewirken kann (offenbar ist an eine Mischehe einer Christin mit einem Heiden gedacht): «damit auch die, die dem Wort nicht glauben, durch den Wandel der Frauen ohne ein Wort gewonnen werden» (V. 1). Erlangt anderswo im Neuen Testament die Frau ihr Heil im Kindergebären (1 Tim 2,15: «sie wird gerettet durch das Kindergebären»), so bewirkt sie hier das Heil ihres Mannes durch ihre Liebenswürdigkeit[209].

Das Feilschen um den Zweck der Ehe

Enthalten die neutestamentlichen Schriften somit mancherlei Aussagen über Wesen der Ehe und Verhalten in der Ehe, so schweigen sie sich über den Zweck der Ehe völlig aus[210]. Eine um so größere Beachtung hat die Zweckfrage seit Augustinus bis heute in der Kirche gefunden[211]. Für Augustinus ist die Fortpflanzung des Menschengeschlechts der einzige *Zweck* der Ehe, der dann sogar die in sich sündhafte Lust entschuldigt (vgl. S. 39f.), während er die *Güter* der Ehe in die triadische Formel faßt: *Proles, fides, sacramentum* (Nachkommenschaft, Treue, «Sakrament»)[212]. Er findet diese drei Güter verwirklicht in der Ehe Marias mit Josef: «Die Nachkommenschaft erkennen wir im Herrn Jesus selbst; die Treue, weil kein Ehebruch; das Sakrament, weil keine Scheidung[213]. Bedeutet *fides* also für Augustinus die eheliche Treue, so steht *sacramentum* für das unauflösliche Eheband. Anderswo spricht Augustinus von «coniunctionis inseparabilis sacramentum» (dem «geheimnisvollen Zeichen der untrennbaren Vereinigung»)[214]. Gibt es die ersten beiden Güter in jeder, auch in einer heidnischen Ehe, so ist das dritte, *sacramentum*, der christlichen Ehe vorbehalten. Das *sacramentum* des Augustinus hat somit nichts zu tun mit dem Begriff des Sakraments, wie er sich seit dem 12. Jahrhundert herausgebildet hat.

Diese Formel des Augustinus hat die Ehetheologie der lateinischen Kirche bis zur Enzyklika «Casti connubii» Pius' XI. (1930) beherrscht. Dabei wurde jedoch übersehen, daß Augustinus die Güter der Ehe in aufsteigender Wertung aufzählt. «Sacramentum» ist für ihn nicht das letzte, sondern das erste Gut der christlichen Ehe, das, was sie gerade zur *christlichen* Ehe macht, während die katholische Tradition das erstgenannte, die Nachkommenschaft, an die erste Stelle gerückt hat. Unter ausdrücklicher Berufung auf die «Proles-fides-sacramentum-Lehre» des Augustinus erklärt «Casti connubii»: «Die erste Stelle unter den Gütern der Ehe nimmt also das Kind ein» (DS 3704).

Es war einmal mehr Thomas von Aquin, der schließlich die bis ins 20. Jahrhundert gültige Lehre von den Zwecken der Ehe fest begründete. Thomas «faßt die Ehe primär und hauptsächlich als eine Gemeinschaft zur Kindererzeugung auf, die dauernde Lebensgemeinschaft der Ehegatten mit allem, was damit zusammenhängt, auch der ehelichen Liebe und Freundschaft, betrachtet Thomas als abgeleitete, sekundäre Zwecke bzw. Güter» (Doms 77). Fortan wird unterschieden zwischen den *Gütern* der Ehe: es sind die auch von Thomas übernommenen augustinischen *proles, fides, sacramentum* (Suppl. qu. 49, art. 2), und den *Zwecken* der Ehe[215]. Unter diesen ragt als Hauptzweck (finis primarius) die Erzeugung und Erziehung von Kindern (procreatio et educatio prolis) heraus, während als Nebenzwecke (fines secundarii) die gegenseitige Hilfeleistung (mutuum adiutorium) und das Heilmittel gegen die Begierde (remedium concupiscentiae) genannt werden[216].

Trotz gewisser, seit Alphons von Liguori (s. S. 103f.) sich anbahnender Modifizierungen konnte sich diese Sicht der Ehezwecke bis Ende der zwanziger Jahre dieses Jahrhunderts unangefochten halten. Von da an meldeten sich mehrere Stimmen zu Wort, die in der liebenden Vereinigung der Ehegatten den ersten Zweck der Ehe sehen wollen (vgl. Pfürtner 117–119). Das größte Aufsehen erregten die Arbeiten von Doms und Krempel. Doms setzt sich eingehend mit der Lehre des Thomas von Aquin auseinander, die aus der aristotelischen Philosophie und aus den biologischen Vorstellungen seiner Zeit zu erklären ist. Wie schon der Titel seines Buches andeutet, unterscheidet Doms zwischen «Sinn» und «Zweck» der Ehe. «Ehe ‹ist› zunächst etwas tief Sinnhaftes in sich selbst, bevor sie ‹zu etwas› ist, was sie nicht selbst ist» (94). «Treten... Mann und Weib zur Sexualgemeinschaft in der Ehe zusammen, so ist ihr Blick gegenseitig aufeinander gerichtet, nicht auf einen Dritten, den Nachkommen» (24). «Die Kinder sind zunächst die natürliche Frucht des ehelichen Aktes, die gar nicht direkt gewollt werden kann, sie wachsen naturhaft aus dem natürlichen ehelichen Verkehr hervor. Umgekehrt aber ist die eheliche Gemeinschaft und Vollendung der Gatten selbst etwas, was unmittelbar gewollt wird» (73). Deshalb wäre es nach Doms am besten, «wenn man in Zukunft die Ausdrücke *finis primarius* und *secundarius* aufgäbe und rein sachlich-deskriptiv etwa von den innerehelich-personalen Zwecken und dem Fortpflanzungszweck spräche und beide vom Ehesinn unterschiede» (94).

Eine Andeutung in dieser Richtung hatte freilich schon die Enzyklika «Casti connubii» gemacht, wenn sie im Zusammenhang mit den drei Gütern der Ehe: proles, fides, sacramentum, erklärt: «Die gegenseitige innere ausgleichende Bildung der Gatten, das beharrliche Bemühen, einander zur Vollendung zu führen, kann man, wie der römische Katechismus lehrt, sogar sehr wahr und richtig als Hauptgrund und eigentlichen Sinn der Ehe bezeichnen. Nur muß man dann die Ehe nicht im engeren Sinne als Einrichtung zur Zeugung und Erziehung des Kindes, sondern im weiteren als volle Lebensgemeinschaft fassen» (DS 3707). Doms ging jedoch weiter als Pius XI. und fand deshalb, ebenso wie wenige Jahre später Krempel (1941)[217], die Mißbilligung der römischen Glaubensverwaltung. Ein Dekret des Heiligen Offiziums (der Vorgängerin der heutigen Glaubenskongregation) antwortete negativ auf die Frage, ob die Ansicht «gewisser Autoren» zulässig sei, wonach die Zeugung und Erziehung der Kinder nicht der erste Zweck der Ehe sei und wonach die sekundären Zwecke der Ehe dem primären nicht untergeordnet, sondern gleichgestellt und von ihm unabhängig seien (DS 3838).

Eine entscheidende Wende brachte erst das 2. Vatikanische Konzil. Es hat im Grund die Ehelehre der früher gemaßregelten Theologen übernommen und die traditionelle Reihenfolge der Ehezwecke auf den Kopf gestellt. In der Pastoralkonstitution widmet es zunächst einen Artikel (49) der ehelichen Liebe, die «das Wohl der ganzen Person umgreift» und die durch den Vollzug der Ehe «in besonderer Weise ausgedrückt und verwirklicht» wird. Damit wird erstmals, unter Ausklammerung der Zweckfrage, der eheliche Akt in seinem eigenen Wert und als singulärer Ausdruck der Liebe gewürdigt. Erst in einem nächsten Artikel (50) kommt die Konstitution auf die Fruchtbarkeit der Ehe zu sprechen. Diese veränderte Sicht hat sich auch im neuen Kirchenrecht niedergeschlagen, in dem die Ehe als Lebensgemeinschaft definiert wird, die auf das *Wohl der Ehegatten* (dieses wird zuerst genannt) und auf die Zeugung und die Erziehung der Nachkommenschaft hingeordnet ist (can. 1055 § 1). Damit hat ein leidvoller Irrweg, der die katholische Kirche über Jahrhunderte hinweg belastete, ein Ende gefunden, hoffentlich für immer.

19. «Du sollst nicht die Ehe brechen»

Ein Kavaliersdelikt?

Ehebruch ist zum Kavaliersdelikt geworden. Er fällt weder gesellschaftlich noch moralisch auf. Dies hängt nicht zuletzt mit der Liberalisierung und Privatisierung unserer zwischenmenschlichen Beziehungen überhaupt zusammen. Weder der Staat noch die Kirche haben hier noch einen entscheidenden Einfluß.

Seit 1969 ist der Tatbestand Ehebruch aus dem deutschen Strafgesetzbuch gestrichen (eine kaum mehr angewandte Strafklausel kennt noch das schweizerische Strafgesetzbuch Art. 214). Allerdings berechtigt Ehebruch zur Scheidung. Aber das ist auch die einzige Konsequenz, die er noch haben kann. Der Ehebruch, den der Jurist feststellt, ist ja nur der Endpunkt einer vorangegangenen Entfremdung. Was sich wirklich zwischen den Ehepartnern zugetragen hat, darüber kann man von außen nicht urteilen.

Andererseits hat der Ehebruch auch moralisch einen anderen Stellenwert. Zum einen ist nicht jeder Seitensprung ein Ehebruch. Sonst hätten heute nicht, wie der Kinsey-Report deutlich macht, mehr als die Hälfte aller verheirateten Männer und mehr als ein Viertel aller verheirateten Frauen außereheliche Beziehungen. Offenbar hat das für die Ehen, in denen diese Menschen leben, keinerlei Bedeutung. Wenn etwa ein Künstler oder ein Schiffer monatelang unterwegs ist und dabei gelegentlich ins Bordell geht, so hat das mit einer inneren Bindung an die Prostituierte oder gar einem Zerbrechen der Ehe nichts zu tun. Er sucht kein neues Verhältnis zu einer anderen Frau, und er hat auch keine Distanz zu seiner Frau, er ist sich deshalb keinerlei Schuld gegenüber der ehelichen Frau bewußt.

Denn Ehebruch hängt nicht vom vollzogenen Geschlechtsverkehr ab. Auch wenn im sexuellen Bereich nichts vorgekommen ist, kann die Ehe zerbrochen sein. Ein Bruch geschieht nämlich dann, wenn einer der Partner sich innerlich vom anderen abwendet, wenn er seinen inneren menschlichen Standort verlagert. Nicht selten können nebeneheliche Beziehungen sogar die Ehe stabilisieren. Beide liegen dann auf einer völlig anderen Ebene.

Israel steht nicht allein

Natürlich ist diese Profanierung des Ehebruchs eine extrem andere Sicht, als wir sie von der Kultur der Bibel her gewohnt sind. Die semitischen Völker waren und sind bis heute hinsichtlich ehelicher Treue hypersensibel, freilich – dies muß von vornherein festgehalten werden – nur was das Verhalten der *Frau* angeht. Denn die Frau gilt als der Besitz des Mannes, dieser wird im alten Israel ihr *baʿal*, ihr «Herr» genannt. Wer sich an «seiner» Frau vergreift, vergreift sich an seinem eifersüchtig bewachten und gehüteten Eigentum. Im Grund ist die israelitische Frau nie in ihrem Leben ein freier Mensch. Gehört sie vor der Ehe ihrem Vater, so in der Ehe ihrem Mann.

Aus dieser Vorstellung ergeben sich zwei wichtige Konsequenzen:

1. Zur ehelichen Treue ist nur die Frau verpflichtet. Der verheiratete Mann kann nicht nur mehrere Frauen gleichzeitig haben, er kann auch mit seinen Mägden oder mit Frauen außerhalb seines Hauses verkehren (s. o. S. 171–173). Verboten sind ihm nur verheiratete Frauen, weil er sich damit den Besitz eines anderen Mannes aneignet.

2. Daraus ergibt sich, daß von ehelicher *Treue* in dieser Vorstellungswelt nur sehr bedingt die Rede sein kann. Die Ausschließlichkeit, die die Frau dem Mann schuldet, gründet nicht in der sittlichen Haltung persönlicher Bindung, sondern in einem Besitzverhältnis, das keinen fremden Zugriff zuläßt. Ob die Frau ihren Mann liebt oder nicht, ist für ihre Ehe bedeutungslos.

Israel steht mit dieser Denkweise nicht allein, vielmehr in grundsätzlicher Übereinstimmung mit den Völkern des Alten Orients und der alten Welt überhaupt. So lauten bei diesen die Sanktionen für den Ehebruch ähnlich wie in Israel (s. u.)[218]. Nach dem *altbabylonischen* Gesetz des Hammurapi (ca. 1700 v. Chr.) sollen die beiden in flagranti ertappten Sünder den Tod durch Ertränken finden. Dem Ehemann ist es jedoch unbenommen, seiner Frau zu verzeihen; in diesem Fall wird sie auch vom König begnadigt (§ 129). Die Strafe der Ertränkung soll auch eine Frau treffen, die sich ihrem Mann verweigert, weil daraus auf eheliche Untreue geschlossen wird (§ 143).

Ist der Strafvollzug in Babylonien Sache der öffentlichen Gewalt, so ist er in den *mittelassyrischen* Gesetzen (um 1300 v. Chr.) weitgehend dem Ermessen des betrogenen Ehemannes überlassen. Ehebruch wird dort somit nicht als eine öffentliche, sondern als eine private Angelegenheit behandelt.

Auch bei den indogermanischen *Hethitern* war nur der Ehebruch der Frau unter Strafe gestellt. Bei der Behandlung des Deliktes stellen wir jedoch eine Entwicklung von der privatrechtlichen zur öffentlichrechtlichen Sphäre fest. Nach dem älteren Recht konnte der Ehemann die Frau und ihren Geliebten in eigener Vollmacht töten, freilich nur, wenn die Tat «im Haus» begangen worden war. Hatte sie sich «im Gebirge» ereignet, so wurde Vergewaltigung präsumiert (vgl. Dtn 22,23ff., s. o. S. 160). Nach späterem Recht hatte der Mann die beiden Schuldigen zur öffentlichen Gerichtsstätte zu bringen und dort entweder ihren Tod zu verlangen oder ihre Begnadigung zu beantragen[219].

Selbst bei den alten *Ägyptern*, bei denen die Frau sich einer viel größeren Freiheit erfreute als im übrigen Alten Orient, wird Ehebruch, soweit die Quellen das erkennen lassen, nur bei der Frau festgestellt[220]. Das Vergehen wurde gerichtlich verfolgt. Indes scheinen die Strafen milder gewesen zu sein als anderswo. «Lastet einer Frau der Ehebruch an, so kann der Mann sie ohne güterrechtliche Auseinandersetzung verstoßen.»[221]

Zwar genoß auch bei den *Griechen* der verheiratete Mann einen viel größeren sexuellen Freiraum als seine Frau. Dennoch bestand in alter Zeit ein Tötungsrecht des betrogenen Mannes nur gegenüber dem Geliebten seiner Frau, nicht ihr selbst gegenüber, und es durfte nur in Gegenwart mehrerer Zeugen ausgeübt werden[222]. Mehr und mehr bürgerten sich jedoch andere Strafen ein (öffentliche Anprangerung, Geldbuße), wie auch außereheliche Beziehungen des Mannes nicht immer als selbstverständlich hingenommen wurden.

In *Rom* lag in der vorkaiserlichen Zeit die Initiative gegen die Ehebrecherin und ihren Liebhaber weitgehend in der Hand des Mannes und der Familie der Frau, ging aber mit Augustus auf den Staat über. Die Lex Julia de adulteriis (18 v. Chr.) verbietet grundsätzlich (es gibt Ausnahmen) die Tötung des Ertappten durch den Ehemann, fordert aber, daß dieser sich von der Ehebrecherin scheide. Verschärfungen treten durch christlichen Einfluß 326 unter Konstantin und 543 und 556 unter Justinian ein[223].

Die Strenge, die das Alte Testament gegenüber der Ehebrecherin an den Tag legt, steht somit in der antiken Welt nicht singulär da, zumal die Praxis erheblich milder gewesen zu sein scheint als die Theorie (s.u.). Eine Besonderheit ist freilich im Denken Israels unübersehbar. Denn obwohl auch andere altorientalische Völker ihre Gesetze auf den Willen der Gottheit zurückführten, wurde doch nirgendwo der Ehebruch so eindeutig als eine Sünde gegen Gott angesehen wie in Israel. Elementar ist das Verbot «Du sollst nicht die Ehe brechen» (Ex 20,14; Dtn 5,18). Es steht in den «Zehn Geboten», dem Dekalog, in dem das alte Israel die Grundregeln zusammengefaßt hat, die es für unerläßlich erachtete, damit menschliches Leben glücken kann. Und zwar steht das Gebot dort an bevorzugter Stelle, es bildet, zusammen mit dem Verbot des Tötens, den Anfang der zweiten Reihe von Geboten, die die zwischenmenschlichen Beziehungen regeln. Beiden Vergehen wurde demnach eine für die menschliche Gemeinschaft ähnlich destruktive Bedeutung zugesprochen. Die beiden Gebote scheinen im damaligen Judentum austauschbar gewesen zu sein. Mehrere alte Textzeugen stellen das Verbot des Ehebruchs an die Spitze der zweiten Reihe, und es ist sicher kein Zufall, daß wir an den sechs Stellen, an denen im Neuen Testament der Dekalog angeführt wird, dreimal die Reihenfolge Mord – Ehebruch (Mt 5,21.27; 19,18; Mk 10,19), dreimal die Reihenfolge Ehebruch – Mord (Lk 18,20; Röm 13,9; Jak 2,11) finden.

Aber da ist noch ein grammatikalischer Punkt zu beachten: Obwohl, wie wir gesehen haben, nach israelitischem Verständnis nur die Frau und nicht der Mann die eigene Ehe brechen konnte, scheint durch die Formulierung des Verbots die Verantwortung doch vor allem dem Mann aufgebürdet zu werden. Die hebräische Sprache kennt nämlich zwei verschiedene Imperativformen, je nachdem, ob ein Befehl sich an einen Mann oder an eine Frau richtet. Das Dekalogverbot des Ehebruchs richtet sich an den

Mann. Ob wir darin bereits ein fortgeschrittenes sittliches Empfinden erkennen dürfen?[224]

Weil der Dekalog den Fortbestand des Volkes zum Ziel hatte, stand auf der Übertretung eines jeden der Zehn Gebote die Todesstrafe, also auch auf Ehebruch. Der Missetäter wird dabei wie ein Krebsgeschwür behandelt, das entfernt werden muß, um das Leben des Volkskörpers zu retten. Das meint die öfters wiederkehrende Formel: «So sollst du das Böse aus deiner Mitte (oder aus Israel) ausrotten» (Dtn 13,5 u.ö.; 17,12 u.ö.). So im Gesetz über den Ehebruch: «Wenn ein Mann dabei ertappt wird, daß er bei einer verheirateten Frau liegt, so sollen alle beide sterben: der Mann, der bei der Frau gelegen hat, und die Frau. So sollst du das Böse aus Israel ausrotten» (Dtn 22,22).[225]

Da aber im alten Israel die Ehe schon mit der Verlobung begann (s.o.), wurde der Umgang mit einer Verlobten mit der gleichen Sanktion bedroht: «Wenn ein jungfräuliches Mädchen einem Mann verlobt ist, und es trifft sie ein Mann in der Stadt und legt sich zu ihr, so sollt ihr die beiden zum Tor jener Stadt hinausführen und sie zu Tode steinigen, das Mädchen, weil es in der Stadt nicht (um Hilfe) geschrien hat, und den Mann, weil er die Frau seines Nächsten erniedrigt hat. So sollst du das Böse ausrotten aus deiner Mitte» (Dtn 22,23f.).

Das Verhalten des Mädchens, das nicht um Hilfe schrie, wird als Einwilligung interpretiert. Ereignet sich jedoch dasselbe auf freiem Feld, wird auf Vergewaltigung geschlossen, weil der Hilferuf des Mädchens nicht gehört werden konnte (s. S. 160). Deshalb soll in diesem Fall die Strafe nur den Mann treffen (Dtn 22,25-27), ein Rechtsdenken, dem wir in den hethitischen Gesetzen begegnet sind (s.o.).

Humanes Verfahren

Freilich finden wir in der ganzen Bibel keinen Beleg dafür, daß die Todesstrafe der Steinigung je vollzogen worden wäre[226]. Dasselbe gilt auch vom sogenannten Eifersuchtsopfer, einem in Num 5,11-31 beschriebenen, für die Frau in höchstem Maß demütigenden Ritual (s.o.S. 54). Ein solches Verfahren, wie es auch bei anderen Völkern üblich war, wurde durchgeführt, wenn sich Schuld oder Unschuld eines Beklagten nicht durch Beweise oder Zeugenaussagen klären ließen. In diesem Fall wird es für eine von ihrem Mann des Ehebruchs verdächtigte Frau angeordnet. Dabei ist es gleichgültig, ob die Frau den Ehebruch wirklich begangen hat oder ob der Mann nur fürchtet, sie könnte ihn betrogen haben. In jedem Fall soll die Frau vor den Priester geführt werden. Dieser soll nach magischem Ritual in einem Tongefäß Wasser mit dem Staub des Heiligtums mischen, der Frau die Haare auflösen und sie mit einem Fluch beschwören. Diesen Fluch soll er aufschreiben und ihn dann in bitteres Wasser wischen. Nun muß die Frau dieses Wasser trinken. Ist sie unschuldig, schadet ihr das Wasser nichts, ist sie aber schuldig, so befällt sie «bitteres Weh», ihr Bauch schwillt an, ihre Hüften fallen ein, sie wird schwer krank. Auch wenn wir es hier mit einem sehr alten, vielleicht sogar vorisraelitischen Ritual zu tun haben, das als magischer Rest in die Bibel hineingeriet, so besaß dieser Prozeß doch Rechtsgültigkeit.

Wie auch immer es um die Anwendung des alten Brauches bestellt gewesen sein mag, in späteren Zeiten zielte die Bestrafung des Ehebruchs sicher mehr auf Ehrverlust ab. Nach Spr 6,33 erwarten den Ehebrecher «Schläge und Schande», die Ehebrecherin riskiert, nackt ausgezogen und öffentlich angeprangert zu werden (vgl. Jer 13,26f.; Ez 16,36-39; Hos 2,4f.). Dennoch scheint es, daß Ehefrauen sich ungehindert der Prostitution hingeben konnten (s.o. S. 128). Wovor die Bibel jedenfalls viel mehr warnt als vor der Todesstrafe, ist der Unfriede, die Not, das Zerwürfnis und die Zerrissenheit, selbst der materielle Ruin, in die der Ehebruch führt. Das ist der «Tod», den vor allem die Sprichwörter an die Wand malen:

> Von Honig triefen die Lippen der Fremden[227],
> glatter als Öl ist ihr Mund.

Zuletzt aber ist sie bitter wie Wermut,
scharf wie ein zweischneidiges Schwert.

Ihre Füße gehen hinunter zum Tod,
ihre Schritte streben der Unterwelt zu (Spr 5,3-5).

Solche und ähnliche Warnungen lassen erkennen, daß zumindest in späterer Zeit Ehebruch offenbar nichts Seltenes war, ja die Sprichwörter lassen beinahe an einen nationalen Notstand denken (vgl. insbesondere Spr 7,6-23 die realistische Schilderung der Kniffe, mit denen die lüsterne Frau zu ihren Zielen zu kommen weiß). Aber schon die Propheten klagen, das Land sei voll von Ehebrechern (Jer 7,9; 23,10; Hos 4,2; Mal 3,5), und da sind Priester und Propheten nicht ausgeschlossen: «Sie verüben Ehebruch und wandeln in Lüge, sie sind mir wie Sodom und wie die Bewohner von Gomorra» (Jer 23,11-15).

«Auch ich verurteile dich nicht»

Die Evangelien beschäftigen sich mit dem Ehebruch nur insofern, als Jesus die Ehescheidung dem Ehebruch gleichstellt (s. S. 212ff.). Von einer Polemik Jesu gegen den Ehebruch, wie wir sie in den ältesten Weisheitsschriften und bei den Propheten finden (s.o.), wissen die Evangelien nichts zu berichten[228]. Daß das Dekalogverbot des Ehebruchs jedoch im allgemeinen Bewußtsein gegenwärtig war, zeigt schon seine sechsfache Zitierung in den neutestamentlichen Schriften (s.o.). Thematisiert wird jedoch Jesu Verhalten einzig in der Szene mit der Ehebrecherin Joh 8,2-11. Zwar wurde die Erzählung erst von späterer Hand in das Johannesevangelium eingefügt; sie dürfte aber dennoch auf einen historischen Vorfall zurückgehen[229].
Von den «Schriftgelehrten und Pharisäern» wird eine Frau vor Jesus geschleppt, die in flagranti ertappt worden ist, und Jesus soll entscheiden, ob die im Gesetz vorgeschriebene Strafe der Steinigung an ihr vollzogen werden soll[230]. Daß die Ankläger zur

Hinrichtung der Sünderin bereits entschlossen sind, ergibt sich daraus nicht notwendig, zumal die Juden unter römischer Herrschaft nicht berechtigt waren, ein Todesurteil zu vollstrecken (vgl. Joh 18,31). Vielmehr wollen die Jesus feindlich gesinnten jüdischen Religionsführer ihn, angesichts seiner bekannten Vorliebe und Nachsicht für die Sünder, herausfordern, sich über das mosaische Gesetz und damit über Gottes Gebot hinwegzusetzen. Bevor Jesus sein für die Ankläger beschämendes, für die Frau erlösendes Wort spricht: «Wer von euch ohne Sünde ist, werfe als erster einen Stein auf sie», schreibt er auf die Erde, und dasselbe tut er nachher noch einmal. Damit kann schwerlich etwas anderes gemeint sein, als daß Jesus es ablehnt, den Richter zu spielen. Seine Antwort entwaffnet die Ankläger, und das Evangelium vermerkt ausdrücklich, daß die Ältesten von ihnen als erste den Schauplatz verließen. Das Gerichtsverfahren endet mit einem Freispruch Jesu für die Frau: «Auch ich verurteile dich nicht.» Freilich verbindet Jesus ihn mit der Mahnung: «Sündige fortan nicht mehr!»

Jesus qualifiziert damit die Tat der Frau, den Ehebruch, unzweideutig als Sünde. Er nimmt sie nicht auf die leichte Schulter. Er weiß aber auch – und seine Antwort an die Gegner macht dies deutlich –, daß es im menschlichen Leben ohne Sünde nicht abgehen kann.

Eine Frau begehren, was heißt das?

Einige Schwierigkeit bereitet der Sinn des Jesuswortes in der Bergpredigt: «Ihr habt gehört, daß gesagt ist: Du sollst nicht die Ehe brechen. Ich aber sage euch: Jeder, der eine Frau anschaut, um sie zu begehren, hat mit ihr in seinem Herzen schon die Ehe gebrochen» (Mt 5,27f.).

Jesus setzt selbstverständlich die alttestamentlich-jüdische Vorstellung von Ehebruch voraus, wonach die beteiligte Frau verheiratet sein mußte. Deshalb ist sinngemäß zu übersetzen: «Wer eine *Ehefrau* anschaut...»[231]

Oft wird die Meinung vertreten, das mosaische Gesetz habe nur die äußere *Tat* des Ehebruchs verboten, das Gesetz Jesu verbiete bereits die *Gesinnung*, das begehrende Verlangen nach einer fremden Frau. Diese Argumentation muß schon daran scheitern, daß es Jesus in den sogenannten Antithesen der Bergpredigt ja gar nicht darum geht, ein neues, vollkommenes *Gesetz* an die Stelle des alten zu setzen, sondern ein richtiges *Verständnis* des alten Gesetzes an die Stelle des falschen[232]. Überdies konnte das 10. Gebot des Dekalogs «Du sollst die Frau deines Nächsten nicht begehren» (Dtn 5,21; vgl. Ex 20,17) gewiß keinem der Zuhörer Jesu unbekannt sein. Neu an der Lehre Jesu ist also nicht das Verbot des Begehrens, sondern die gleiche moralische Gewichtung von *Begehren* und *Tun*.

Aber schon der zweifellos vorliegende Bezug auf den Dekalog macht es unmöglich, beim «Begehren» nur an ein Wünschen und Wollen, an eine Gesinnung zu denken. Denn alle Gebote des Dekalogs beziehen sich auf feststellbare Delikte. Eine Gesinnung kann aber nicht von einem Gericht festgestellt und mit dem Tod bestraft werden. Es kommt noch hinzu, daß das hebräische Zeitwort für «begehren» *(ḥāmad)* nicht das bloße Wünschen und Wollen meint, sondern bereits den Beginn einer Tat, «die tätlichen Machenschaften, die einer anwendet, um in den Besitz des Nächsten zu gelangen»[233]. «Begehren» bedeutet grundsätzlich «etwas unternehmen». Das gilt auch für das Jesuswort: «Wer eine Ehefrau anschaut, um sie zu begehren, hat mit ihr in seinem Herzen schon die Ehe gebrochen.»

«Anschauen, um zu begehren»[234] ist etwas anderes als «lüstern ansehen» (Einheitsübersetzung) oder «mit begehrlichen Augen ansehen»[235]. Das «Anschauen» hat bereits eine Konsequenz. Das ergibt sich auch aus der Analyse der griechischen Wörter für «begehren» und «anschauen».

a) Das hier gebrauchte Wort für «begehren» (*epithymein*) bedeutet im Neuen Testament zwar nicht immer, aber meistens «etwas Unerreichbares begehren», z.B. Mt 13,17 («Viele Propheten und Gerechte haben begehrt zu sehen, was ihr seht, und haben es nicht gesehen»), Lk 15,16 («er [der verlorene Sohn] begehrte, seinen Bauch mit den Schoten zu füllen, die die Schweine fraßen, und niemand gab sie ihm»), Lk 17,22 («Es werden Tage kommen, da ihr begehren werdet, auch nur einen Tag des Menschensohnes zu sehen, und ihr werdet ihn nicht sehen»).

Dabei hat «begehren» deutlich den Sinn von «haben wollen» und nicht nur mit Wohlgefallen oder Lust betrachten. Sonst könnte im 10. Gebot nicht neben der Frau auch Ochs und Esel genannt werden. Es kann also Mt 5,28 nicht das spontane Sich-hingezogen-Fühlen zu einer verheirateten Frau gemeint sein, sondern nur der Entschluß, sie zu haben. An mehreren Stellen des Neuen Testaments wird außerdem deutlich, daß «begehren» den Anfang eines Tuns mit einschließt[236]. Das Eigentum eines anderen begehren heißt also konkret, etwa die Leiter aufstellen, um durch das Fenster einzusteigen. Eine Frau begehren heißt dann etwa, mit ihr ein Rendezvous vereinbaren.

b) Mit «anschauen» *(blepein)* ist, im Unterschied zu «sehen» (*horan*), das zielgerichtete Hinschauen gemeint. Dabei ist zu bedenken, daß in unserem Fall der verheirateten Frau im damaligen Judentum etwas Unerreichbares anhaftete (Ehebruch war jedenfalls viel «schwieriger» als heute bei uns), so daß sich der Mann mit einem Teilerfolg, mit einer Ersatzbefriedigung begnügen mußte. «Um sie zu begehren» heißt also: um wenigstens etwas von ihr zu haben, wenn das Ganze schon nicht zu haben war.

Die rabbinischen Quellen belegen diesen Sinn «pars pro toto» durch ungezählte Beispiele, etwa: «Wer den kleinen Finger einer Frau berührt, ist wie einer, der eine gewisse Stelle berührt», oder: «Wer auf die Ferse eines Weibes blickt, ist wie einer, der auf die Schamteile blickt, und wer auf die Schamteile blickt, ist wie einer, der ihr beiwohnt», oder: «Wer hinter einer Frau einen Fluß durchschreitet, hat keinen Teil an der zukünftigen Welt.»[237] Mögen uns solche Sätze auch prüde erscheinen, sie decken den Hintergrund auf, vor dem Jesu Wort zu verstehen ist. Jesus will somit nicht die *Gesinnung* der *Tat* gleichsetzen, wie oft geäußert wird, sondern die *begonnene* Tat der *vollendeten* Tat. Wer sich auf den Weg zum Ehebruch begibt, hat die Ehe schon gebrochen.

Von Paulus nur beiläufig erwähnt

Überraschen muß, wie wenig Beachtung Paulus, der sich so ausführlich zur Prostitution äußert (s. S. 93–95), dem Ehebruch schenkt. Das Hauptwort «Ehebruch» kommt bei Paulus nie vor. Einmal (Röm 2,22) gebraucht er, ohne sich weiter auf das Thema einzulassen, das Zeitwort «ehebrechen» unter anderen Beispielen jüdischen Gesetzesungehorsams, einmal (Röm 13,9) in der Aufzählung der Dekaloggebote, die im Liebesgebot ihre Erfüllung finden, einmal, ebenfalls ohne dabei zu verweilen, das Wort «Ehebrecher» (1 Kor 6,9) in einem dem Apostel bereits vorgegebenen Katalog von Lastern, die vom Reich Gottes ausschließen[238]. Im Hebräerbrief (13,4) werden Prostitution und Ehebruch als Feinde der ehrbaren Ehe genannt («Unzüchtige und Ehebrecher wird Gott richten»). Obwohl hier beide gleichwertig nebeneinander stehen, scheint sich die junge Kirche mit der Prostitution schwerer getan zu haben als mit dem Ehebruch. Die Unterscheidung zwischen Prostitution und Ehebruch läßt aber auch vermuten, daß der Umgang mit Prostituierten beim verheirateten Mann (ähnlich wie im Judentum) nicht als Ehebruch betrachtet wurde.
Für die Kirche war Ehebruch immer schwere Sünde. Denn die Liebe, die durch das Sakrament der Ehe als geheiligt galt, bedeutete immerwährende Treue, die unvereinbar war mit Ehebruch und Ehescheidung. Dennoch wurde die Sünde des Ehebruchs durch die Buße vergeben. Insofern störte sie das Gemeindeleben nicht auf irreparable Weise. Anders die Ehescheidung, der wir uns nun zuzuwenden haben. Auch sie widerspricht, wie der Ehebruch, einer Weisung Jesu, schafft aber einen Dauerzustand und hat deshalb schwerwiegende kirchenrechtliche Folgen.

20. Der Notstand Scheidung

Ehen scheitern mehr und mehr

Solange es die Ehe gibt, solange gibt es auch ihr Scheitern. Allerdings wurde eine Scheidung in der Praxis sehr unterschiedlich bewertet und vollzogen. Je nach den politischen, kulturellen und religiösen Verhältnissen eines Landes änderten sich auch die Gesetze. Ein kurzer Abriß mag das verdeutlichen. Wie das alte Israel, so kannte und kennt auch das Judentum das Recht auf Scheidung. Im Christentum gab es zwei Tendenzen. Die Kirche behandelte in Theologie und Gemeindepraxis die Ehescheidung zwar von Anfang an restriktiv (s. u.), die staatliche Gesetzgebung aber kam den kirchlichen Forderungen nur zögernd nach. Die christlichen Kaiser übernahmen weitgehend das römische Recht, das den Mann unter dieselben Bedingungen stellte wie die Frau und auf der Basis der Gleichberechtigung stand. Mißbilligt wurde die einseitige Aufkündigung des Ehevertrages, während gegenseitiges Einverständnis noch bis ins 6. Jahrhundert als Grund zur Scheidung ausreichte. Um 1200 jedoch setzten sich die kirchlichen Vorstellungen durch: die Ehe wird nun ganz von der Kirche vereinnahmt. Diese allein bestimmt darüber, wann eine Ehe geschlossen, wann sie geschieden ist. Gleichzeitig wird die Ehe zum Sakrament erhoben, und das bedeutet, daß sie grundsätzlich unauflöslich ist.

Die Säkularisierung der Ehe durch die Reformation indes leitet die erneute Trennung von kirchlicher und staatlicher Ehegesetzgebung und die Einrichtung der Zivilehe ein. Die Aufklärung verstärkt diese Tendenz, und durch das Reichspersonenstandsgesetz vom 6. 2. 1875 wird die Ehescheidung erstmals in Deutschland allgemein zugelassen, was freilich an der Haltung der katholischen Kirche nichts änderte. Dennoch lassen sich heute Eheleute ungeachtet ihrer Konfessionszugehörigkeit scheiden, wenn auch religiös Gebundene etwas zögernder als Ungebundene. Außerdem hat die Frau im Scheidungsrecht die gleichen Rechte wie der Mann. Das nutzt sie auch aus: zwei Drittel aller Ehescheidungen werden heute von der Frau beantragt. Darin darf man gewiß einen Beweis dafür sehen, wie unfrei sich die Frau in der Ehe fühlt, wie einseitig zugunsten des Mannes die Rollen verteilt sind.

Insgesamt nehmen die Scheidungen pro Jahr zu. In Amerika verdoppelte sich ihre Zahl innerhalb von zehn Jahren, in der Bundesrepublik Deutschland stieg die Scheidungsrate im Jahr 1984 gegenüber dem Vorjahr um 8% auf 130744; das sind 36% mehr als 1980[239]; anders ausgedrückt: auf drei Eheschließungen kommt eine Scheidung, in Berlin auf jede zweite (Haeberle 458). 73% der Bevölkerung sprechen sich dafür aus, daß eine Ehe geschieden wird, wenn beide Teile dies wünschen. In der Schweiz wurden 1984 38614 Ehen geschlossen, 11219 geschieden. Erstmals seit Mitte der sechziger Jahre ging damit die Zahl der Scheidungen geringfügig zurück, nachdem sie vorher stetig angestiegen war[240]. Die Scheidungspraxis hat sich vom Veto der Kirche genauso weit entfernt wie die Empfängnisverhütung. Sie ist zu einer rein profanen Angelegenheit geworden. In der vermehrten Ehescheidung wird heute nicht selten eine Gefährdung der Ehe, der Familie und der gesellschaftlichen Grundlagen des Staates überhaupt gesehen. Soziologen allerdings sind entgegengesetzter Meinung: Eine Erschwerung von Scheidung und Neuverheiratung erscheint ihnen geradezu als «Desorganisationsfaktor» für Ehe und Familie (König 200).

Im Unterschied zu früheren Zeiten ist die Ehe heute mit sehr vielen emotionalen Ansprüchen und Erwartungen befrachtet. Deshalb können gemeinsame wirtschaftliche oder gesellschaftliche Interessen eine Ehe, die aus Liebe geschlossen wurde, nicht mehr zusammenhalten. Die Beziehung zwischen den Partnern ist das, was die Qualität der Ehe bestimmt. Das bedeutet zugleich, daß

jeder ernsthafte Konflikt die Ehe und die Familie erschüttern kann. Deshalb ist mehr denn je eine dauernde gegenseitige Versicherung der Verständnisbereitschaft nötig sowie Gemeinsamkeit in wichtigen Entscheidungen.
Dennoch ist es trotz der besten Voraussetzungen und Absichten oft nicht aufzuhalten, daß eine Ehe scheitert. Der Weg von der Heirat zur Scheidung ist oft Jahrzehnte lang und quälend. Meint man zunächst, aufkommende Schwierigkeiten seien da, um überwunden zu werden, so nehmen später Enttäuschung und Resignation zu, der Kampf um die Beziehung läßt nach und die Überzeugung setzt sich durch, daß nichts mehr zu verlieren und nichts mehr zu retten ist. Scheidung ist dann für beide Partner oft der einzige Schritt, um zu überleben. Denn Trennung und Verlust enthalten auch eine Chance zu einer Neuorientierung und zu einem Aufbruch. Geschiedene, die über Enttäuschungen, Verbitterung und Verzweiflung hinweggekommen sind, haben oft eine tolerante Lebenseinstellung. Scheitern ist deshalb nicht mit Schuld identisch. Es hat viel mehr mit menschlicher Begrenztheit zu tun.

Unauflöslich, aber nicht ohne Ausnahmen

In der katholischen Kirche des lateinischen Ritus gilt heute eine gültig geschlossene und vollzogene Ehe zwischen zwei Getauften als ausnahmslos unauflöslich. Sie kann allein durch den Tod eines der beiden Ehegatten ein Ende finden (zu den zugelassenen Ausnahmen s.u.). Zwar erlaubt die Kirche den Ehegatten unter bestimmten Voraussetzungen, sich zu trennen. Die Trennung bedeutet in der Regel die zivilrechtliche Scheidung und Wiederverheiratung eines oder beider Partner. Diese neue Ehe wird jedoch von der Kirche nicht als gültig anerkannt. Theoretisch leben ihre Partner in einem permanenten Zustand der schweren Sünde und sind vom Empfang der Sakramente (Buße/Eucharistie) ausgeschlossen.
Dieser Sachverhalt wird heute allgemein als eine Diskriminierung

des unschuldigen Opfers einer Scheidung angesehen. Kündigt ein Partner dem anderen den Ehebund auf, weil er sein Glück in einer neuen Beziehung gefunden hat, wird es als unzumutbar empfunden, daß der zurückbleibende Partner für sein ganzes Leben «ehelos» bleiben soll, zumal wenn er die Last der Erziehung der Kinder übernehmen muß. Kein besonnener Seelsorger wird in einem solchen Fall dem Betroffenen verbieten, eine neue Ehe einzugehen, ihm sogar oft dazu raten. Es verbleibt jedoch das Odium, daß diese Ehe von der offiziellen Kirche als illegal betrachtet und behandelt wird. Hier dürfte heute die größte Not der katholischen Ehemoral liegen, und die «seelsorgerische Betreuung wiederverheirateter Geschiedener» ist ein Thema, das in Pastoraltagungen und -zeitschriften unermüdlich behandelt wird. Ein heute üblicher Weg besteht darin, daß der einzelne Seelsorger den wiederverheirateten Geschiedenen erlauben kann, zur Kommunion zu gehen, sofern dadurch in der Gemeinde kein Ärgernis entsteht (also z.B. in einer anderen Gemeinde oder im privaten Kreis). Aber bedeutet dieses Zugeständnis nicht, daß die Betroffenen als von Christus angenommen betrachtet werden? Und ist das nicht das Entscheidende, das die kirchenrechtliche «Gültigkeit» der Ehe zu einer reinen Formalität erstarren läßt?

Indes kennt das heute (seit 1983) geltende Recht der lateinischen Kirche zwei Möglichkeiten, eine gültig geschlossene Ehe aufzulösen.

1. Der Papst kann aufgrund der ihm von Jesus Christus übertragenen Binde- und Lösegewalt «aus gerechtem Grund» eine zwischen *Getauften* rechtmäßig geschlossene, aber nicht vollzogene Ehe (matrimonium ratum non consummatum) lösen (can. 1142 § 2). Merkwürdigerweise ist dabei nur maßgebend, daß *nach* der Eheschließung kein Verkehr stattfand. Geschlechtsverkehr vor der Ehe ist für diese päpstliche Dispens kein Hindernis[241]. – Als Widerspruch muß dabei empfunden werden, daß nach heutiger katholischer Lehre die Ehe durch das Jawort der beiden Partner zustande kommt. Für die Auflösung jedoch ist der Nachweis entscheidend, daß die Ehe nicht vollzogen wurde[242].

2. Eine zwischen *Ungetauften* (naturrechtlich) gültig geschlossene Ehe kann aufgelöst werden durch das sogenannte Privilegium Paulinum (can. 1143-1147; s.u. S. 221 f.).

3. In der Praxis behält sich der Papst außerdem die Vollmacht vor, eine gültig (aber nicht sakramental) geschlossene Ehe, bei der mindestens *ein Teil ungetauft* ist, «zugunsten des Glaubens» (in favorem fidei) aufzulösen (auch Privilegium Petrinum genannt). Ein «Vorteil für den Glauben» kann zum Beispiel angenommen werden, wenn einer der Partner einen Katholiken heiraten will[243].

Im ersten und im dritten Fall haben jedoch die Eheleute keinen Anspruch auf die päpstliche Dispens, «denn die Dispenserteilung ist ein reiner Gnadenakt der Kirche. Diese Gnade kann der Hl. Vater... in einzelnen Fällen gewähren, aber auch versagen» (Wegan 11). Sie wird vor allem dann versagt, wenn sie bei den Gläubigen «Verwunderung» hervorrufen würde.

Flucht in die Ungültigkeit

Die einzige Möglichkeit, die Anerkennung einer zweiten Ehe zu erlangen, besteht im Normalfall darin, daß die Ehegatten sich von dem zuständigen kirchlichen Gericht bestätigen lassen, ihre erste Ehe sei von Anfang an *ungültig* gewesen (Nullitätserklärung). An der Ungültigkeit kann schuld sein ein Defekt, der sich auf das *Wesen* der Ehe bezieht, zum Beispiel mangelnder Ehewille, fehlende Freiheit, physische oder moralische Eheunfähigkeit), oder ein *Formfehler* beim Abschluß der Ehe. Es versteht sich, daß im gegebenen Fall die betroffenen Eheleute sich an jeden Strohhalm klammern, um die Annullierung ihrer Ehe zu erreichen, sofern sie sich kirchlich gebunden wissen oder gar ihre materielle Existenz von der kirchlichen Anerkennung ihrer zweiten Ehe abhängt (zum Beispiel Bedingung für den Verbleib im kirchlichen Dienst).

Die allgemein wachsende Zahl von Ehescheidungen bewirkt aber nicht nur eine Vermehrung der Anträge auf Nullitätserklärung. Gleichzeitig ist auch die Praxis der kirchlichen Ehegerichte viel großzügiger geworden. Unter dem Titel «Scheidung auf römisch. Katholische Eheannullierung: die Unauflöslichkeit ist nur noch Fiktion» erschien in Publik-Forum vom 23. 4. 1982 eine Statistik, die sich auf die Vereinigten Staaten bezog: «Zählte man im Jahr 1969 nur 427 Annullierungen, so waren es 1980 bereits 34484.» Zusätzlich wird bemerkt: «Für die bundesdeutschen Diözesen liegen keine Angaben vor, werden doch die Ehenichtigkeitsprozesse als geheime Verschlußsache behandelt.» Eine neuere Statistik nennt für USA 1970 5403, 1980 53839 Nullitätserklärungen[244]. Für die Bundesrepublik rechnet ein führender Kirchenrechtler[245] von 1970 bis 1980 mit einem Ansteigen auf das Zwei- bis Dreifache.

Der Untertitel des genannten Publik-Forum-Artikels «Die Unauflöslichkeit ist nur noch Fiktion» ist bezeichnend. Man kann sich in der Tat des Eindrucks nicht erwehren, daß die Feststellung der Nichtexistenz einer Ehe weitgehend als Hintertür dient, um einerseits das Prinzip der absoluten Unauflöslichkeit der Ehe durchzuhalten und gleichzeitig unschuldig Betroffenen das größtmögliche Entgegenkommen zu zeigen[246]. So wurden denn in der jüngsten Zeit die Gründe, die eine Ehe ungültig machen, erheblich vermehrt[247]. Das neue Kirchenrecht und die derzeitige Praxis der kirchlichen Ehegerichte kennen an die vierzig Mängel, die eine Nullitätserklärung begründen können, unter anderem: ein schwerer Mangel des Urteilsvermögens über die wesentlichen Rechte und Pflichten der Ehe, oder die Unfähigkeit, die Pflichten der Ehe zu übernehmen[248]. Die kürzlich erschienene Information über kirchliche Eheverfahren von Martha Wegan «Ehescheidung. Auswege mit der Kirche» (auch dies ein vielsagender Untertitel!) bietet als Schlagzeile auf dem Umschlag: «Dreißig Prozent aller zivil Geschiedenen könnten ihre Ehe kirchlich nichtig erklären lassen.» Das rechtfertigt die Bemerkung von R. Bieber im genannten Publik-Forum-Beitrag: «Die römisch-katholische Kirche mag noch so sehr widersprechen, wenn man ihre Eheannullierungen als eine besondere Art der Ehescheidung bezeichnet. Mit kirchenrechtlichen Augen gesehen sind sie es auch nicht. In der Praxis jedoch haben sie denselben Charakter wie Scheidungsverfahren.» Daß dadurch – ebenso wie in der Zölibatsfrage – in der kirchlichen Öffentlichkeit eine Atmosphäre der Heuchelei, der Unehrlichkeit und Unglaubwürdigkeit geschaffen wird, liegt auf der Hand[249]. Wäre es da nicht hilfreicher, Bibel und Geschichte zu befragen, statt an einem unumstößlichen dogmatischen Prinzip festzuhalten? Sowohl das Neue Testament als auch ein Jahrtausend Geschichte der lateinischen Kirche zeigen, daß man mit dem Problem der Ehescheidung auch anders umgehen konnte. Und bis heute befolgt die griechische – auch die mit Rom vereinigte – Kirche eine andere Praxis[250]. Mit Recht wird deshalb davor gewarnt, die Fragestellung einseitig vom Standpunkt der lateinischen Kirche aus anzugehen, da diese nur ein Teil der Gesamtkirche sei (Löbmann 11). So hat denn auch das Votum, das der melkitische (d.h. griechisch-katholische) Patriarchalvikar von Kairo, Elias Zoghby, am 29. September 1965 in der Konzilsaula abgab, zunächst großes Aufsehen erregt, wurde später allerdings weitgehend totgeschwiegen[251]. Er beklagte, daß die Kirche die unschuldig Geschiedenen in ihrer Not allein lasse, ihnen keine Lösung ihres Problems anzubieten habe und sie zu einer ungültigen Ehe außerhalb der Kirche geradezu nötige, und er forderte, daß die Ehedisziplin der lateinischen Kirche sich von der östlichen inspirieren lasse, damit das Konzil, im Geiste Johannes XXIII., zu einem Konzil des Erbarmens und nicht der Verurteilung werde[252].

Die Lehre der Väter

Über die Lehre der alten Kirche zu Ehescheidung und Wiederheirat gibt es eine ganze Reihe von Untersuchungen, die freilich zu gegensätzlichen Ergebnissen kommen[253]. Dies dürfte daher rühren, daß manche Äußerungen von Kirchenvätern eine unterschiedliche Deutung zulassen. Überdies scheint nicht immer genau genug beachtet zu werden, ob ein frühchristlicher Schriftsteller ein allgemeines Prinzip verteidigt oder ob er den besonderen (von Mattäus gemeinten) Fall des Ehebruchs voraussetzt (Nautin 1974, 8f.). Schließlich kann die Absicht eines Historikers, die Praxis der lateinischen Kirche zu legitimieren, auf das Ergebnis seiner Untersuchung nicht ohne Einfluß bleiben.

Während nach Moingt im 4. und 5. Jh. einzig Hieronymus und Augustinus bei vorliegendem Ehebruch dem unschuldigen Partner eine Wiederheirat *verbieten*, stellt Crouzel (1971)[254] fest, daß bei diesem Tatbestand unter allen altchristlichen Schriftstellern allein der sogenannte Ambrosiaster (ein unbekannter Verfasser eines Kommentars zu den Paulusbriefen, 2. Hälfte 4. Jh.) *ausdrücklich* – und dies nur dem Mann – eine zweite Ehe *erlaube*. Zwar sei nach der Mehrzahl der Kirchenväter der unschuldige Gatte verpflichtet, sich vom ehebrecherischen Partner zu trennen. Hingegen ließen sich nach Crouzel vom 2. bis zum 5. Jahrhundert mehr als zwanzig Zeugen anführen, die sich formell gegen eine Wiederheirat Geschiedener wendeten.

Zugunsten der orientalischen Praxis führt Rousseau außer Origenes (s.u.) vor allem Epiphanius von Salamis auf Zypern (ca. 315–403) und Basilius von Kappadokien (ca. 330–379) an. Nach seiner Auffassung ließen sich noch weitere Texte für die griechische Tradition beibringen, die jedoch auch für eine abweichende Deutung in Anspruch genommen werden (328). Epiphanius erklärt wörtlich: «Wenn ein Mann nach einer unter Berufung auf Unzucht, Ehebruch oder einen (anderen) schwerwiegenden Grund *(kakēs aitias)* vollzogenen Scheidung sich mit einer zweiten Frau verbunden hat, so klagt ihn das Wort Gottes nicht an, es schließt ihn nicht aus der Kirche und aus dem Leben aus, sondern übt Nachsicht mit seiner Schwachheit.»[255]

So kommt denn Stockmeier in seiner gedrängten, aber doch die einschlägigen Zeugnisse erörternden Übersicht zum Ergebnis: «Man kann nicht daran vorbeigehen, daß mehrere Kirchenväter mit Rücksicht auf Mt 5,32; 19,9 nicht nur eine Scheidung, sondern auch eine Wiederverheiratung für möglich hielten.» Sie ließen sich dabei von dem Bestreben leiten, «in einem Milieu, das Scheidung und Wiederverheiratung relativ großzügig handhabte, die Idealforderung Jesu in die Wirklichkeit des Lebens umzusetzen» (51).

Wichtiger noch als die doktrinären Stellungnahmen der Lehrer dürfte die *Praxis* der Kirche sein. Sie zeigt, daß die Teilkirchen immer wieder Kompromisse fanden, um die Forderung Jesu nach Unauflöslichkeit den Erfordernissen und Bedürfnissen des konkreten Lebens anzupassen. So erwähnt *Origenes* (gest. 254) in seinem Mattäus-Kommentar, es sei zu seiner Zeit die Gewohnheit eingerissen, «daß einige Kirchenvorsteher einer Frau zu Lebzeiten ihres Mannes eine Wiederheirat erlaubt hätten»[256]. Zwar macht Origenes deutlich, daß diese Praxis im Widerspruch zur Schrift stehe. Indes fügt er hinzu, das Zugeständnis sei nicht ohne Grund *(ou mēn pantē alogōs)* gemacht worden, denn mit Rücksicht auf die menschliche Schwäche und um Schlimmeres zu verhüten sei es besser, solche schriftwidrigen Verbindungen zuzulassen. Damit waren in der griechischen Kirche die Weichen für eine von der lateinischen Kirche abweichende Rechtslage zugunsten der Geschiedenen gestellt[257]: «Diese Nachsicht in einzelnen Fällen wurde später zur Gewohnheit, die Gewohnheit bildete sich zum Rechte aus und wirkte modifizierend ein auf die Erklärung der Schriftstellen» (Denner 47). Seit dem 5. Jahrhundert gestattet die griechische Kirche für beide Geschlechter im Falle des Ehebruchs die Wiederverheiratung (Denner 97).

Im Westen nahmen sich im 4. und beginnenden 5. Jahrhundert auch lokale Konzilien des Themas an. Von besonderer Wichtigkeit ist für die lateinische Kirche die Entscheidung der *Synode von Arles* (314)[258], die – bei grundsätzlicher Anerkennung des Rechts auf Wiederverheiratung – bestimmt, daß selbst jungen Männern, die ihre Frauen beim Ehebruch ertappt haben, der *Rat* erteilt werde, zu deren Lebzeiten keine neue Ehe einzugehen[259]. Diese Eingrenzung auf den Mann zeigt einen Rückschritt gegenüber der im 2. und 3. Jahrhundert unter dem Einfluß des römischen Rechts praktizierten Gleichberechtigung von Mann und Frau[260]. Indessen läßt sich zeigen, daß die Kirchen des Westens bis zum Ende des 4. Jahrhunderts den wiederverheirateten Geschiedenen zwar eine

Buße auferlegten, sie aber hernach, ohne die Bedingung, sich zu trennen, wieder zur Eucharistie zuließen (s. bes. Cereti 1977). Im 5. Jahrhundert entscheidet dann *Augustinus* die Debatte zugunsten der absoluten Unauflöslichkeit der Ehe. Dennoch erlaubt noch im 8. Jahrhundert der (als Heiliger verehrte) Papst Gregor II. (715–731) in einem an den heiligen Bonifatius als Bischof von Mainz gerichteten Schreiben dem Mann, dessen Frau krankheitshalber zur Leistung der «ehelichen Pflicht» nicht mehr fähig ist, eine neue Ehe einzugehen. Dasselbe gewährt Papst Eugen II. (824–827) dem Mann, der das Opfer der Untreue seiner Frau geworden ist (Nautin 52–54). Rechtlich endgültig festgeschrieben wurde die heute geltende Praxis der lateinischen Kirche im 12. Jahrhundert durch den Kirchenrechtler *Gratian*, dessen umfassendes Werk *Concordantia discordantium Canonum* «im Laufe der folgenden Jahrhunderte die denkbar größte Autorität bekommen sollte. Gratian zeigte sich als erklärter Gegner jeglicher Interpretation, die einer Wiederheirat nach dem Ehebruch des Partners günstig war» (Rousseau 329). Das Konzil von Trient (1545–1563) schließlich legte die katholische Lehre von der Ehe in definitiver Weise fest. Immerhin kam es der griechischen Kirche insofern entgegen, als es nicht deren Praxis verurteilte, sondern nur die Behauptung, die Lehre von der ausnahmslosen Unauflöslichkeit der Ehe sei eine Irrlehre[261].

21. Was sagt Jesus zur Ehescheidung?

Die wichtigsten Zeugnisse für das Bemühen der jungen Kirche, zwischen der Idealforderung Jesu (s. u.) und den Schwierigkeiten des Lebens einen Ausgleich zu finden, sind jedoch die biblischen Texte mit ihrer wechselhaften Entwicklung selbst.
Über die Haltung Jesu zur Ehescheidung handeln vier evangelische Texte sowie ein Pauluswort im 1. Korintherbrief[262].

Die Forderung der Bergpredigt

Die neue Auslegung, die Jesus in der Bergpredigt vom mosaischen Gesetz gibt, hat ihre Auswirkungen auch auf den Bereich der Ehe. Das alte Gesetz sah die Möglichkeit vor, daß ein israelitischer Mann seiner Frau einen Scheidebrief ausstellte und sie entließ. Jesus distanziert sich von dieser Konzession und erklärt: «Es ist gesagt: Wer seine Frau entläßt, gebe ihr einen Scheidebrief. Ich aber sage euch: Jeder, der seine Frau entläßt, außer wegen Unzucht, gibt sie dem Ehebruch preis[263], und wer eine Entlassene heiratet, bricht die Ehe.» (Mt 5,31 f.)
Es ist unschwer zu sehen und wohl auch unbestritten, daß von allen fünf einschlägigen Texten[264] dieser der Rede Jesu am nächsten kommt. Dafür sprechen vor allem drei Gründe: Zum einen wird hier *jüdisches* Recht vorausgesetzt und nicht, wie andernorts (s. u.), römisches Recht. Außerdem bedient sich Jesus hier der Lehrweise der Gesetzeslehrer seiner Zeit, die den Schrifttext, den sie auslegen wollten, einführten mit der Formel «Es ist gesagt», und alsdann mit der Formel «Ich aber sage euch» ihre Auslegung der Schriftstelle gaben. Und schließlich: Wenn wir die Klausel

«außer wegen Unzucht» zunächst ausklammern (dazu s.u.), hat das Jesuswort die vollkommene zweigliedrige Form eines jüdischen Spruchs:

«Jeder Entlassende seine Frau gibt sie dem Ehebruch preis
und jeder Heiratende eine Entlassene bricht die Ehe»
(vgl. Pesch 11).

In dem großen literarischen Block Mt 5,21-48 korrigiert Jesus an einer Reihe von Beispielen ein falsches Verständnis des mosaischen Gesetzes, wie es zu seiner Zeit im offiziellen Judentum praktiziert wurde. Dazu gehört in seinen Augen auch die Scheidungspraxis. Die Grundlage des jüdischen Scheidungsrechts bildete (und bildet bis heute) das Gesetz Dtn 24,1-4. Aus welcher Zeit es stammt, läßt sich nicht sicher sagen. In diesem Gesetz wird das Scheidungsrecht bereits als bekannt vorausgesetzt. Die Praxis der Ehescheidung dürfte jedenfalls in Israel auf eine ältere Zeit zurückgehen und ursprünglich ganz dem Belieben des Mannes überlassen gewesen sein (vgl. Neufeld 176–185). Ein verfeinertes Rechtsempfinden, wie es sich dann im 7. Jahrhundert v. Chr. im deuteronomischen Gesetz artikulierte, wollte ungebührlicher Willkür begegnen und knüpfte deshalb die Scheidung an drei Bedingungen: (1) Der Mann muß an der Frau «etwas Schändliches» finden. Was auch immer damit gemeint ist (s.u.), der Gesetzgeber dachte gewiß an etwas Gravierendes. (2) Ein Scheidebrief muß geschrieben[265] und (3) der Frau ausgehändigt werden. Da der betreffende Mann in der Regel nicht selbst schreiben konnte, mußte er einen Berufsschreiber hinzuziehen. Damit verging Zeit, in der der Unmut des Mannes sich legen konnte. Im späteren Judentum mußte der Scheidebrief auch datiert und von mehr als einem Zeugen unterschrieben sein[266]. Damit bekam die Entlassung der Frau einen gewissen öffentlichen Charakter. Alle diese Erschwerungen sollten im Geist des Gesetzgebers dem Schutz der Frau dienen.

Wie weit dieses Ziel erreicht, wie die Ehescheidungspraxis im einzelnen gehandhabt wurde, darüber wissen wir zu wenig. Je-

denfalls lassen sich gegensätzliche Tendenzen feststellen. Im 5. Jahrhundert beklagt Mal 2,14-16 den Mißbrauch der Scheidung, und auch in der späten Zeit geht die Grundtendenz des rabbinischen Rechts auf Festigkeit der Ehe[267]. Indes scheint zur Zeit Jesu vieles im argen gelegen zu haben. Zwischen den führenden Gesetzeslehrern und ihren Schulen herrschten empfindliche Meinungsunterschiede darüber, was unter dem «Anstößigen» an der Frau zu verstehen sei. Während eine strengere Richtung darin etwas moralisch Mißfälliges sehen wollte[268], genügte es einer laxeren Richtung nicht nur, daß die Frau dem Mann die Suppe versalzen hatte, sondern auch, daß der Mann eine andere Frau schöner fand als die seine[269]. Es kam vor, daß ein Mann die Ehe nur für eine Nacht schloß. Entsprach die Frau nicht seinen Erwartungen, entließ er sie am nächsten Morgen wieder.
Gegen solche Eigenmächtigkeit und Willkür erhebt Jesus Einspruch. Er schränkt die erlaubte Entlassung der Frau durch den Mann nicht nur auf den im alten Gesetz vorgesehenen Fall des «Schändlichen» ein. Vielmehr erklärt er, jede Ehescheidung, jede «selbstherrliche Absage des Mannes an seine Frau» (Ringeling 93) schließe Ehebruch ein (vgl. Pesch 10–21). Die Praxis seiner Zeit ist in seinen Augen, auch wenn sie sich auf Mose beruft, nicht Erfüllung, sondern Mißachtung des Willens Gottes.
Dabei stützt sich Jesus auf die damalige jüdische Rechtsauffassung, wonach Ehebruch nur dann vorlag, wenn die beteiligte *Frau* verheiratet (oder verlobt) war. Umgang mit einer unverheirateten Frau war nicht strafbar, ob der beteiligte Mann verheiratet war oder nicht. Deshalb bricht nicht der Mann, der seine Frau entläßt, die Ehe. Vielmehr gibt er *sie* dem Ehebruch preis, er macht *sie* zur Ehebrecherin, indem er sie praktisch zwingt, sich als verheiratete Frau mit einem anderen Mann einzulassen. Und indem dieser darauf eingeht, bricht *er* die Ehe dieser Frau.
Nach zahlreichen Auslegern hatte das Scheidungsverbot Jesu den Schutz der Frau und die Respektierung ihrer Würde in der damaligen Welt zum Ziel. Das dürfte indes nur bedingt richtig sein.

Gewiß brachte die Weisung Jesu der Frau den Vorteil, daß sie vom Mann nicht mehr nach Lust und Laune entlassen werden durfte. Es brachte ihr aber auch den Nachteil, daß sie unter Umständen ein Leben lang bei einem ungeliebten, brutalen, ehebrüchigen Mann auszuharren hatte, statt durch die Entlassung ein freier Mensch zu werden, der tun und lassen konnte, was er wollte[270]. Wurde die Frau von ihrem Mann entgegen der Weisung Jesu doch entlassen, konnte das Verbot, wieder zu heiraten, für sie verheerend sein[271], ja sie geradezu der Prostitution preisgeben. Das Anliegen Jesu muß weniger vordergründig gewesen sein. Doch darüber später.

Mattäus und seine Gemeinde

Daß die Klausel «außer wegen Unzucht»[272] nicht zum Wort Jesu gehört, wie es ursprünglich überliefert wurde, wird heute von zahlreichen Auslegern eingeräumt[273]. Zunächst sprengt die Klausel die regelmäßig gebaute Form des Ausspruchs (s. o.). Schwerer wiegt, daß das Herrenwort durch die Ausnahmeklausel aus dem Rahmen der übrigen fünf sogenannten Antithesen der Bergpredigt herausfällt[274]. In allen anderen Fällen trägt Jesus kompromißlos seinen höheren Anspruch des Gesetzesverständnisses vor:

> Ihr habt gehört, daß zu den Alten gesagt ist: Du sollst nicht töten. Wer aber tötet, soll dem Gericht verfallen sein. Ich aber sage euch: Jeder, der seinem Bruder zürnt, soll dem Gericht verfallen sein. (5,21f.)

> Ihr habt gehört, daß gesagt ist: Du sollst nicht ehebrechen. Ich aber sage euch: Jeder, der eine Frau anschaut, um sie zu begehren, hat ihr gegenüber in seinem Herzen schon die Ehe gebrochen. (5,27f.)

> Wiederum habt ihr gehört, daß zu den Alten gesagt ist: Du sollst nicht falsch schwören. Ich aber sage euch: Ihr sollt überhaupt nicht schwören. (5,33f.)

> Ihr habt gehört, daß gesagt ist: Auge um Auge, Zahn um Zahn. Ich aber sage euch: Ihr sollt dem Bösen nicht widerstehen. (5,38f.)

> Ihr habt gehört, daß gesagt ist: Du sollst deinen Nächsten lieben und deinen Feind hassen. Ich aber sage euch: Liebt eure Feinde. (5,43f.)

Nirgendwo nimmt Jesus seine Forderung auch nur um einen Zoll zurück, er verstärkt sie vielmehr noch durch Beispiele («schlägt dich einer auf die linke Wange, so biete ihm auch die andere dar», V. 39). Das Wort über die Ehescheidung wäre somit das einzige, in dem Jesus seinen sittlichen Anspruch selbst wieder einschränken würde.

In der judenchristlichen Gemeinde des Mattäus mußte jedoch die Weisung Jesu auf ernsthafte Schwierigkeiten stoßen. Denn eine Frau zu entlassen, bei der etwas «Schändliches» vorlag, wurde in jüdischen Kreisen nicht nur als erlaubt, sondern als göttliches Gebot angesehen, und bei förmlichem Ehebruch, auf dem grundsätzlich die Strafe der Steinigung stand (s. S. 195), war die Entlassung der Frau das Mildeste, was ihr Ehemann tun konnte (vgl. im Neuen Testament das Verhalten des Josef: «Er gedachte, sie heimlich zu entlassen», Mt 1,19). Ein solches Verhalten schien der Gemeinde des Mattäus dem Geist Jesu nicht zu widersprechen, vielmehr für beide Betroffenen eine echte Hilfe zu bedeuten. Für den Mann stellte es eine redliche, wenn man will «christliche», Regelung dar, die Frau bewahrte es vor schlimmerer Strafe. Daß es für den Mann die Möglichkeit einer Wiederverheiratung einschloß, nachdem die Frau ihren Weg gegangen war, muß als selbstverständlich angesehen werden.

Wir müssen aus der Einfügung «außer bei Unzucht» schließen, daß die Gemeinde des Mattäus zumindest in diesem Fall die Ehescheidung und wenigstens für den schuldlosen Mann die Wiederheirat praktizierte und daß somit schon die Urkirche Ausnahmen vom generellen Scheidungsverbot Jesu kannte und machte.

«Ganz deutlich bestätigt sich hier, daß Jesu Wort zwar der unbedingte Richtpunkt jeder christlichen Ehe, aber noch nicht selbst wieder Gesetz im engeren Sinn des Wortes ist» (Ratzinger 112).

Das Streitgespräch mit den Pharisäern

Das zwar in den Block der sogenannten Antithesen der Bergpredigt eingebettete, im übrigen aber isoliert dastehende Jesuswort über die Ehescheidung wird von Mattäus im Rahmen eines Streitgesprächs mit den Pharisäern wieder aufgegriffen (19,3-9)[275]. Solche Streitgespräche scheinen ein fester Bestandteil der urchristlichen Katechese gewesen zu sein. Die Pharisäer, die Jesus «versuchen» wollen, möchten von ihm wissen, ob es dem Mann erlaubt sei, seine Frau «aus jedem Grund» zu entlassen. Daß die Entlassung nach jüdischem Recht grundsätzlich erlaubt ist, wird dabei vorausgesetzt. Es geht vielmehr um die umstrittene Auslegung des «Schändlichen» oder «Anstößigen» (Dtn 24,1, s.o.), das die Scheidung rechtfertigt. Jesus entzieht der Debatte das Fundament, indem er unter Berufung auf Gen 1,27 und 2,24 erklärt, Mann und Frau würden in der Ehe nach Gottes Schöpfungsordnung *ein* Leib, und er leitet daraus ab: «Was Gott verbunden[276] hat, das soll der Mensch nicht scheiden.» Diesem Schriftargument Jesu begegnen jedoch die Pharisäer ihrerseits mit einem Schriftargument: «Wozu hat denn Mose geboten, einen Scheidebrief zu geben und zu entlassen?» Das ist gut jüdisches Denken, das die Scheidung im Falle unschicklichen Benehmens der Frau als Gebot *(miṣwāh)* betrachtete[277]. Für Jesus jedoch ist der Scheidebrief nicht ein Gebot, sondern ein der Schöpfungsordnung Gottes widersprechendes Zugeständnis, das dem «Herzensstarrsinn» der Männer Rechnung trug. Als der neue Mose erklärt Jesus deshalb: «Ich aber sage euch: Wer seine Frau entläßt (außer wegen Unzucht), und eine andere heiratet, bricht die Ehe.»

Dabei fällt auf, daß das letzte Herrenwort erheblich von Mt 5,32 (s.o.) abweicht. Dort wird dem Mann, der seine Frau entläßt, nur angelastet, er gebe sie damit dem

Ehebruch preis, ungeachtet dessen, ob er selber wieder heiratet oder nicht (was in der polygamen jüdischen Ehe ohnedies bedeutungslos war). Hier wird angenommen, daß er wieder heiratet, und beides – Entlassung und Wiederheirat – wird ihm – falls auf seiten der Frau nicht schon Ehebruch vorliegt – als Ehebruch angerechnet. Andererseits fehlt in Mt 19,9 die zweite Hälfte des Logions Mt 5,32: «Und jeder, der eine Entlassene heiratet, bricht die Ehe.»
Man wird sich fragen, was Mattäus veranlaßt hat, das Jesuswort das zweite Mal in einer anderen Fassung zu bringen. In Wirklichkeit stammt jedoch die Abweichung nicht von Mattäus, sondern ist sehr viel späteren Datums. Denn in den ersten drei Jahrhunderten zitieren sämtliche Kirchenväter des Ostens wie des Westens Mt 19,9 in der Form von Mt 5,32 (mit oder ohne zweite Satzhälfte). Diese Lesart wird noch im 4. Jahrhundert durch den Codex Vaticanus bezeugt, und sie wird von den griechischen Kirchenvätern bis zur Mitte des 5. Jahrhunderts beibehalten. Bei den lateinischen Vätern hingegen ist vom 4. Jahrhundert an die heute geläufige Fassung von Mt 19,9 ziemlich verbreitet[278]. Sie dürfte auf eine Angleichung von Mt 19,9 an Mk 10,11 und Lk 16,18 zurückgehen (Crouzel 1972/73 und 1981).

Ursprünglich lautete Mt 19,9 gleich wie Mt 5,32. Mattäus ist sich treu geblieben. Er zitiert das Wort Jesu über die Ehescheidung zweimal in der gleichen Form.

Reaktion auf römisches Recht

Anders verhält es sich bei Mk 10,2-12. Der äußere Rahmen ist zwar der gleiche wie bei Mattäus: ein Vorstoß der Pharisäer, die Jesus, um ihn zu versuchen, die Frage stellen, ob es einem Mann erlaubt sei, seine Frau zu entlassen. Im Unterschied zu Mattäus, wo es um die Bedingungen geht, unter denen der Mann seiner Frau den Scheidebrief geben darf, wird hier die Erlaubtheit der Scheidung überhaupt zur Debatte gestellt. Es geht also nicht mehr um ein jüdisches, sondern bereits um ein christliches Problem[279]. In der Diskussion zwischen den Pharisäern und Jesus spiegelt sich die Kontroverse zwischen der jungen Kirche und ihrer jüdischen und heidnischen Umwelt[280].
Im übrigen verläuft das Gespräch im wesentlichen nach dem gleichen Schema wie bei Mattäus, jedoch mit dem Unterschied, daß das entscheidende Wort über die Ehescheidung einer besonderen Jüngerbelehrung vorbehalten wird, womit angedeutet ist, daß

Jesu Weisung nicht für «jedermann», sondern für die Jünger Jesu gilt[281]. Vor allem aber hat die Aussage Jesu selbst einen von Mattäus sehr verschiedenen Wortlaut: «Wer seine Frau entläßt und eine andere heiratet, bricht ihr gegenüber die Ehe. Und wenn sie ihren Mann entläßt und einen anderen heiratet, bricht sie die Ehe.»

Wer vom jüdischen Rechtsdenken her kommt, das den Mattäus-Texten zugrunde liegt, ist bei diesem Bescheid über drei Dinge erstaunt:

1. Wir finden eine andere Vorstellung von Ehebruch vor. Nach Mattäus gab der Mann, der seine Frau entläßt, nur *sie* dem Ehebruch preis. Denn nach jüdischem Recht kann ja der Mann seine eigene Ehe nicht brechen. Genau das aber tut er bei Markus!

2. wird – wiederum im Widerspruch zum jüdischen Recht – mit der Möglichkeit gerechnet, daß die Frau den Mann entläßt. Für den jüdischen Bereich ist diese Praxis lediglich für Ägypten bezeugt, wo sie dem Zivilrecht des Landes entsprach[282]. In der römischen Gesellschaft aber, an die sich das Markusevangelium wendet – es dürfte in Rom geschrieben worden sein –, war sie gültiges Recht, von dem auch ausgiebig Gebrauch gemacht wurde[283].

3. Bei Markus kennt das Scheidungsverbot keine Ausnahmeklausel. Jede Scheidung und Wiederheirat ist Ehebruch, von welchem Partner sie auch ausgehen mag. Während nach einem Gesetz des Augustus der Mann sogar verpflichtet war, die ehebrecherische Frau zu entlassen[284], scheint Jesus bei Markus selbst für diesen Fall eine Scheidung auszuschließen.

Gesetz der Gemeinde

Auf der gleichen Linie wie Mk 10,11f. liegt auch das Herrenwort Lk 16,18: «Jeder, der seine Frau entläßt und eine andere heiratet, bricht die Ehe, und wer eine von ihrem Mann Entlassene heiratet, bricht die Ehe.»

Das Wort steht bei Lukas, im Unterschied zu Mt 19,9 und Mk 10,11f., nicht im Rahmen eines Streitgesprächs mit den Pharisäern, sondern folgt auf eine Erörterung über die Funktion des alten Gesetzes im Zeitalter des Evangeliums. Für Jesus ist zwar das Gesetz seit Johannes dem Täufer und vor allem seit seinem eigenen Auftreten durch das Evangelium abgelöst, und doch fällt davon kein Häkchen dahin (V. 16f.), was wohl nur bedeuten kann, daß Jesus den wahren, tiefen, vollen Sinn des Gesetzes enthüllt. Daraus folgt bei Lukas für die Ehe, daß sie der freien Verfügung des Mannes entzogen ist.

Lukas hat mit Markus ein Zweifaches gemeinsam: Entgegen jüdischer Vorstellung kann auch bei Lukas nicht nur die Frau, vielmehr ebenso der Mann seine Ehe brechen, und das tut er, wenn er seine Frau entläßt und eine andere heiratet, und hierbei kennt auch Lukas wie Markus keine Ausnahmeklausel[285]. Was jedoch Lukas im Gegensatz zu Markus nicht vorsieht, ist die Möglichkeit, daß die Frau den Mann entlassen könnte. Jedenfalls aber ist Lukas strenger als Mattäus: «In der Kirche des Lukas gilt Jesu Scheidungsverbot offenbar streng als kirchliches Gesetz», wobei freilich auch zu bedenken ist: «Lukas, der Jesu Sendung zu den Sündern in seinem Evangelium besonders hervorgehoben hat,... dieser Evangelist wäre gewiß nicht einverstanden, wenn Jesu Wort über die Ehescheidung gesetzlich, statt in freier Treue ausgelegt würde» (Pesch 58.60).

Die Ausnahmeklausel bei Paulus

Der älteste Text des Neuen Testaments, der sich mit der Ehescheidung befaßt, ist der um das Jahr 55 geschriebene 1. Korintherbrief. Paulus beruft sich dabei auf ein formelles Gebot Jesu: «Den Verheirateten gebiete nicht ich, sondern der Herr: Die Frau soll sich vom Mann nicht trennen – hat sie sich aber doch getrennt, so soll sie unverheiratet bleiben oder sich mit ihrem Mann aussöhnen –, und der Mann soll die Frau nicht wegschicken.» (7,10f.)

Die direkte Berufung auf ein Herrenwort wird dadurch unterstrichen, daß sie von zwei Weisungen eingerahmt wird, bei denen Paulus lediglich seine eigene Autorität ins Spiel bringt. Vorausgehend (V. 8f.) empfiehlt *er* den Unverheirateten und den Witwen, so zu bleiben wie er, also unverheiratet, und die Ehe nur zu wählen, wenn ihnen die Gabe der Enthaltsamkeit nicht gegeben ist. Der *Herr* jedoch verbietet der Frau, die Scheidung vorzunehmen, wobei Paulus wie Markus griechisch-römisches Recht voraussetzt. Möglicherweise hat er einen bestimmten Fall in der Gemeinde im Auge[286]. Jedenfalls denkt Paulus an Scheidung aufgrund eines Zerwürfnisses, da er von der Frau verlangt, sich mit dem Mann auszusöhnen, wenn sie nicht unverheiratet bleiben will. Ebensowenig hat aber auch der Mann das Recht, die Frau fortzuschicken. Das Herrenwort, auf das Paulus sich beruft, kann schwerlich ein anderes sein als das Grundwort Jesu: «Was Gott verbunden hat, soll der Mensch nicht trennen.» So wie dieses in der Gemeinde des Mattäus, des Markus und des Lukas seine je eigene Interpretation fand, so paßt es Paulus den Verhältnissen der griechischen Stadt Korinth an.

Freilich schränkt Paulus das absolute Scheidungsverbot, für das er sich auf Jesus beruft, im gleichen Atem auch schon wieder ein, und zwar kraft eigener Vollmacht. Wenn in einer Ehe zwischen einem Christen und einem Nichtchristen der «ungläubige» Partner sich weigert, mit dem christlichen die Ehe aufrecht zu erhalten, so ist dieser frei und kann eine neue Ehe eingehen. Paulus bringt damit zum Ausdruck, daß er das Gebot Jesu nicht als starres Gesetz versteht, sondern als einen ethischen Appell[287], der mit den konkreten Forderungen des Lebens in Einklang zu bringen ist. Er trifft eine «Ermessensentscheidung», «wo sich die unter dem Gebot des Herrn stehende Gemeinde und die Welt überschneiden»[288]. Deshalb ist es auch falsch, von einem «privilegium paulinum» zu sprechen, wie dies die katholische Kanonistik bis heute tut. So wenig wie bei Mattäus geht es auch bei dieser Ausnahmeklausel um ein «Privileg», sondern ganz schlicht um die elementare Forderung, daß eine Ehe aufzulösen ist, wenn der eheliche

Friede nicht mehr gewährleistet ist. Dieses ist für Paulus das entscheidende Kriterium: «Zum Frieden hat auch Gott berufen» (V. 15).

Ethischer Appell statt Gesetz

Die Tatsache, daß dasselbe Jesuswort fünfmal in je verschiedener Fassung überliefert ist, macht es uns unmöglich, eine ursprüngliche, direkt auf Jesus zurückgehende Form zurückzugewinnen. Grundlegend ist das Wort Jesu: *«Was Gott verbunden hat, das soll der Mensch nicht trennen»*, ein Grundsatzwort, das die Gemeinde aus verständlichen Gründen in verschiedener Weise kommentiert und auf ihre konkrete Situation angewendet hat. Das heißt: Alle Jesusworte über die Ehescheidung sind nichts anderes als Ausfaltungen dieses einen Wortes durch die Gemeinde.

Diese Grundaussage Jesu ist freilich, wie in der letzten Zeit von den Auslegern immer wieder hervorgehoben wurde, «kein juristischer Bescheid, sie hat andere Qualität, sie appelliert an den freien Gehorsam des Menschen als des Geschöpfes Gottes»[289]. Wir haben es dabei nicht mit einem *Gesetz* zu tun, sondern mit einem *ethischen Appell*. Sie ist eine Idealforderung, die, wie alle Idealforderungen Jesu («Seid vollkommen, wie euer himmlischer Vater vollkommen ist», Mt 5,48), an der moralischen Hinfälligkeit des Menschen ihre Grenzen findet. Jesus sagt nicht, Mann und Frau *könnten* sich nicht trennen, sondern sie *sollten* sich nicht trennen[290]. Der Kapitalfehler, der in der späteren kirchlichen Praxis begangen wurde, bestand darin, aus einem ethischen Appell ein absolutes Gesetz zu machen[291].

Wir fassen zusammen: Jesus fordert die unbedingte eheliche Treue. Aus dieser Forderung hat die Kirche von Anfang an rechtliche Regelungen abgeleitet, mit denen sie versuchte, die Idealforderungen Jesu mit der konkreten Wirklichkeit in Einklang zu bringen. Hierbei wurde schon in apostolischer Zeit eine Ehe für gelöst angesehen und eine neue Ehe erlaubt, wo Treue, Liebe und Friede einseitig aufgekündigt worden waren. Unsere heutige Problematik ist grundsätzlich keine andere, wenn auch Erschwerungen hinzugekommen sind[292]. Müßte also, was damals möglich war – und, wie die Geschichte zeigt, tausend Jahre lang praktiziert wurde (s.o.) –, in einer den veränderten gesellschaftlichen Strukturen angepaßten Form nicht auch heute möglich sein?

Ein Wort zum Schluß

Es konnte in diesem Buch nicht darum gehen, unter Berufung auf die Bibel eine neue oder gar bessere Sexualethik zu entwerfen. Denn zum einen würde die Bibel damit überfordert. Die Zeiten sind wohl für immer vorbei, in denen sie als die normative Interpretation von wie auch immer gearteten Naturgesetzen galt. Vielmehr sind ihre Aussagen kulturell begrenzt und können deshalb für unsere Verhältnisse nicht als verbindlich betrachtet werden. Dies gilt vor allem für die Einschätzung der Frau, mit der die Bibel empfindlich hinter unserem Verstehenshorizont zurückbleibt. Zum anderen ist auch Sexualität keine feststehende Größe. Auch sie ist immer kulturell geprägt. Die biblischen Sexualvorschriften wurzeln in der jeweiligen historischen Situation und wenden sich auch an Menschen des eigenen Kulturkreises, sei es nun der Alte Orient, sei es die jüdische, die hellenistische oder die römische Welt. Dasselbe Phänomen wurde zu verschiedenen Zeiten in verschiedenen Räumen verschieden bewertet. Deshalb breitet die Bibel eine Vielfalt von Vorschriften vor uns aus. Von der Polygamie der israelitischen Frühzeit bis zum Sarx-Verständnis des Paulus spannt sich ein Bogen von ungeheurer Weite. Es gibt in der Bibel keine Eindeutigkeit, in vielen ethischen Bereichen nicht und schon gar nicht in der Sexualität.

Moraltheologie und kirchliches Lehramt sind deshalb außerstande, die traditionelle Sexuallehre aus der Bibel zu begründen, schon gar nicht in jener zusammenhanglosen, «materialistischen» Art, wie sie den Erklärungen offizieller kirchlicher Stellen eigen ist, die Bibelzitate zur Bekräftigung und Garnierung ihrer Postulate mißbrauchen. Denn außer Ehebruch kann kein Sexualverhalten unter Berufung auf die Bibel als sündhaft erklärt werden:

weder außereheliche Beziehungen noch Selbstbefriedigung noch Homosexualität noch Prostitution. Und auch das Prinzip der absoluten Unauflöslichkeit der Ehe findet in der Bibel keine Stütze. Man mag ernsthafte Gründe haben, etwa die «Ehe ohne Trauschein» abzulehnen, aber man soll es nicht im Namen der Bibel tun. Nicht was die Bibel im Sexualbereich den Menschen vorschreibt oder verbietet, war deshalb zu zeigen, sondern was sie nicht vorschreibt und nicht verbietet.

Freilich: Gibt es keine Legitimation kasuistischen sexualethischen Verhaltens aus der Bibel, so auch keine Legitimation von Permissivität und Beliebigkeit. Bei aller grundsätzlicher Leibfreundlichkeit, vor allem des Alten Testaments, stellt die Bibel das Sexualverhalten weitestgehend in die Eigenverantwortung des Menschen. Der Staat hat die Aufgabe, durch Gesetze den Einzelnen und die Gesellschaft vor Übergriffen zu schützen. Ethisch-moralisch aber beginnt Sünde dort, wo der Mensch sich selbst oder anderen Schaden zufügt, das heißt verantwortungslos handelt. Was gut und böse ist, rein oder unrein, wird nach Jesu Wort im Herzen des Menschen entschieden (Mk 7,20-23). Hier erwächst ihm Unschuld und Schuld.

Anmerkungen

[1] Enzyklika «Humanae vitae» (1968), auf die sich Papst Johannes Paul II. vorbehaltlos beruft; vgl. auch HK 35, 1981, 57–60, zum Brief Kardinal Ratzingers an den Klerus der Erzdiözese München und Freising, Advent 1980.

[2] Ob die mangelnde Bereitschaft der Kirche, sich auf die veränderten gesellschaftlichen Verhältnisse einzustellen, ihren letzten Grund darin hat, daß sie ihre Wirksamkeit auf die Gläubigen nicht verlieren will, soll hier nicht erörtert werden. Es erscheint jedoch nicht als abwegig, daß sie mit der Reglementierung: Das ist erlaubt, das ist verboten, ihre Gläubigen unter Kontrolle behalten will. «Nicht der allgemein als Säkularisierung bezeichnete Prozeß der Neuzeit, in dem die Kirchen mehr und mehr an geistigem Einfluß und moralischer Autorität verloren haben, ist die Erklärung für das Faktum, daß die kirchliche Sexualmoral heute weiten Kreisen der Bevölkerung als veraltet gilt, sondern umgekehrt: die vulgarisierte wissenssoziologische ‹Entlarvung› der kirchlichen (Macht-)Interessen gerade hinsichtlich ihrer Einstellung zur Sexualität muß als wesentliches Element ihres Glaubwürdigkeitsverlustes angesehen werden.» So urteilt H. Steinkamp, «Freie Lebensgemeinschaften» als Aufgabe kirchlicher Praxis und Gegenstand praktischer Theologie, in: Loccumer Protokolle 3, 1980, 158–178, hier 159f.

[3] A. Auer, Geschmack an der Freiheit vermitteln: HK 39, 1985, 165–170, hier 166.

[4] S. dazu J. Ebach, Gewalt: Verharmlosung durch ein Theoriemonopol?: Orientierung 49, 1985, 207–210: «Zwar ist Israel noch in Gewalt- und Rachekategorien befangen, aber es ist doch schon auf dem Wege zu der im Neuen Testament erfolgenden Überwindung der Gewalt» (208).

[5] «Wieso darf man in der Theologie ungestraft an den Einsichten anderer Humanwissenschaften vorbeigehen, nach denen der Mensch in erster Linie nicht Natur-, sondern Kulturwesen ist, das sich seine Umgebung – und damit sich selbst – ständig neu schafft?» (Gerstenberger/Schrage 18).

[6] «Denn bei der Interpretation biblischer Texte kommt es letztlich darauf an, aus der zeitbedingten Gestalt des antiken Zeugnisses die richtigen Schlußfolgerungen für unsere ganz andere Situation zu ziehen» (Gerstenberger/Schrage 19).

[7] «Wir suchen die Auseinandersetzung mit den biblischen Zeugen, damit wir in unserer heutigen Situation eine ähnliche Haltung einnehmen und ähnliche, tastende Schritte in Richtung auf den einen Gott, den letzten Lebenssinn, tun können wie sie» (Gerstenberger/Schrage 19).

[8] B. Berger/P.L. Berger, In Verteidigung der bürgerlichen Familie, Frankfurt 1984, 219.

[9] Städte sind in der Antike stets feminin.

[10] Wie Ruf/Cooper oder T. Brocher/L.v. Friedeburg, Lexikon der Sexualerziehung für Eltern, Lehrer, Schüler, Gütersloh 1978.

[11] G. Schmidt, Sexuelle Motivation und Kontrolle, in: Schorsch/Schmidt 30–47, hier 30.

[12] H. Kentler, Die Menschlichkeit der Sexualität; ders., Taschenlexikon Sexualität, Art. Sexualität, 254f.

[13] Mit Recht bezeichnet Pfürtner «numinös-magische Besetzungen und animistische Ängste als den eigentlichen Ursprung dieses ganzen Komplexes» (84).

[14] Vgl. hierzu vor allem Otto und Eliade.

[15] K. Elliger, Leviticus, Tübingen 1966, 157.

[16] Deshalb die Vorschrift, am Pesach, dem Frühlingsfest des Weidewechsels, die Pfosten des Zeltes mit Blut zu bestreichen, um die Dämonen abzuwehren (Ex 12,7).

[17] Auch bei den Griechen und Römern herrschte der Glaube, daß Same und Blut die bösen Geister anziehe und den Menschen unfähig mache, in die Nähe der Gottheit zu treten (vgl. Strathmann, 9. und 10. Kapitel).

[18] Vgl. dazu H. Haag (Hg.), Teufelsglaube, Tübingen ^{2}1980, 218–246.

[19] Vgl. dazu W. Neidhart, Das paulinische Verständnis der Liebe und der Sexualität: ThZ 40, 1984, 245–256.

[20] Müller 26–32; Cancik 1976, 60–63; zu den drei Gütern der Ehe bei Augustinus: proles, fides, sacramentum, s.u.S. 187–190. Zu den psychohistorischen Voraussetzungen der Sexualfeindlichkeit des Kirchenlehrers s. R. Brändle/W. Neidhart, Lebensgeschichte und Theologie. Ein Beitrag zur psychohistorischen Interpretation Augustins: ThZ 40, 1984, 157–180, bes. 168–180.

[21] PL 96, 65, vgl. Schlegelberger 40.

[22] Vgl. Pfürtner 28–31. K. Deschner, Das Kreuz mit der Kirche. Eine Sexualgeschichte des Christentums, Düsseldorf 1974. Ferner Savramis und van Ussel.

[23] Zu den 1141 von Papst Innozenz II. verurteilten Sätzen des geistreichen, aber anstößigen Abälard gehört der, daß weder die Begierde noch die von ihr bewirkte Lust eine Sünde ist und daß wir zu ihrer Unterdrückung nicht verpflichtet sind (quod ...neque concupiscentia neque delectatio, cum movet eam, peccatum sit, nec debemus velle eam extinguere, DS 739).

[24] Vgl. K.H. Kleber, De parvitate materiae in sexto, Regensburg 1970.

[25] Die traditionelle Moraltheologie unterscheidet zwischen Sünden, die von ihrem *Wesen* her immer schwer sind (peccata gravia ex toto genere suo), und solchen, deren Schwere von der Bedeutung des *Objekts* abhängt (z.B. Diebstahl von großem oder geringem Wert). Zur ersten Gruppe, die keine Geringfügigkeit (parvitas materiae) zuläßt, werden alle Verfehlungen gegen das «6. Gebot» gerechnet.

[26] DS 2060; 2109.

[27] Lehrbuch der Moraltheologie, Paderborn [2]1965.

[28] K. Hörmann (Hg.), Lexikon der christlichen Moral, Innsbruck 1976, Sp. 649.

[29] Vgl. zu diesem Abschnitt Braun und vor allem die Untersuchungen von Bartholomäus 1985.

[30] Zum veränderten Sprechen über das Sexuelle vom 17. bis zum 19. Jh. s. Foucault.

[31] B. Overberg, Anweisungen zum zweckmäßigen Schulunterricht für den Schullehrer im Fürstenthum Münster, Münster [8]1844.

[32] Zur Sexualpädagogik Hirschers s. Bartholomäus 1985, 37–39.

[33] E. Gerstenberger, Herrschen oder Lieben: Zum Verhältnis der Geschlechter im Alten Testament, in: Die Botschaft und die Boten (Festschrift H.W. Wolff), hg. v. Jörg Jeremias und L. Perlitt, Neukirchen 1981, 335–347, macht deutlich, wie sehr die Zerstörung des altisraelitischen Bauerntums die Lage der Frau verschlechterte. «Wie der Familienchef jetzt vom Großgrundbesitzer als Objekt angesehen und ausgebeutet wurde, so gewöhnte sich jener seinerseits daran, Frau und Kinder als Gegenstände zu betrachten, die seinem egoistischen Selbsterhaltungs- und Geltungstrieb zu dienen hatten» (344).

[34] Daß es in der ältesten Gesetzgebung, so sehr diese die Frau vom Manne her definiert, zunächst um eine Konfliktregulierung zwischen Familien geht, «die auch den Schutz der Frau einschließt» (288), weist E. Otto nach in seinem Aufsatz «Zur Stellung der Frau in den ältesten Rechtstexten des Alten Testaments (Ex 20,14; 22,15f.) – wider die hermeneutische Naivität im Umgang mit dem Alten Testament»: Zeitschr. f. ev. Ethik 26, 1982, 279–305.

[35] An zwei Stellen in der Bibel hören wir, daß Frauen am Eingang des heiligen Zeltes Dienst taten (Ex 38,8; 1 Sam 2,22). Aber das sind wahrscheinlich Reste einer alten Überlieferung, die im realen Leben keinerlei Bestätigung fand (so Gerstenberger, Herrschen oder Lieben, s.o. 338). Bei Ex 38,8 denkt Winter (58–65) an Hofdamen, die selbst im Jahwetempel der Fruchtbarkeitsgöttin ihre Sympathie bezeugten.

[36] Joachim Jeremias, Jerusalem zur Zeit Jesu, Göttingen [3]1962, 410 (dort Talmud-Belege).

[37] S. dazu H. Wolff, Jesus als Psychotherapeut. Jesu Menschenbehandlung als Modell moderner Psychotherapie, Stuttgart 1978, 135.

[38] Vgl. Thraede, bes. 231ff.; ders. in: Scharffenorth/Thraede; C. Locher, Frauen – im Neuen Testament unsichtbar?: Orientierung 50, 1986, 77–80 (mit weiterer Literatur).

[39] S. dazu B. Brooten, «Junia...hervorragend unter den Aposteln» (Röm 16,7), in: Moltmann-Wendel 148–151.

[40] S.Th. I, qu. 92, a.3. Die Bezeichnung «mas occasionatus» findet Thomas bei Aristoteles, zitiert sie jedoch in zustimmendem Sinn. Vgl. auch C. Gent. III, 123, wo er vom Mann sagt, er sei gegenüber der Frau «ratione perfectior et virtute fortior» (vollkommener an Verstand und stärker an Tugend).

[41] In allegorischer Sprechweise erscheint die verführerische Frau auch in Qumran als Inbegriff der Versuchung zum Bösen, vgl. R.D. More, Personification of the Seduction of Evil: «The Wiles of the Wicked Woman»: Revue de Qumran 10, 1979/81, 505–519.

[42] Vgl. K. Thraede, Augustin-Texte aus dem Themenkreis «Frau», «Gesellschaft» und «Gleichheit»: JbAC 22, 1979, 70–97.

[43] Biblisches Denken mit der Naturrechtslehre des Aristoteles kombinierend, spricht Augustinus von der «iusta dominatio» (gerechten Herrschaft) des Mannes über die Frau, eine Vorstellung, die im 12. Jahrhundert durch Gratian festgeschrieben wurde, vgl. Mundle.

[44] K. Wiederkehr-Benz, Unterschiedliche Weltsicht von Mann und Frau als Chance: Neue Zürcher Zeitung 14./15. Sept. 1985 (bezieht sich auf C. Gilligan, Die andere Stimme, München 1984).

[45] Lasslop. H. Marcuse spricht in diesem Zusammenhang optimistisch von einem neuen Menschenbild.

[46] Vgl. E. Borneman, Art. Sexualität, in: Kindlers Enzyklopädie: Der Mensch Bd. 4, Zürich 1981, 29–44.

[47] Vgl. dazu H. Thyen, «...nicht mehr männlich und weiblich»... Eine Studie zu Gal 3,28, in Crüsemann/Thyen 107–201.

[48] S. dazu, im folgenden kurz referiert, den Beitrag von Ph. Trible, Gegen das patriarchalische Prinzip in Bibelinterpretationen, in: Moltmann-Wendel 93–117, vor allem 99–108. Vgl. auch M.-S. Heister, Frauen in der biblischen Glaubensgeschichte, Göttingen 1984; E. Sorge, Religion und Frau, Stuttgart 1985; M. Kassel, Das Auge im Bauch. Erfahrungen mit tiefenpsychischer Spiritualität, Olten 1986.

[49] Trible a.a.O. 101

[50] Trible a.a.O. 106

[51] ebd.

[52] So auch Drewermann 1983, 17f., 23 und Gerstenberger/Schrage 62.

[53] Barz 81; vgl. auch M. Kassel, Sei, der du werden sollst. Tiefenpsychologische Impulse aus der Bibel, München 1982, bes. 65–83.

[54] Siehe: Nichteheliche Lebensgemeinschaften. Diese Analyse enthält auch ein ausführliches Literaturverzeichnis bis 1984.

[55] Moral '78, eine Repräsentativumfrage für den «Stern» über Sexualität, Lebensglück, Ehe und Gesellschaft, Allensbach 1978.

[56] Publik-Forum 14, 1985/5, 20, vgl. auch H. Pompey, Glaubenshaltungen und Glaubenspraxis kirchlich orientierter Jugendlicher in Bezug auf die religiöse Situation des Elternhauses: Lebendiges Zeugnis 34, 1979, 71.

[57] Vgl. dazu «Was hält die junge Generation von der Ehe?»: HK 38, 1984, 317–322.

[58] Publik-Forum ebd.

[59] Vgl. HK 39, 1985, 46f.

[60] HK 38, 1984, 171–175.

[61] Versöhnung und Buße. Hirtenbrief zur Fastenzeit 1985.

[62] G. Schmidtchen, Die Situation der Frau. Trendbeobachtungen über Rollen- und Bewußtseinsveränderungen der Frauen in der Bundesrepublik Deutschland, Berlin 1984, 26. Vgl. auch D. Seeber, Die emanzipierte Generation: HK 38, 1984, 527–531.

[63] Nichteheliche Lebensgemeinschaften 172.

[64] Moral '78 (s.o. Anm. 55).

[65] K. Schwarz, Die nicht-eheliche Lebensgemeinschaft in der Bundesrepublik Deutschland, in: Loccumer Protokolle 3, 1980, Partnerschaft und Identität 2–18. Nach der Studie Nichteheliche Lebensgemeinschaften haben 33% der Paare fest vor, ihren Partner zu heiraten, und 38% sind sich dessen (noch) nicht sicher (171), 28% sind ohne Heiratsabsicht.

[66] Nichteheliche Lebensgemeinschaften 169f.

[67] I. Roessler/W. Huth, Fragen zur Beziehung bei unverheirateten Paaren, Loccumer Protokolle 3, 1980, 79–92.

[68] K. Dörner/U. Plog warnen: «Liberalisierung als bloßes Wachstum des Bereichs des Erlaubten, Moralentlarvung (statt Entwicklung einer gültigeren Moral), Technisierung, Konsumausweitung, Verharmlosung, Orientierung an verlogener Partnerschaftsharmonie und Hygienebeglückung sind so unvollständig, daß sie neue Zwänge und neue Leiden schaffen» (Irren ist menschlich, Rehburg-Loccum [6]1982, Kap. 7: Der liebende Mensch. Schwierigkeiten der Sexualität, 217–234, hier 234).

[69] H.F. Harlow, Sexual behaviour in the rhesus monkey, in: F.A. Beach (Ed.), Sex and Behaviour, New York 1965.

[70] Literatur zu Zärtlichkeit: E. Fromm, Die Kunst des Liebens, Frankfurt 1972, Stuttgart 1980; T. Lemaire, Gedanken über die Liebe, Düsseldorf 1975; A. Greeley, Erotische Kultur, Graz 1977; ders., Sexualität, Fantasie und Festlichkeit, Graz 1978; H. Gollwitzer, Das Hohelied der Liebe, München 1978; K. Marti, Zärtlichkeit und Schmerz, Darmstadt 1979; D. Mieth, Die Kunst, zärtlich zu sein, Freiburg i.Br. [3]1985; H. Haag, Du hast mich verzaubert, Einsiedeln [3]1985; Haag/Elliger.

[71] Den entscheidenden Anstoß zur Erforschung der subtilen Machtausübung über (= via!) die Sexualität in der Sozialgeschichte gab Foucault.

[72] M. Tsevat, ThWAT I, 875.

[73] «Wenn auch die *ʿlmh* faktisch fast regelmäßig die unverheiratete Tochter meint..., so liegt doch das Moment der Jungfräulichkeit nicht im Begriff. Die Grundbedeutung der Wurzel ist offensichtlich ‹stark, mannbar, geschlechtsreif sein›. Die Forschung hat denn auch aufs Ganze gesehen die Übersetzung ‹Jungfrau› preisgegeben... Man hat also bei der Übersetzung ‹junge Frau› zu bleiben» (H. Wildberger, Jesaja, Neukirchen 1972, 290).

[74] «‹Jungfrau› und ‹Jungfräulichkeit› haben nach Wort und Sache in der religiösen Vorstellung des AT und der Frühstgeschichte seiner Auslegung keine Bedeutung» (M. Tsevat, ThWAT I, 877).

[75] Vgl. Reallexikon der Assyriologie III, 258a.

[76] E. Brunner-Traut, Die alten Ägypter, Stuttgart 1974, 79.

[77] ebd. 86f.

[78] H. Brunner bei W. Beyerlin, Religionsgeschichtliches Textbuch zum Alten Testament, Göttingen 1975, 91.

[79] Die einsame samarische Frau zur Mittagszeit am Jakobsbrunnen (Joh 4,6f.) wird als ungewöhnlich empfunden (vgl. V. 27).

[80] Gen. Rabba z. St.; vgl. Epstein 1948, 105.

[81] So ist E. Würthwein davon überzeugt, «daß die Gedichte des HL Kunstlieder darstellen, die aus dem Kreis der nachexilischen Weisen Jerusalems hervorgegangen sind und zum Vortrag bei den im allgemeinen sieben Tage dauernden Hochzeitsfeiern bestimmt waren» (Die fünf Megillot, Tübingen 1969, 34).

[82] Würthwein ebd. 48.

[83] F. Hauck/S. Schulz, ThWNT VI, 590.

[84] So bedeutet nach R. Pesch (Das Markusevangelium I, Freiburg i. Br. [2]1977, zu Mk 7,21) *porneia* «alle Unzuchtssünden», und für Bauer (Wörterbuch zum NT, Berlin [6]1971) ist *porneia* «jede Art illegitimen Geschlechtsverkehrs». Zuerst wäre jedoch zu definieren, was mit «Unzuchtssünden» und «illegitimem Geschlechtsverkehr» gemeint ist. Legt man sich von vornherein auf jede Form außerehelicher Sexualität fest, so begeht man eine *petitio principii*, man setzt voraus, was zu beweisen wäre.

[85] Dies gilt auch von Gen 38,24, wo Tamar vorgeworfen wird, sie sei aufgrund von *porneia* schwanger: sie hatte sich ja als Hure ausgegeben.

[86] Unrichtig R. Bultmann (Joh. Komm. [15]1957): «Wir wurden nicht ehebrecherisch gezeugt» (239) und EÜ «Wir stammen nicht aus einem Ehebruch». R. Schnackenburg (Das Johannesevangelium II, Freiburg i. Br. 1971) bemerkt zu Recht, daß der Ausdruck *ek porneias* sich durch Hos 1,2; 2,6 (LXX) erklärt.

[87] Freilich steht das hebr. *zᵉnūt* in diesem Sinn einmal in der essenischen Literatur (Damaskusschrift 4,20-5,11), vgl. J. A. Fitzmyer, The Matthean Divorce Texts and Some New Palestinian Evidence: Journal of Theol. Studies 37, 1976, 197–226, bes. 220f.

[88] In anderen Lasterkatalogen allerdings ist *porneia* nicht genannt, vor allem fehlt sie in Röm 1,29-31 und 13, 13. – Zu den Lasterkatalogen siehe vor allem die gründlichen Untersuchungen von Vögtle und Wibbing.

[89] Mit Recht bemerkt H. Conzelmann: «Die Heiden dienen nur als Folie für die Schärfe des Urteils über den Fall in der Gemeinde» (Der erste Brief an die Korinther, Göttingen 1969, 116). Vgl. aber auch Anm. 87.

[90] *pornos* ist nach ThWNT VI, 580 der «Hurer, der mit Dirnen verkehrt», vor allem aber «der sich selbst für Geld zur Unzucht mißbrauchen läßt». Dover 26 erwähnt nur die zweite Bedeutung («Männer oder Knaben, die homosexuellen Verkehr gewerblich trieben»). Bauer (Wörterb.) gibt für *pornos* «der Unzüchtige, der Hurer» an.

[91] Der zweite Brief an die Korinther, Göttingen 1976, zu 12,21.

[92] allgemein: Lev 16,16.19; bewirkt durch Vorgänge des Geschlechtslebens (Lev 15,2ff.: Ausfluß und Menstruation; 18,19: Menstruation, auch 2 Sam 11,4; Ez 22,10; 36,17), Aussatz (Lev 22,3ff.), Verunreinigung durch Tote (Num 19,13).

[93] H. Schlier, Der Brief an die Epheser, Düsseldorf [7]1971, 214.

[94] Die Behauptung von B. Rigaux: «L'*akatharsia* ici comme partout chez Paul est l'impureté sexuelle» (Les Epîtres aux Thessaloniciens, Paris 1956, zu 1 Thess 4,7) läßt sich somit nicht aufrechterhalten.

[95] Bei Häring 1967 lautet dieser Satz: «Die Sünde der Unkeuschheit besteht im *Mißbrauch*, das heißt im sinnwidrigen Verhalten gegenüber den Kräften der Geschlechtlichkeit. Nicht die Geschlechtslust als solche ist unkeusch...» (296).

[96] Lehrbuch der Moraltheologie, Paderborn [2]1965, 249.

[97] Lexikon der christlichen Moral, Innsbruck 1976, Sp. 646.

[98] Die deutschen Wörter (Un-)zucht und (Un-)keuschheit haben von Haus aus nichts mit Sexualität zu tun. «Zucht» ist das Ergebnis von «ziehen» und meint alles, was in der Aufzucht und Erziehung gelungen ist. «Keuschheit» (mhd. *kiusche*, ahd. *kûski*) wurde zur Zeit der frühmittelalterlichen Christianisierung aus dem Gotischen *(kuskeis)* übernommen und hatte etwa die Bedeutung «der christlichen Lehre bewußt». Es war seinerseits aus dem lateinischen *conscius* «mitwissend, eingeweiht, bewußt» entlehnt. Aus der Bedeutung «der christlichen Lehre bewußt» entwickelten sich später die Bedeutungen «tugendhaft», «sittsam», «enthaltsam», «rein». Das Wort «Unkeuschheit» eroberte in den Katechismen das 6. und 9. Gebot. Im 18. Jh. sind «Unkeuschheit» und «Ehebruch» identisch, dann wird «Ehebruch» im Katechismus bei den Zehn Geboten gar nicht mehr erwähnt (s. Der kleine Einsiedlische Katechismus 1768, 326–329).

[99] Auch im Entwurf des neuen schweizerischen Strafrechts wird der Begriff «Unzucht» durch «sexuelle» bzw. «geschlechtliche Handlungen» ersetzt. Im bisherigen Strafrecht verstand man unter «Unzucht» bzw. «unzüchtigen Handlungen» Beischlaf, beischlafähnliche Handlungen und solche, «die den geschlechtlichen Anstand verletzen und in nicht leicht zu nehmender Weise gegen das sittliche Gefühl eines normal empfindenden Menschen verstoßen» (Eidg. Bundesgericht, vgl. Schweiz. Strafgesetzbuch, Komm. Ausg. von Hauser/Rehberg, Zürich [10]1983, 199).

[100] Die Ehegesetzgebung des Augustus verfolgte einen doppelten Zweck: «remédier à la dépopulation, entraînée par les guerres et les troubles de la fin de la République, et rétablir la dignité de la famille en prohibant les mésalliances» (H. Gaudemet, Justum Matrimonium: Revue Internationale des Droits de l'Antiquité 2, 1949, 309–366, hier 328). Vgl. ferner P. Csillag, Das Eherecht des Augusteischen Zeitalters: Klio 50, 1968, 111–138.

[101] F. Probst (1817–1899), vgl. Schlegelberger 197–201. Zu der damit aufgeworfenen Frage nach den Ehezwecken s.u. S. 187–190.

[102] Lexikon der christlichen Moral, Art. Unehelicher Geschlechtsverkehr, Innsbruck [2]1976, 1622–1633.

[103] F. Furger, Ethik der Lebensbereiche, Freiburg i.Br. 1985, 93.

[104] Offizielle Gesamtausgabe Bd. 1, Freiburg i.Br. 1976.

[105] «Weiß die Theologie ein für allemal so genau, was Sexualität ist, was sie leisten soll und was nicht? Sexualität als biopsychologisches ‹Mehrzwecksystem› mit auch anderen Sinnlinien als denen der Fortpflanzung und der Kommunikation der Partner ist kein von vornherein absurder Gedanke, sondern u.a. eine Faktenfrage an die Forschung, die nicht ausschließlich mit philosophischen Analysen auf der Basis des Schulthomismus beantwortet werden kann» (A. Görres, Kennt die Religion den Menschen? Erfahrungen zwischen Psychologie und Glauben, München 1983, 109).

[106] Wir können auf die äußerst schwierige Diskussion hier nicht gebührend eingehen und möchten auf die Fachliteratur verweisen: A. Auer, Autonome Moral und christlicher Glaube, Düsseldorf 1971, [2]1984; W. Korff, Norm und Sittlichkeit. Untersuchungen zur Logik der normativen Vernunft, Mainz 1973; ders., Normtheorie: Die Verbindlichkeitsstruktur des Sittlichen, III: Die naturale und geschichtliche Unbeliebigkeit menschlicher Normativität, in: Handbuch der christlichen Ethik I, 147–164; W. Reich, Der Einbruch der sexuellen Zwangsmoral. Zur Geschichte der sexuellen Ökonomie, Frankfurt 1975; J. Gründel, Normen im Wandel. Eine Orientierungshilfe für christliches Leben heute, München 1980; U. Wolf, Das Problem des moralischen Sollens, Berlin 1984.

[107] Vgl. Synode 72 Basel VI, 26.

[108] In der Schweiz ist der Begriff Konkubinat noch ein offizieller Rechtsterminus.

[109] Wir ziehen «Selbstbefriedigung» der Bezeichnung «Masturbation» vor, weil «Masturbation» von Anfang an einen pejorativen Sinn hatte und zudem ungenau ist. Das Wort wird verschieden gedeutet: a) manu stuprare = mit der Hand schänden, b) manu turbare = mit der Hand Verwirrung anrichten, c) mas turbatio = Verwirrung in der männlichen Geschlechtlichkeit. Dennoch hat es sich in den Lehrbüchern durchgesetzt.

[110] Die Rabbinen sprechen auch von «Huren mit der Hand» (Nidda 13b).

[111] Der Unverheiratete darf sein Glied nie berühren, der Verheiratete nur zum Urinieren (Epstein 1948, 147). Ein rabbinisches Diktum lautet: «Wenn jemand das Glied anfaßt und uriniert, so ist es ebenso, als brächte er eine Sintflut über die Welt» (Nidda 13a).

[112] Auch die pollutio nocturna ist nach rabbinischer Auffassung nicht ganz frei von Schuld; es wird vorausgesetzt, daß der Betroffene sich vor dem Einschlafen mit erotischen Gedanken beschäftigt hat.

[113] Vgl. H. Rousselle, Porneia, Paris 1983, 88f.

[114] S.Th. IIa IIae q.154 art. 11.

[115] A.G.M. van Melsen, Natur und Moral, in: F. Böckle (Hg.), Das Naturrecht im Disput, Düsseldorf 1966, 61–85, hier 83.

[116] W. Bartholomäus, Lernziel: Kultivierte Sexualität, in: M. Graff/H. Tiefenbacher, Kirche – Lebensraum für Jugendliche?, Mainz 1980, 34–62, hier 46.

[117] F. X. Kaufmann, Die Ehe in sozialanthropologischer Sicht, in: F. Böckle (Hg.), Das Naturrecht im Disput, Düsseldorf 1966, 15–60, hier 26.

[118] Vgl. J. Cullberg, Keiner leidet ganz umsonst, Gütersloh 1980, 52.

[119] Katholische Moraltheologie, Paderborn [18]1961, 185.

[120] Eine Begründung wird nicht gegeben.

[121] Lexikon der christlichen Moral, Innsbruck 1976, Art. Selbstbefriedigung, Sp. 1413–1417.

[122] Ethik der Lebensbereiche, Freiburg i. Br. 1985, 99–101.

[123] D. Seeber, HK 30, 1976, 119.

[124] Das Wort «Prostitution» kommt von prostituere: öffentlich (zur Unzucht) preisgeben. Wir verwenden den objektiven Ausdruck «Prostituierte». Die Wörter «Dirne» und «Hure» sind veraltet. Im süddeutschen Raum wird «Dirne» (vgl. dazu Därn, Dirn, Dirndl) für junges Mädchen gebraucht. Zur Hetäre s. u. S. 125.

[125] s. o. S. 94f. Zum Thema Prostitution bei den Griechen und besonders in Korinth s. Licht 1926, 43–114; Paoli bes. 77–90; Herter (bei Hermann/Herter und 1960); W. Krenkel, Art. Prostitution: Der Kleine Pauly IV, 1192–1194; mit besonderer Berücksichtigung von 1 Kor: W. Elliger, Paulus in Griechenland, Stuttgart 1978, 137–146.

In der sozialen Rangfolge der Prostitution nahmen die Bordellmädchen den untersten Rang ein und waren am billigsten zu haben; eine Zwischenstufe zwischen ihnen und den nachfolgend erwähnten Hetären bildeten die herumstreichenden Dirnen, die ihre Kunden auf der Straße anlockten und sie in eigenen oder gemieteten Wohnungen, Verstecken oder wohl auch in öffentlichen Bädern empfingen. «Das Dirnenwesen blühte natürlich in den Verkehrszentren und damit auch in den Hafenstädten besonders schnell empor. In Griechenland galten Piräus, Epidauros und Korinth als die bekanntesten Sammelpunkte. Korinth muß auf diesem Gebiet absolut führend gewesen sein» (Elliger 239).

[125a] Zur verbreiteten Vorstellung kultischer Prostitution am Aphroditetempel in Korinth s. H.-D. Saffrey, Aphrodite à Corinthe: RB 92, 1985, 359–370.

[126] Vgl. H. Volkmann, Art. Hetairai: Der Kleine Pauly II, 1122f.; Paoli 77–90.

[127] Vgl. Krenkel (Anm. 125); Robert 190–205.

[128] Sie wird im weiteren Verlauf der Erzählung «Geweihte» genannt. Demnach hielt Juda sie für eine Kultdirne eines kanaanäischen Heiligtums (s. u.).

[129] Von einer «riprovazione morale» der Prostitution als solcher (Tosato 55) kann sicher nicht die Rede sein.

[130] Der Tod des Königs Ahab erscheint dadurch um so schmachvoller, als sich die Prostituierten in dem Wasser baden, in dem sein Kriegswagen abgespült wurde (1 Kön 22,38).

[131] Ein auch in der griechisch-römischen Literatur beliebter Topos (s. o. und Belege in RAC III, 1164–1167; hier das Dictum: «Die nackte Venus macht ihre Liebhaber nackt [d. h. arm]»).

[132] So M. Noth, Leviticus, Göttingen 1962, und K. Elliger, Leviticus, Tübingen 1966.

[133] Vgl. bei Hos 4,13f. die Unterscheidung «Töchter, die huren» und «Schwiegertöchter, die die Ehe brechen».

[134] Wie die Bildsprache Hos 2 zeigt, war es wohl nichts Ungewöhnliches, daß ein Mann nichts unversucht ließ, um seine Frau, die er liebte, zurückzugewinnen.

[135] Vgl. W. Kornfeld, Art. Prostitution sacrée: DBS VIII, 1356–1374, hier 1362.

[136] «Hunde» wurden die männlichen Prostituierten genannt.

[137] Nach J. Gibson (Hoi Telonai kai hai Pornai: Journal of Theol. Studies 32, 1981, 429–433) erklärt sich die Zusammenstellung von Zöllnern und Dirnen dadurch, daß beide der Kollaboration mit der römischen Besatzungsmacht bezichtigt wurden.

[138] «Sündig» war freilich das Gewerbe einer Dirne nur dann, wenn sie verheiratet war.

[139] Vgl. z.B. J. Rossiaud, Prostitution, Sexualität und Gesellschaft in den französischen Städten des 15. Jahrhunderts, in: Ariès/Béjin 97–120.

[140] Vgl. R. Zipkes, Zum behördlichen Vorgehen gegen das Sexgewerbe: Neue Zürcher Zeitung 20. 4. 1985.

[141] Der Soziologe H. Schelsky nennt die Prostitution deshalb eine «Ventilsitte» (Soziologie der Sexualität, Hamburg 1955).

[142] J. Stelzenberger, Lehrbuch der Moraltheologie, ^{2}1965, 250.

[143] Ethik der Lebensbereiche, 1985, 88f.

[144] A.C. Kinsey u.a., Das sexuelle Verhalten der Frau, zuerst Frankfurt 1953; ders., Das sexuelle Verhalten des Mannes, zuerst Frankfurt 1948.

[145] Freud wird die Aussage zugeschrieben: «An jedem sexuellen Akt sind vier Personen beteiligt.»

[146] Vgl. Mead, bes. 60–78. 167–172; C.S. Ford/F.A. Beach, Formen der Sexualität, Reinbek 1968, 115–122. 134–154; Bleibtreu-Ehrenberg. Das optimistische Bild, das M. Mead von der repressionsfreien Sexualität der Naturvölker zeichnet, wird freilich neuerdings in Frage gestellt; s. z.B. D. Freeman, Margaret Mead and Samoa, Cambridge Mass. 1983.

[147] Aus der umfangreichen Literatur seien besonders hervorgehoben die Werke von Licht und Dover; s. ferner W. Krenkel, Art. Paederastie: Der Kleine Pauly IV, 1583f.

[148] Von Pais: der Knabe, und Erastes: der Liebhaber.

[149] Analverkehr war verpönt und findet sich auf den Darstellungen nur unter gleichaltrigen Männern (Dover 93).

[150] Vgl. dazu die Novelle von Thomas Mann: «Der Tod in Venedig.»

[151] «doch ist hier vieles idealisierend verbrämt worden» (Krenkel a.a.O.).

[152] S.u.a. Robert 185–190; P. Veyne, Homosexualität im antiken Rom, in: Ariès/Béjin 40–50.

[153] W. Westendorf, Lexikon der Ägyptologie II, 1272–1274

[154] Vgl. J. Bottéro/H. Petschow, Reallex. d. Assyriologie IV, 459–468.

[155] Zum ganzen Abschnitt s. Strecker (dort weitere Literatur) und Wiedemann 86–89.

[156] Haeberle 492f. führt unter «berühmten» Homosexuellen z.B. Sokrates, Platon, Leonardo da Vinci, Michelangelo, Alexander von Humboldt und André Gide an.

[157] In einer am 5. 10. 79 vor der amerikanischen Bischofskonferenz gehaltenen Rede bezeichnete der Papst es als Verrat an den Homosexuellen, würde man ihnen unter dem Vorwand des Verständnisses und Mitleids oder aus irgendeinem anderen Grund falsche Hoffnung machen («you did not betray those people who, because of homosexuality, are confronted with difficult problems, as would have happened if, in the name of understanding and compassion, or for any other reason, you had held out false hope to any brother or sister»), und er lobte die amerikanischen Bischöfe für das Beispiel der «wirklichen Liebe Christi», das sie mit dieser Einstellung gegeben hätten (AAS 71, 1979, 1224); vgl. auch HK 33, 1979, 542–544.

[158] A.M.J. M.H. van de Spijker, Die gleichgeschlechtliche Zuneigung, Olten 1968, 226.

[159] In HK versehentlich «erläßlich» geschrieben (lat.: qui sua necessaria et essentiali ordinatione privantur).

[159a] Vgl. K. Walf, Homosexualität und katholisches Kirchenrecht: Orientierung 50, 1986, 54f.

[160] Text Osservatore Romano 1. 12. 83, vgl. HK 38, 1984, 5. Deutsche Ausg.: Sekretariat der Deutschen Bischofskonferenz.

[161] Kirchliche Dogmatik III/4, Zürich 1951, 184f.

[162] Ehekunde, Tübingen 1961.

[163] Theologische Ethik III, Tübingen ^{2}1968, 788–810, bes. 802.

[164] Mit geringfügigen stilistischen Änderungen = 1967 III, 311.

[165] Lehrbuch der Moraltheologie ^{2}1965, 252.

[166] Ethik der Lebensbereiche 1985, 95–99.

[167] Kentler 1982, 291. Nach anderen Schätzungen werden etwa ein Viertel aller Fälle bekannt.

[168] Th. Seiterich, Abscheuliche Gewalt: Publik-Forum 1985/7, 17.

[169] Jeremia beklagt sich, er habe sich von Jahwe verführen lassen, weil dieser mit Gewalt über ihn gekommen sei (Jer 20,7). Spr 16,29 ist vom «Gewalttätigen» die Rede, «der seinen Nächsten verführt» und ihn damit auf einen schlechten Weg führt. Gelegentlich ist schon *Aufforderung* zur Überredung mit Androhung von Gewalt (Ri 14,15) oder dem Angebot von Bestechung (Ri 16,5) verbunden.

[170] Diese Deutung z.B. bei M. Noth, Exodus (Göttingen ^{2}1961, 150): «Zu den Eigentumsvergehen gehört schließlich auch die Vergewaltigung eines noch nicht verlobten Mädchens, das noch im Besitz des Vaters ist.»

[171] Ket. 51b; Epstein 1948, 210; Jüd. Lexikon II ^{2}1968, 268 (Art. Eherecht, Abschn. Ehebruch).

[172] E. Schorsch/N. Becker, Angst, Lust, Zerstörung. Sadismus als soziales und kriminelles Handeln, Reinbek 1977, 232.

[173] In Deutschland hat H. Giese (1967) als erster eine auch in der Gerichtspraxis brauchbare Theorie der Perversion entwickelt. E. Schorsch und R. J. Stoller haben dann die große Bedeutung des Sexualisierungsprozesses für die Entstehung von Perversionen deutlich gemacht (E. Schorsch/N. Becker a.a.O., Stoller 1979).

[174] K. Dörner/U. Plog, Irren ist menschlich, Rehburg-Loccum [6]1982, 217f.; s. auch U.H. Peters, Art. Perversion, in: Wörterbuch der Psychiatrie und medizinischen Psychologie, München 1971, 326.

[175] R. J. Stoller, Niederlagen in Triumph verwandeln, in: Kentler 1984, 287–291; dort noch fünf weitere Beiträge zum Thema Perversionen.

[176] Die Zeit 10. 1. 1983.

[177] Nichteheliche Lebensgemeinschaften 169.

[178] Zum folgenden Lévi-Strauß und E. Otto, Zur Stellung der Frau in den ältesten Rechtstexten des Alten Testaments (Ex 20,14; 22,15f.) – wider die hermeneutische Naivität im Umgang mit dem Alten Testament: Zeitschr. f. ev. Ethik, 26, 1982, 279–305, vor allem 292–296: Sozialgeschichtliche Ursachen der Entstehung des Patriarchats. Im weiteren Sinne auch Borneman.

[179] Bernsdorf spricht hier von einem «postulativen Wertbegriff», der sich faktisch im Sinne einer «doppelten Moral» ausgewirkt hat (200).

[180] S. dazu bei Ledergerber das Kapitel: Die Evolution als Wegweiser der Sexualität. Vom Pflanzen- und Tierreich zum Menschen, 71–89.

[181] Nichteheliche Lebensgemeinschaften 169.

[182] D. Seeber, HK 38, 1984, 529.

[183] R. J. Siebert, Die Zukunft der Ehe und der Familie: Schwinden sie dahin oder strukturieren sie sich um?: Concilium 15, 1979, 21–27, stellt die Modelle dar, die sich aufgrund der kritischen Gesellschaftstheorie bei Hegel, Marx und Horkheimer entwickelt haben: Für Hegel besteht die Zukunft der Ehe in der Harmonie gegensätzlicher Interessen, für Marx in der Solidarität der Freiheit, für Horkheimer in einem Ausgleich zwischen «herzlicher Solidarität und persönlicher Befreiung» (27).

[184] Wir verwenden hier den geläufigen Ausdruck Polygamie für die Ehe eines Mannes mit mehreren Frauen, obwohl Plautz mit Recht vermerkt, daß der Begriff Polygamie sowohl die Vielweiberei wie die Vielmännerei umfaßt, und deshalb für das hier Gemeinte die Bezeichnung Polygynie gebraucht.

[185] Diese Variabilität kennzeichnet auch den übrigen Alten Orient. Ist die babylonische Ehe zur Zeit Hammurapis grundsätzlich monogam (freilich kann der Mann eine unbegrenzte Zahl von Sklavinnen-Konkubinen halten), so ist die assyrische Ehe im Prinzip polygam.

[186] In späterer Zeit werden (wahrscheinlich) als monogam angesehen die Ehen Elimelechs und seiner Söhne (Rut 1,1–4), des Boas (Rut 4,10.13), Ijobs (Ijob 2,9; 31,10), wohl auch Jesajas (Jes 8,3) und Ezechiels (Ez 24,16-18; vgl. Plautz 1963, 3f.).

[187] Mit der «Kuschitin» (Num 12,1) dürfte schwerlich Zippora (Ex 2,21) gemeint sein.

[188] Buchstäblich «Feindin», wie sie im biblischen Text genannt wird.

[189] Ringeling (1966) stellt fest, «daß sich das Gefälle zur Monogamie in der biblischen Zeit entscheidend den wirtschaftlichen und zivilisatorischen Gründen verdankt... Am Ende müssen wir dann erkennen, wie die einmal institutionalisierte Monogamie sich selbst gleichsam nach dem sozialen Trägheitsgesetz erhält, von den herrschenden ökonomischen Umständen gestützt und überdies in ihrer allgemeingültigen Rechtmäßigkeit aus Natur und Übernatur ‹bewiesen›» (98). «Die ‹christliche Ehe›, wenn man diesen Terminus für die in der christlichen Geschichte entstandene Institution mitsamt ihrer Differenz von verwirklichter Gestalt und idealtypischer Form so nennen darf, erscheint heute unvermeidlich in der historischen Bedingtheit dieser ihrer Geschichte als ein soziales Phänomen, das nicht im absoluten Sinn der ontologischen Weisung als notwendig bezeichnet werden kann» (100). Biblisch-theologisch kann die Monogamie nur dadurch begründet werden, «daß sich in ihr die höchste Form menschlichen Lebens nach christlichem Urteil realisiert» (101).

[190] Als Beispiel unter vielen P. Heinisch, Das Buch Genesis, Bonn 1930: «‹Seinem Weibe› (Sing.) hängt der Mensch an und geht mit ihm die eheliche Gemeinschaft ein; mithin ist die *Monogamie* die von Gott gewollte Grundlage des Menschengeschlechtes. Zugleich wird die *Unauflöslichkeit* der Ehe betont: die Ehe ist fester als das Verhältnis zwischen Eltern und Kind» (119). Heinisch gehörte in seiner Zeit zu den aufgeschlossenen und fortschrittlichen katholischen Exegeten. Ähnlich unter den Neueren z.B. Plautz 1963, 5f.; P. Dacquino, Storia del matrimonio cristiano alla luce della Bibbia, Leumann (Torino) 1984, 567f.

[191] Genesis, Göttingen ²1910, 10.

[192] Genesis, Neukirchen ²1976, 317f.

[193] Freilich haben wir es in Israel mit einer theokratischen Gesellschaft zu tun, in welcher der religiöse und der weltliche Bereich nicht streng geschieden waren. Für den israelitischen Menschen wäre es undenkbar gewesen, etwas «ohne Gott» zu tun. Insofern, aber nur insofern hatte auch die Ehe einen religiösen Charakter.

[194] Genaue Angaben über das Heiratsalter sind aus der Bibel nicht zu gewinnen. Das spätere rabbinische Recht setzte als Mindestalter für die Mädchen das vollendete 12., für die die jungen Männer das 13. Lebensjahr fest.

[195] Vgl. R. de Vaux, Das Alte Testament und seine Lebensordnungen I, Freiburg i.Br. 1960, 56.

[196] Schulchan Aruch nach Jebamot 62b/63a, vgl. Levy 21.

[197] Vgl. Tob 7,12: «Nimm sie hin nach dem Gesetz des Mose.»

[198] Sota 17a, Levy 20.

[199] Vgl. Pfürtner 48. In der fränkischen Kirche des frühen Mittelalters bestand die Vorschrift, daß die Neuvermählten, zumindest die Frauen, nach der Hochzeit dreißig Tage lang dem Gottesdienst fernbleiben mußten (Ritzer 212f.).

200 Auch im NT fehlt das Wort «Ehe». Das gut dutzendmal vorkommende Wort *gamos* bedeutet «Hochzeit» und steht nur Hebr 13,4 für «Ehe».

201 Um Ehepaare mag es sich auch handeln bei Andronikus und Junia (sic!, s.o. S. 60) und bei Philologus und Julia (Röm 16,7.15).

202 Eine Ausnahme machten die Essener. Sie lebten zwar nicht ausschließlich ehelos; jedoch hatte der Zölibat in ihren Reihen zumindest Priorität.

203 Ob dies der Hintergrund der von den Schriftgelehrten an Jesus gerichteten Frage ist, welches das *erste* Gebot im Gesetz sei (Mk 12,28)? Für Jesus ist das erste Gebot nicht die Ehe, sondern die Liebe. – Es wird vermutet, daß Jesus mit dem Wort von den «Eunuchen um des Himmelreiches willen» (Mt 19,12) vor allem seine eigene Lebensweise rechtfertigen will (Greeven 1969, 50–52).

204 Das Kirchenrecht ist Paulus hierin treu gefolgt. In dem von 1917 bis 1983 gültigen Rechtsbuch der lateinischen Kirche (CIC) kam in den 131 Artikeln (Canones), die von der Ehe handeln, das Wort Liebe nie vor. In dem seit Ende 1983 geltenden Codex findet es sich immerhin zweimal: Es wird eine liturgische Form der Eheschließung gefordert, «durch die zum Ausdruck kommen soll, daß die Ehegatten das Geheimnis der Einheit und der fruchtbaren Liebe zwischen Christus und der Kirche darstellen und daran teilnehmen» (Can. 1063, 3°), und es wird damit gerechnet, daß ein Ehegatte dem anderen aus «christlicher Liebe» (caritate christiana motus) seinen Ehebruch verzeiht (Can. 1152 § 1). Mit der ehelichen Liebe hat das allerdings wenig zu tun.

205 Vgl. W. Neidhart, Das paulinische Verständnis von Liebe und Sexualität: ThZ 40, 1984, 245–256.

206 Angeredet ist wohl der Vater einer jungfräulichen Tochter.

207 E. Käsemann, RGG[3] II, 518.

208 Vgl. P. Benoit, DBS VII, 203; H. Schlier, Der Brief an die Epheser, Düsseldorf [7]1971, 262.

209 Näher als Milde, Ruhe und Unerschrockenheit umschrieben (V.4.6).

210 Wenn wir vom paulinischen Schutzmittel gegen die Prostitution absehen.

211 Zur Ehe bei Augustinus s. E. Schmitt, Le mariage chrétien dans l'oeuvre de saint Augustin, Paris 1983.

212 Vgl. L. Godefroy, Dictionnaire de Théol. Cath. IX, 2106–2109.

213 «Prolem cognoscimus ipsum Dominum Jesum; fidem, quia nullum adulterium; sacramentum, quia nullum divortium» (De nupt. et concup. n.13; PL 44, 421).

214 ebd. n.23, col. 427. Im näheren definiert Augustinus das *sacramentum*: «Hujus procul dubio sacramenti res est, ut mas et femina connubio copulati quamdiu vivunt inseparabiliter perseverent» (ebd. n.11, col. 420). Die *sanctitas sacramenti* besteht darin, daß es «nefas est etiam repudio discedentem alteri nubere, dum vir ejus vivit» (De bono conjug. n.32; PL 40, 394). Zur «incroyable diversité de sens» von *sacramentum* bei Augustinus s. Schmitt a.a.O. (Anm. 211) 215–233 (Zitat 215).

215 Zu der nicht immer klaren Unterscheidung zwischen Zwecken und Gütern der Ehe bei und nach Augustinus s. Krempel, bes. 51f.

[216] So der von 1917 bis 1983 gültige Kodex des Kirchenrechts (CIC): «Matrimonii finis primarius est procreatio atque educatio prolis; secundarius mutuum adiutorium et remedium concupiscentiae» (Can. 1013 § 1).

[217] Der Inhaber des Lehrstuhls für Moraltheologie an der Universität Freiburg (Schweiz) wurde seines Amtes enthoben, weil er Krempels Arbeit als Dissertation angenommen hatte.

[218] Vgl. W. Kornfeld, L'adultère dans l'Orient antique: RB 57, 1950, 92–109.

[219] Reallexikon der Assyriologie II, 301f.

[220] Sch. Allam, Lexikon der Ägyptologie I, 1174f.

[221] Allam ebd.

[222] G. Delling, RAC IV, 669–672.

[223] G. Delling, ebd. 672–675.

[224] Wurde der Dekalog früher für das älteste Gesetz Israels gehalten, so neigt die neuere Forschung dazu, darin eine relativ späte «Kurzformel» des gesamten überlieferten Gesetzesmaterials zu sehen.

[225] Die Art der Todesstrafe wird hier nicht genannt. Späteres rabbinisches Recht verstand darunter Erdrosselung, handelte es sich um eine Priestertochter, Verbrennung (vgl. Epstein 1948, 201–212; StB II, 519–521). Ohne Kasuistik und ohne Spezifizierung der Todesart wird das Gesetz über den Ehebruch in Lev 20,10 wiederholt: «Wer die Ehe bricht mit der Frau seines Nächsten, der soll des Todes sterben, der Ehebrecher und die Ehebrecherin.»

[226] Im späteren rabbinischen Recht kam noch die den Juden fehlende Rechtshoheit erschwerend hinzu. Vgl. H. McKeating, Sanctions Against Adultery in Ancient Israelite Society: Journal for the Study of the Old Testament 11, 1979, 57–72.

[227] die Ehefrau eines anderen.

[228] Wohl bezeichnet Jesus die Gesellschaft seiner Zeit als «ehebrecherisches Geschlecht» (Mt 12,39; 16,4; Mk 8,38), aber das ist im Sinne des prophetischen Bildes von der Untreue gegenüber Gott zu verstehen.

[229] Die Perikope scheint um das Jahr 100 entstanden und zu Beginn des 3. Jh. in das Joh-Evangelium eingefügt worden zu sein, vgl. U. Becker, Jesus und die Ehebrecherin, Berlin 1963.

[230] Da das Gesetz die Strafe der Steinigung ausdrücklich nur für Verlobte festsetzt (s.o.), wird von manchen Auslegern vermutet, es handle sich in der Szene um eine Verlobte. J. Blinzler (Die Strafe für Ehebruch in Bibel und Halacha: New Testament Studies 4, 1957/58, 32–47) verneint dies, weil die Strafe durch Erdrosselung nicht vor dem 2. Jh. n.Chr. nachweisbar sei und im mosaischen Gesetz die Steinigung die reguläre Todesstrafe ist, auch wenn dies nicht ausdrücklich gesagt wird.

[231] So z.B. die Zürcher Bibel, leider nicht die EÜ.

[232] «Meint nicht, ich sei gekommen, das Gesetz oder die Propheten aufzulösen. Ich bin nicht gekommen aufzulösen, sondern zu erfüllen» (Mt 5,17).

[233] J.J. Stamm, Der Dekalog im Lichte der neueren Forschung, Bern ^{2}1962, 57.

[234] So schon die alte Luther-Bibel: «Wer ein Weib ansieht, ihrer zu begehren.»

[235] U. Wilkens, Das Neue Testament, Hamburg 1970.

[236] Das ergibt sich schon daraus, daß «begehren» im Zusammenhang mit lauter eindeutigen Tatsünden genannt wird (wie Röm 13,9: ehebrechen, töten, stehlen, begehren). 1 Kor 10,6 wird das gierige Fleischessen der Israeliten in der Wüste «begehren» genannt.

[237] Beim Durchschreiten des Flusses muß die Frau ihr Kleid hochheben. Diese und weitere Beispiele bei StB I, 299–301.

[238] «Offenbar liegt geprägte Tradition vor. Die Ausdrucksweise ...ist gemeinchristlich, nicht paulinisch» (H. Conzelmann, Der erste Brief an die Korinther, Göttingen 1969, 128).

[239] Quelle dpa, Schwäbisches Tagblatt 5. 8. 85.

[240] Neue Zürcher Zeitung 24./25. 8. 1985.

[241] Nach dem alten, bis Oktober 1983 geltenden Kirchenrecht wurde ein matrimonium ratum non consummatum auch durch die feierliche Ordensprofeß eines Partners gelöst (can. 1119). Diese Möglichkeit besteht nach dem neuen Recht (can. 1142) nicht mehr.

[242] Zur Geschichte der Diskussion über die Rolle, die der Vollzug der Ehe für ihre Unauflöslichkeit spielt, s. R. Weigand, Das Scheidungsproblem in der mittelalterlichen Kanonistik: ThQ 151, 1971, 52–60, und J. Gaudemet, Le lien matrimonial. Les incertitudes du Haut Moyen-Age: Revue de Droit Canonique 21, 1971, 81–105.

[243] Das offizielle Kirchenrecht spricht von dieser Möglichkeit nicht. Näheres darüber z.B. bei Wegan 165–170.

[244] Schweiz. Kirchenzeitung 152, 1984, 708ff.

[245] brieflich.

[246] Ähnliches spielt sich seit Jahren auch auf dem Gebiet des Zölibats ab, wo Freiheiten toleriert werden, die früher unweigerlich die schärfsten Disziplinarmaßnahmen nach sich gezogen hätten, wenn nur nach außen das Zölibatsgesetz gewahrt bleibt.

[247] Eine ähnliche Entwicklung beobachten wir in der griechischen Kirche, wo die ursprünglich auf Ehebruch begrenzte Möglichkeit der Wiederverheiratung «auf eine beträchtliche Anzahl weiterer Fälle ausgedehnt» wurde (Rousseau 325).

[248] Es wäre nicht verwunderlich, wenn manche Eheschließende in dieser Fülle von Möglichkeiten geradezu eine Einladung sähen, beim Abschluß der Ehe einen Vorbehalt zu machen, der ihre Ungültigkeit bewirkt, um sich die Möglichkeit einer neuen Ehe offen zu halten (vgl. Zirkel/Limbeck bes. 37–78).

[249] «Streng genommen sind auch diese, durch positive gesetzliche Festlegung geschaffenen Scheidungsmöglichkeiten und Nichtigkeitsgründe des kirchlichen Rechts ein Verstoß gegen das Gebot Jesu, nicht zu trennen, was Gott verbunden hat» (Neumann 21).

[250] Zur Theorie und Praxis der griechisch-orthodoxen Kirche (und zu abweichenden Randerscheinungen) s. E. Mélia, Le lien matrimonial à la lumière de la théolo-

gie sacramentaire et de la théologie morale de l'Eglise Orthodoxe: Revue de Droit Canonique 21, 1971, 180–197.

[251] Es wurde auch nicht in die Konzilschronik des Lexikons für Theologie und Kirche (Konzilsband III, 648) aufgenommen.

[252] Rousseau 322. Vollständiger Text der Erklärung Zoghbys bei Rolin 232–234; dort auch der abschwächende Kommentar von Patriarch Maximos IV.

[253] Aus der neueren Zeit sind zu nennen vor allem die Arbeiten von Crouzel, Löbmann, Moingt, Nautin, Pelland, Rousseau und Stockmeier; aus der älteren Literatur sei vor allem auf Cigoi und Denner verwiesen.

[254] Vgl. auch Crouzel 1966, 1969 und 1974.

[255] Panarion, Haer. 59,4; vgl. Nautin 1983 und Stockmeier 49.

[256] GCS Orig. X (Leipzig 1935) 340f. Zur Exegese des Textes s. vor allem Rousseau 323–325. Bemerkenswert ist, daß sich Origenes für die Toleranz der Kirchenvorsteher nicht auf die *porneia*-Klausel (s.u.) beruft. Offenbar wurde in seiner Zeit auch in anderen Fällen eine Wiederheirat erlaubt.

[257] «Zusammenfassend kann man sagen, daß Origenes für die Ehedisziplin der griechischen Kirche in ähnlicher Weise ein Klassiker geworden ist wie Augustinus für die lateinische Kirche» (Löbmann 79).

[258] Die Synode von Arles war kein Provinzialkonzil, sondern ein allgemeines Konzil der abendländischen Kirche (Nautin 1973, 353).

[259] «De his qui coniuges suas in adulterio depraehendunt – et idem sunt adulescentes fideles et (non) prohibentur nubere – placuit ut, quantum possit, consilium eis detur, ne alias uxores, viventibus uxoribus suis, licet adulteris, accipiant.» Zur Exegese des Textes s. vor allem Nautin 1973.

[260] Für das 2. Jahrhundert bezeugt dies z.B. Hermas mand. IV, 1,8.

[261] DS 1807; vgl. Rousseau 330. Näheres über die Konzilsdebatte bei Dupont 115–122; P. Fransen, Das Thema «Ehescheidung nach Ehebruch» auf dem Konzil von Trient 1563: Concilium 6, 1970, 343–348.

[262] Die Geschichte der Auslegung dieser Texte bietet Ott.

[263] Wörtlich: «macht, daß mit ihr die Ehe gebrochen wird».

[264] Mt 5,31f.; 19,9; Mk 10,2-12; Lk 16,18; 1 Kor 7,10f.

[265] Der Text des Scheidebriefes dürfte gelautet haben: «Sie ist nicht mehr meine Frau und ich bin nicht mehr ihr Mann» oder «Du bist jedermann erlaubt» (vgl. Gittin 85b). Daß diese Formel jedoch schon in frühjüdischer Zeit erweitert wurde, zeigt ein in der Wüste Juda gefundener Scheidebrief aus dem Beginn des 2. Jh. n.Chr. (Discoveries in the Judean Desert II, Oxford 1961, Nr. 19).

[266] Vgl. Gittin 86a. Der in voranstehender Anm. erwähnte Scheidebrief ist vom Ehemann und drei Zeugen unterschrieben.

[267] «Wenn jemand sich von seiner ersten Frau scheiden läßt, so vergießt sogar der Altar Tränen über ihn» (Gittin 90b).

[268] Der Talmud nennt als Beispiel, daß eine Frau unverschleiert und dürftig bekleidet auf die Straße geht und an einem öffentlichen Ort badet (Gittin 90ab).

[269] Nach StB (I,319f.) «wird man sagen dürfen, daß es in der mischnischen Zeit keine Ehe im jüdischen Volk gegeben hat, die nicht kurzerhand vom Manne in völlig legaler Weise durch Aushändigung eines Scheidebriefes hätte gelöst werden können.»

[270] Aufgrund des Scheidebriefs «gehörte sie sich selber» (Qidd 6b; vgl. Amram 105–107).

[271] Vgl. U. Luz, Das Evangelium nach Matthäus I, Einsiedeln/Neukirchen 1985, 271.

[272] Das üblicherweise mit «Unzucht» wiedergegebene griechische Wort ist *porneia*. Daß damit nicht ein einmaliger «Seitensprung» gemeint ist, sondern das Verhalten einer Frau, die sich der Prostitution hingibt, wurde oben (S. 91–96) gezeigt. – Die von H. Baltensweiler, R. Schnackenburg und anderen (Liste bei Schnackenburg 17 und U. Luz a.a.o. 273), auch Diez Macho, Vargas-Machuca, Wambacq vertretene Auffassung, es seien damit illegitime Verwandtenehen gemeint, ist abzulehnen.

[273] Beispiele: Baltensweiler 87–102; Greeven 66; Lohfink 208; Luz a.a.o. 269; Pesch 37–43; dagegen z.B. Nembach, der feststellt, daß «Befürworter und Gegner der Annahme der Echtheit sich in etwa die Waage halten» (169).

[274] Die Ausnahmeklausel steht nicht nur im Widerspruch zu Mk, Lk und Paulus, sondern auch zu ihrem eigenen Kontext (vgl. Gerhartz 210).

[275] Es legt sich nahe, Mt 19,3-9 vor Mk 10,2-12 zu behandeln, ohne damit die Frage der Priorität zu präjudizieren.

[276] Buchstäblich: unter ein Joch gespannt.

[277] Gittin 90b (s.o.).

[278] Belegt durch Cod. Sinaiticus und p^{25} (4. Jh.).

[279] An eine innerjüdische Diskussion kann nur dann gedacht werden, wenn man annimmt, die Pharisäer spielten auf die Essener an, die nach gewissen Zeugnissen sowohl die Polygamie wie die Ehescheidung ablehnten; vgl. Schubert 25; Y. Yadin, L'attitude essénienne envers la polygamie et le divorce: RB 79, 1972, 98f.; J.A. Fitzmyer, The Matthean Divorce Texts and Some New Palestinian Evidence: Theological Studies 37, 1976, 197–226. Mit Sicherheit scheint jedoch aus den angeführten Texten nur die Ablehnung der Polygamie, nicht der Ehescheidung abgeleitet werden zu können (vgl. G. Vermes: Journal of Jewish Studies 25, 1974, 197–202).

[280] Vgl. R. Pesch, Das Markusevangelium, 2. Teil, Freiburg i.Br. 1977, 122.

[281] M. Limbeck, Markusevangelium, Stuttgart [2]1985, 140.

[282] In Palästina wird sie in einem Brief aus dem 2. Jh. n.Chr. erwähnt. Zu der von B. Brooten, Konnten Frauen im alten Judentum die Scheidung betreiben? (Evang. Theol. 42, 1982, 65–80) vertretenen These vom Scheidungsrecht der jüdischen Frau in Palästina s. E. Schweizer, ebd. 294–297; H. Wider, ebd. 43, 1983, 175–178.

[283] Vgl. R. Faber, Art. Divortium: Der Kleine Pauly II, 109f.; G. Delling, Art. Ehescheidung: RAC IV, 707–719. «Praktisch wurde die Ehescheidung mindestens

in spätrepublikanischer Zeit auch durch die Frau vollzogen... Die Leichtigkeit der Ehescheidung zog ihre viel beklagte Häufigkeit nach sich» (712f.). Zur Zeit des Neuen Testaments war Scheidung in Rom möglich von seiten des Mannes wie der Frau, mit oder ohne Schuld des anderen Teils, mit oder ohne Begründung, und ohne irgendwelche Formvorschrift. Lediglich wenn Kinder da waren, konnte der Mann einen Teil der Mitgift der Frau zurückbehalten, sofern diese die Scheidung verlangt hatte. War die Scheidung vom Mann ausgegangen, hatte er selbst für die Kinder aufzukommen und der Frau die Mitgift zu erstatten (s. Humbert 131–137).

284 Lex Julia de adulteriis, 18 v.Chr.; vgl. o.S. 193 und P. Csillag a.a.O. (s. Anm. 100) 134–137.

285 Weshalb Lk 16,18 «ganz nach jüdischem Rechtsdenken formuliert» (Schnackenburg 11) oder «noch typischer jüdisch» (E. Schweizer, Das Evangelium nach Lukas, Göttingen 1982, 171) sein soll als Mt 5,31f., ist schwer einzusehen.

286 Siehe dazu J. Murphy-O'Connor, The Divorced Woman in 1 Cor 7,10-11: Journal of Bibl. Lit. 100, 1981, 601–606, wonach der Vergleich von 7,10f. mit 7,15 zeigt, wie flexibel Paulus in dieser Frage war.

287 «Das Gebot ist a priori nicht gesetzlich entworfen. Eben darum fordert es die Auslegung» (H. Conzelmann, Der erste Brief an die Korinther, Göttingen 1969, z.St.).

288 Luz (Anm. 271).

289 Pesch 28. Lohfink mahnt, auf die Sprachintention des Jesuswortes zu achten. Dieses ist eine Provokation mit dem Ziel, «vermeintliches Recht als tiefes Unrecht zu entlarven» (210).

290 Unter Berufung auf Gen 2,24 begründet Jesus seine Forderung damit, daß Mann und Frau in der Ehe *ein* Leib geworden sind. Daraus jedoch ein unlösbares Eheband abzuleiten, geht gewiß zu weit. Mit Bezug auf die gleiche Schriftstelle erklärt Paulus 1 Kor 6,16, wer sich der Prostitution hingebe, werde mit der Dirne *ein Leib*, ohne daß jemand je auf den Gedanken gekommen wäre, zwischen der Prostituierten und ihrem Liebhaber entstehe ein unlösbares Band!

291 Dem hält Luz (a.a.O. 272) entgegen, wir hätten es in Mt 5,32 mit einem apodiktischen Rechtssatz zu tun, weshalb denn auch sämtliche frühen christlichen Gemeinden aus Jesu Scheidungsverbot rechtliche Konsequenzen gezogen hätten. Das letzte ist unbestritten, dürfte jedoch nicht bestätigen, daß Jesus einen Rechtssatz formulieren wollte. Müßte man andernfalls nicht auch Mt 5,39 («Ich sage euch: Ihr sollt dem Bösen nicht widerstehen. Vielmehr: wer dich auf die rechte Backe schlägt, dem biete auch die andere dar...») als Rechtssatz verstehen? Das wird kaum jemand tun wollen. Auf dem Rechtscharakter der Forderung Jesu insistiert auch Schürmann, der freilich zugleich betont, die kirchliche Praxis könne sich nicht allein auf das Neue Testament berufen.

292 Z.B. die viel höhere Lebenserwartung. Im römischen Reich betrug zur Zeit Jesu die durchschnittliche Lebenserwartung ca. 24 Jahre, heute in Europa 70–78 Jahre. Nimmt man für damals als übliches Heiratsalter bei Männern 18–20, bei

Frauen 17 Jahre an, so dürfte eine Ehe in der Regel kaum ein Jahrzehnt bestanden haben. «Man wird mit Fug und Recht annehmen dürfen, daß bei der geringen Lebenserwartung in der Antike die Scheidung schon aus rein zeitlichen Gründen nicht annähernd so häufig gewesen sein kann wie heute» (J.B. Bauer, Bemerkungen zu den mattäischen Unzuchtsklauseln, in: Festschrift H. Zimmermann, Bonn 1980, 23–33, hier 31).

Literatur zum Thema

Die hier genannten Autoren werden im Buch nur mit Namen und gegebenenfalls mit Erscheinungsjahr zitiert.

Adinolfi, M., Il femminismo della Bibbia, Rom 1981.

Amram, D. W., The Jewish Law of Divorce According to Bible and Talmud, New York ²1968.

Ariès, Ph./Béjin, A. (Hg.), Die Masken des Begehrens und die Metamorphosen der Sinnlichkeit. Zur Geschichte der Sexualität im Abendland. Aus dem Französischen übersetzt von Michael Bischof, Frankfurt 1984.

Baltensweiler, H., Die Ehe im Neuen Testament, Zürich 1967.

Barz, H., Männersache. Kritischer Beifall für den Feminismus, Zürich 1984.

Bartholomäus, W., Katholische Sexualpädagogik: ThQ 165, 1985, 28–40. 183–197. 295–307.

Bartholomäus, W., Lernziel kultivierte Sexualität, in: M. Graff/H. Tiefenbacher (Hg.), Kirche – Lebensraum für Jugendliche?, Mainz 1980, 34–62.

Beer, G., Die soziale und religiöse Stellung der Frau im israelitischen Altertum, Tübingen 1919.

Bernsdorf, W., Artikel Prostitution, in: W. Bernsdorf (Hg.), Wörterbuch der Soziologie, Stuttgart 1969.

Bleibtreu-Ehrenberg, G., Homosexualität. Die Geschichte eines Vorurteils, Frankfurt 1981.

Böckle, F./Köhne, J., Geschlechtliche Beziehungen vor der Ehe. Die Lage bei der studentischen Jugend, Mainz 1967.

Böckle, F. (Hg.), Menschliche Sexualität und kirchliche Sexualmoral, Düsseldorf 1977.

Borneman, E., Das Patriarchat. Ursprung und Zukunft unseres Gesellschaftssystems, Frankfurt 1975.

Braun, W., Geschlechtliche Erziehung im katholischen Religionsunterricht. Ein Beitrag zur Geschichte der katholischen Religionspädagogik von der Reformation bis zur Gegenwart, Trier 1970.

Brooten, B. J., Jüdinnen zur Zeit Jesu: ThQ 161, 1981, 281–285.

Brown, J. P., The Role of Women and the Treaty in the Ancient World: BZ 25, 1981, 1–28.

Brown, P./Donovam, M. A., Augustine and Sexuality, Berkeley 1983.

Buffière, F., Situation de la femme athénienne au IVe siècle: Bulletin de Littérature Ecclésiastique 82, 1981, 165–186.
Cancik, H. u. a., Zum Thema Frau in Kirche und Gesellschaft, Stuttgart 1972.
Cancik, H., Zur Entstehung der christlichen Sexualmoral, in: B. Gladigow (Hg.), Religion und Moral, Düsseldorf 1976, 48–68.
Cantalamessa, R., Etica sessuale e matrimonio nel cristianesimo delle origini, Milano 1976.
Cereti, G., Matrimonio e indissolubilità: nuove prospettive, Bologna 1971.
Cereti, G., Divorzio, nuove nozze e penitenza nella chiesa primitiva, Bologna 1977.
Cigoi, A., Die Unauflöslichkeit der christlichen Ehe und die Ehescheidung nach Schrift und Tradition. Eine historisch-kritische Erörterung von der apostolischen Zeit bis auf die Gegenwart, Paderborn 1895.
Crouzel, H., Séparation ou remariage selon les Pères anciens: Gregorianum 47, 1966, 472–494.
Crouzel, H., Les Pères de L'Eglise ont-ils permis le remariage après séparation?: Bulletin de Littérature Ecclésiastique 70, 1969, 3–43.
Crouzel, H., L'Eglise primitive face au divorce du premier au cinquième siècle, Paris 1971.
Crouzel, H., Le texte patristique de Matthieu V. 32 et XIX. 9: New Testament Studies 19, 1972/73, 98–119.
Crouzel, H., Le remariage après séparation pour adultère selon les Pères latins: Bulletin de Littérature Ecclésiastique 75, 1974, 189–204.
Crouzel, H., Divorce et remariage dans l'Eglise primitive: Nouvelle Revue Théologique 98, 1976, 891–917.
Crouzel, H., Quelques remarques concernant le texte patristique de Mt 19, 9: Bulletin de Littérature Ecclésiastique 82, 1981, 83–92.
Crüsemann, F./Thyen, H., Als Mann und Frau geschaffen. Exegetische Studien zur Rolle der Frau, Gelnhausen 1978.
Daniélou, J., Le ministère des femmes dans l'Eglise ancienne: La Maison-Dieu 61, 1960, 70–96.
Dautzenberg, G. u. a., Die Frau im Urchristentum, Freiburg i. Br. 1983.
Denner, M., Die Auslegung der neutestamentlichen Schrifttexte über die Ehescheidung bei den Vätern, Würzburg 1910.
Diez Macho, A., Christo instituyó el matrimonio indisoluble: Sefarad 37, 1977, 261–291.
Doms, H., Vom Sinn und Zweck der Ehe, Breslau 1935.
Dover, K. J., Homosexualität in der griechischen Antike, München 1983.
Drewermann, E., Psychoanalyse und Moraltheologie, Bd. 2: Wege und Umwege der Liebe, Mainz 1983.
Drewermann, E., Tiefenpsychologie und Exegese, 2 Bde, Olten/Freiburg i. Br. 1984/85.
Dupont, J., Mariage et Divorce dans l'Evangile, Bruges 1959.

Dupriez, F., La condition féminine et les Pères de l'Eglise latine, Montreal 1982.
Eliade, M., Das Heilige und das Profane, Hamburg 1957 (Frankfurt 1984).
Ell, E., Dynamische Sexualmoral, Einsiedeln 1972.
Epstein, L. M., Marriage Laws in the Bible and the Talmud, Cambridge 1942.
Epstein, L. M., Sex Laws and Customs in Judaism, New York 1948.
Falk, Z. W., Ehe: III. Judentum: TRE 9, 1982, 313–318.
Foucault, M., Sexualität und Wahrheit. Erster Band: Der Wille zum Wissen, Frankfurt 1977.
Frisch, H., Ehe? Eine Pastorin plädiert für neue Formen der Partnerschaft, Frankfurt 1983.
Fromm, E., Die Kunst des Liebens, Frankfurt 1972/Stuttgart 1980.
Gaudemet, J., La décision de Callixte en matière de mariage, in: Studi in onore di Ugo Enrico Paoli, Firenze o. J. = 1956, 333–344.
Gerhartz, J. G., L'indissolubilité du mariage et la dissolution du mariage dans la problématique actuelle: Revue de Droit Canonique 21, 1971, 198–234.
Gerstenberger, E. S./Schrage, W., Frau und Mann, Stuttgart 1980.
Giese, H., Die sexuelle Perversion, Frankfurt 1967.
Gössmann, E., Die streitbaren Schwestern. Was will die Feministische Theologie? Freiburg i. Br. 1981.
Gourevitch, D., Le mal d'être femme. La femme et la médecine dans la Rome antique, Paris 1984.
Greeley, A., Erotische Kultur, Graz 1977.
Greeven, H., Ehe nach dem Neuen Testament, in: G. Krems/R. Mumm (Hg.), Theologie der Ehe, Regensburg 1969, 37–79 = New Testament Studies 15, 1968/69, 365–388.
Gründel, J., Die eindimensionale Wertung der menschlichen Sexualität, in: F. Böckle (Hg.), Menschliche Sexualität und kirchliche Sexualmoral, Düsseldorf 1977, 74–105.
Gründel, J., Die Zukunft der christlichen Ehe, München 1978.
Haag, H./Elliger, K., «Wenn er mich doch küßte». Das Hohelied der Liebe, Tübingen 1983, Reinbek ²1985.
Haeberle, E. J., Die Sexualität des Menschen. Handbuch und Atlas, 2. erw. Aufl. Berlin 1985.
Haering, B., Das Gesetz Christi, Freiburg i. Br. ²1955.
Haering, B., Frei in Christus, Freiburg i. Br. 1980.
Halkes, C. J. M., Gott hat nicht nur starke Söhne. Grundzüge einer feministischen Theologie, Gütersloh ³1982.
Heiler, F., Die Frau in den Religionen der Menschheit, Berlin 1977.
Hermann, A./Herter, H., Dirne: RAC III, 1957, 1149–1213.
Herter, H., Die Soziologie der antiken Prostitution: JbAC 3, 1960, 70–111.
Hoffmann, P., Jesu Wort von der Ehescheidung und seine Auslegung in der neutestamentlichen Überlieferung: Concilium 6, 1970, 326–332.

Humbert, M., Le remariage à Rome, Milano 1972.
Kentler, H., Sexualerziehung, Reinbek 1970.
Kentler, H., Taschenlexikon Sexualität, Düsseldorf 1982.
Kentler, H. (Hg.), Die Menschlichkeit der Sexualität, München 1983.
Kentler, H. (Hg.), Sexualwesen Mensch. Texte zur Erforschung der Sexualität, Hamburg 1984.
König, R., Artikel Ehe und Ehescheidung, in: W. Bernsdorf (Hg.), Wörterbuch der Soziologie, Stuttgart 1969, 197–207.
Krempel, B., Die Zweckfrage der Ehe in neuer Beleuchtung, Einsiedeln 1941.
Kornfeld, W./Cazelles, H., Mariage: DBS V, 905–935.
Lasslop, P., Artikel Männlich – weiblich, in: J. Ritter/K. Gründer (Hg.), Historisches Wörterbuch der Philosophie Bd. 5, 1980, 740–749.
Ledergerber, K., Die Auferstehung des Eros, München 1971.
Leipoldt, J., Die Frau in der Antike und im Urchristentum, Gütersloh 1962.
Lévi-Strauß, C., Les structures élémentaires de la parenté, Paris [2]1967.
Levinson, P. N., Sexualität im Judentum, in: M. Klöcker/U. Tworuschka (Hg.), Ethik der Religionen, Bd. 1: Sexualität, München/Göttingen 1984.
Levy, L., Die Stellung von Mann und Frau in der Tora: Festschrift 25 Jahre jüdische Schule Zürich, Jerusalem 1980, 15–52.
Licht, H., Liebe und Ehe in Griechenland, Berlin 1925.
Licht, H., Sittengeschichte Griechenlands, Dresden 1925/28, 3 Bde (bes. II, 1926).
Licht, H., Sittengeschichte Griechenlands, neu hg., bearb. u. eingel. v. H. Lewandowski, Stuttgart 1959.
Löbmann, B., Zweite Ehe und Ehescheidung bei den Griechen und Lateinern bis zum Ende des 5. Jahrhunderts, Leipzig 1980.
Lohfink, G., Jesus und die Ehescheidung, in: Biblische Randbemerkungen = Festschrift R. Schnackenburg, Würzburg 1974, 207–217.
Looser, G., Gleichgeschlechtlichkeit ohne Vorurteil, Basel 1980.
Lyonnet, S., Le diacre «mari d'une seule femme» (1 Tm 3,12), in: P. Winniger/Y. Congar (Hg.), Le diacre dans l'Eglise et le monde d'aujourd'hui, Paris 1966, 272–278.
Maron, G., Vom Hindernis zur Hilfe. Die Frau in der Sicht Martin Luthers: ThZ 39, 1983, 272–283.
Mead, M., Mann und Weib, Hamburg 1958.
Mendelsohn, I., The Family in the Ancient Near East: The Biblical Archaeologist 11, 1948, 24–40.
Mieth, D., Ehe als Entwurf. Zur Lebensform der Liebe, Mainz 1984.
Moingt, J., Le divorce pour motif d'impudicité (Matthieu 5, 32; 19,9): Recherches de Science Religieuse 56, 1968, 337–384.
Molinski, W., Ehe: Sacramentum Mundi I, 1967, 961–998.
Moltmann-Wendel, E. (Hg.), Frauenbefreiung. Biblische und theologische Argumente, München/Mainz 1978.

Müller, M., Die Lehre des hl. Augustinus von der Paradiesesehe und ihre Auswirkungen in der Sexualethik des 12. und 13. Jahrhunderts bis Thomas von Aquin, Regensburg 1954.

Mundle, I., Augustinus und Aristoteles und ihr Einfluß auf die Einschätzung der Frau in Antike und Christentum: JbAC 22, 1979, 61–69.

Munier, Ch., L'Eglise dans l'Empire Romain (IIe–IIIe siècles), Paris 1979.

Nautin, P., Le Canon du Concile d'Arles de 314 sur le remariage après divorce: Recherches de Science religieuse 61, 1973, 353–362.

Nautin, P., Divorce et remariage dans la tradition de l'Eglise latine: Recherches de Science religieuse 62, 1974, 7–54.

Nautin, P., Divorce et remariage chez Saint Epiphane: Vigiliae Christianae 37, 1983, 157–173.

Nembach, U., Ehescheidung nach alttestamentlichem und jüdischem Recht: ThZ 26, 1970, 161–171.

Neufeld, E., Ancient Hebrew Marriage Laws, London 1944.

Neumann, J., Unauflösliches Eheband? Eine Anfrage zum kanonischen Eherecht: ThQ 151, 1971, 1–22.

Ott, A., Die Auslegung der neutestamentlichen Texte über die Ehescheidung, Münster 1911.

Otto, R., Das Heilige, München ^{30}1958 (1. Auflage 1917).

Otwell, J. H., And Sarah Laughed. The Status of Women in the Old Testament, Philadelphia 1977.

Paczensky, S. von, Verschwiegene Liebe. Zur Situation lesbischer Frauen in der Gesellschaft, München 1981.

Paoli, U. E., Die Frau im antiken Hellas, Bern 1955.

Pelland, G., Le dossier patristique relatif au divorce: Science et Esprit (Montreal) 24, 1972, 285–312; 25, 1973, 99–119.

Pesch, R., Freie Treue. Die Christen und die Ehescheidung, Freiburg i. Br. 1971.

Pfürtner, S., Kirche und Sexualität, Reinbek 1972.

Pilgrim, V. E., Manifest für den freien Mann, München ^{5}1979.

Plautz, W., Monogamie und Polygynie im Alten Testament: ZAW 75, 1963, 3–26.

Plautz, W., Die Form der Eheschließung im Alten Testament: ZAW 76, 1964, 298–318.

Preisker, H., Christentum und Ehe in den ersten drei Jahrhunderten. Eine Studie zur Kulturgeschichte der alten Welt, Berlin 1927.

Ratzinger, J., Zur Theologie der Ehe, in: G. Krems/R. Mumm (Hg.), Theologie der Ehe. Regensburg 1969, 81–115.

Reich, W., Die sexuelle Revolution. Zur charakterlichen Selbststeuerung des Menschen, Frankfurt 1966.

Reich, W., Der Einbruch der sexuellen Zwangsmoral. Zur Geschichte der sexuellen Ökonomie, Frankfurt 1975.

Reicke, B., Ehe: IV. Neues Testament: TRE 9, 1982, 312–325.

Ringeling, H., Die biblische Begründung der Monogamie: Zeitschr. f. ev. Ethik 10, 1966, 81–102.

Ritzer, K., Formen, Riten und religiöses Brauchtum der Eheschließung in den christlichen Kirchen des ersten Jahrtausends (Liturgiewiss. Quellen und Forschungen H. 38), Münster 1962.

Robert, J., Les plaisirs à Rome, Paris 1983.

Rolin, C., La femme devant le divorce, Tournai 1968.

Rousseau, O., Scheidung und Wiederheirat im Osten und im Westen: Concilium 3, 1967, 322–334.

Ruf, A. K./Cooper, E. J., Grundkurs Sexualmoral. I. Geschlechtlichkeit und Liebe, Freiburg i. Br. 1982.

Sartory-Reidick, G., Kann die katholische Kirche die Ehescheidung dulden?: Ehe 6, 1969, 49–64.

Savramis, D., Religion und Sexualität, München ²1972.

Scharffenorth, G./Thraede, K., «Freunde in Christus werden...». Die Beziehung von Mann und Frau als Frage an Theologie und Kirche, Gelnhausen 1977.

Schelsky, H., Soziologie der Sexualität, Hamburg 1955.

Schlegelberger, B., Vor- und außerehelicher Geschlechtsverkehr. Die Stellung der katholischen Moraltheologen seit Alphons von Liguori, Remscheid 1970.

Schnackenburg, R., Die Ehe nach dem Neuen Testament, in: G. Krems/R. Mumm (Hg.), Theologie der Ehe, Regensburg 1969, 9–36.

Schorsch, E./Schmidt, G. (Hg.), Ergebnisse der Sexualforschung, Köln 1975.

Schubert, K., Ehescheidung im Judentum zur Zeit Jesu: ThQ 151, 1971, 23–27.

Schürmann, H., Neutestamentliche Marginalien zur Frage der Institutionalität, Unauflöslichkeit und Sakramentalität der Ehe, in: Kirche und Bibel. Festgabe für Bischof E. Schick, Paderborn 1979, 409–430.

Schulze, W. A., Ein Bischof sei eines Weibes Mann... Zur Exegese von 1. Tim 3,2 und Tit. 1,6: Kerygma und Dogma 4, 1958, 287–300.

Seibert, I., Die Frau im Alten Orient, Leipzig 1973.

Sexualität, unter Mitarbeit von B. Datta... München/Göttingen 1984 = Ethik der Religionen – Lehre und Leben, hg. von M. Klöckner und U. Tworuschka, Bd. 1.

Stockmeier, P., Scheidung und Wiederverheiratung in der alten Kirche: ThQ 151, 1971, 39–51.

Stoller, R. J., Perversion. Die erotische Form von Haß, Reinbek 1979.

Strathmann, H., Geschichte der frühchristlichen Askese bis zur Entstehung des Mönchtums I, Leipzig 1914.

Strecker, G., Homosexualität in biblischer Sicht: Kerygma und Dogma 28, 1982, 127–141.

Thraede, K., Frau: RAC VIII, 197–269.

Tissot, (S.-A.), L'onanisme ou dissertation physique sur les maladies produites par la Masturbation, Lausanne 1760.

Tosato, A., Il matrimonio israelitico, Rom 1982.

Ussel, J. van, Sexualunterdrückung. Geschichte der Sexualfeindlichkeit, Gießen 1977.

Vargas-Machuca, A., Divorcio e indisolubilidad del matrimonio en la Sagrada Escritura: Estudios Bíblicos 39, 1981, 19–61.

Veyne, P., La famille et l'amour sous le Haut-Empire Romain: Annales 33, 1978, 35–63.

Vögtle, A., Die Tugend- und Lasterkataloge im Neuen Testament, Münster 1936.

Wambacq, B. N., Matthieu 5, 31–32: Nouvelle Revue Théologique 104, 1982, 34–49.

Weber, L. M., Mysterium magnum. Zur innerkirchlichen Diskussion um Ehe, Geschlecht und Jungfräulichkeit, Freiburg i. Br. 1964 (lies 1963!).

Wegan, M., Ehescheidung. Auswege mit der Kirche, Graz ^{2}1983.

Wibbing, S., Die Tugend- und Lasterkataloge im Neuen Testament und ihre Traditionsgeschichte unter besonderer Berücksichtigung der Qumrantexte, Berlin 1959.

Wiedemann, H. G., Homosexuelle Liebe. Für eine Neuorientierung in der christlichen Ethik, Stuttgart 1982.

Winter, U., Frau und Göttin, Freiburg CH/Göttingen 1983.

Wolff, Ch., Bisexualität, Frankfurt 1979.

Zirkel, A./Limbeck, M., Kirchliche Ehegerichtsbarkeit und biblisches Rechtsverständnis, Mainz 1981.

Zulehner, P. M., Männerbefreiung: Geschlechterstreit?: Orientierung 49, 1985, 257–261.

Register der Schriftstellen

Autoren-Register

Personen- und Sachregister

Abkürzungen

BZ	Biblische Zeitschrift (Neue Folge)
DBS	Dictionnaire de la Bible, Supplément
DS	Denzinger/Schönmetzer, Enchiridion Symbolorum, Definitionum et Declarationum de rebus fidei et morum, Freiburg i. Br. [32]1963.
Erklärung der Glaubenskongregation	Erklärung der Glaubenskongregation zu einigen Fragen der Sexualität vom 29. 12. 1975, promulgiert 15. 1. 1976, Acta Apostolicae Sedis 68, 1976, 77–96, im Buch zitiert nach HK 30, 1976, 82–87.
EÜ	Einheitsübersetzung der Heiligen Schrift (1980)
Handbuch der christlichen Ethik	A. Hertz u. a. (Hg.), Handbuch der christlichen Ethik, Freiburg i. Br. 1978/80, 3 Bde.
Häring 1955	B. Häring, Das Gesetz Christi, Freiburg i. Br. [2]1955.
Häring 1967	B. Häring, Das Gesetz Christi, Freiburg i. Br. [8]1967
Häring 1980	B. Häring, Frei in Christus Bd. II, Freiburg i. Br. [2]1980.
HK	Herder Korrespondenz
JbAC	Jahrbuch für Antike und Christentum
Nichteheliche Lebensgemeinschaften	Nichteheliche Lebensgemeinschaften in der Bundesrepublik Deutschland. Schriftenreihe des Bundesministers für Jugend, Familie und Gesundheit Bd. 170, Stuttgart 1985
par.	und Parallelstellen
PL	Migne, Patrologia Latina
RAC	Reallexikon für Antike und Christentum
RB	Revue Biblique
RGG	Die Religion in Geschichte und Gegenwart
StB	H. Strack/P. Billerbeck, Kommentar zum Neuen Testament aus Talmud und Midrasch, München 1922/28 (und Nachdrucke).
Synode 72 Basel	Synode 72 Diözese Basel, Gesamtband Solothurn 1978
Synoden-Arbeitspapier	Gemeinsame Synode der Bistümer der Bundesrepublik Deutschland. Offizielle Gesamtausgabe, Ergänzungsband II, Freiburg i. Br. 1977
ThQ	Theologische Quartalschrift
ThWNT	Theologisches Wörterbuch zum Neuen Testament
ThZ	Theologische Zeitschrift
TRE	Theologische Realenzyklopädie
ZAW	Zeitschrift für die alttestamentliche Wissenschaft